Säkulare Ethik

Über den Autor:

Dr. Karl-Heinz Brodbeck war bis 2014 Professor für Volkswirtschaftslehre, Statistik und Kreativitätstechniken an der Hochschule für Angewandte Wissenschaften Würzburg-Schweinfurt (FH) und an der Hochschule für Politik an der Universität München. Er ist Dharma-Praktizierender seit 35 Jahren; Vorsitzender des Kuratoriums der Fairness-Stiftung, Frankfurt a. M., Mitglied des wissenschaftlichen Beirats im Tibethaus, Frankfurt a. M., Kooperationspartner der Finance & Ethics Academy, Diex (Kärnten); Autor von 22 Büchern und zahlreichen Aufsätzen in internationalen Fachzeitschriften und Sammelbänden. In der edition steinrich erschien 2011 *Buddhistische Wirtschaftsethik: Eine Einführung*.

www.khbrodbeck.homepage.t-online.de/

Karl-Heinz Brodbeck

Säkulare Ethik

aus westlicher und
buddhistischer Perspektive

edition steinrich

MIX
Papier aus verantwortungsvollen Quellen
FSC® C110508
FSC
www.fsc.org

Bibliografische Information der Deutschen Bibliothek:
Die Deutsche Bibliothek verzeichnet diese Publikation in der Deutschen Nationalbibliografie; detaillierte bibliografische Daten sind im Internet über http://dnb..de abrufbar.

www.edition-steinrich.de

Originalausgabe

Umschlagentwurf und Umschlaggestaltung: Ingeburg Zoschke, Berlin
Gestaltung und Satz: Traudel Reiß
Druck: Westermann Druck Zwickau
Printed in Germany

ISBN 978-3-942085-45-8

Inhalt

Einleitung 7

1 Einige Begriffserklärungen 18

2 Systeme abendländischer Moralbegründung 30
- 2.1 Einleitung 30
- 2.2 Aristotelische Tugendethik 33
- 2.3 Theologische Moralbegründungen 41
- 2.4 Kant'sche Ethik 57
- 2.5 Utilitarismus 67
- 2.6 Existentialistische Ethik 75
- 2.7 Biologische und neurologische Begründungen der Moral? 80

3 Aspekte der Ethik des Buddhismus 104
- 3.1 Die Ethik im ursprünglichen Buddhismus 104
- 3.2 Die Rede an die Kālāmer als säkulares Modell 109
- 3.3 Säkulare Ethik aus dem Geist der buddhistischen Philosophie 118
  - 3.3.1 Überblick 118
  - 3.3.2 Die Relativität aller Phänomene 123
  - 3.3.3 Mitgefühl als ethische Wahrheit 137
  - 3.3.4 Widersprüche in der traditionellen Karmalehre 144
  - 3.3.5 Karma als säkulare Lehre 174
  - 3.3.6 Ethik und Weltveränderung 184

3.4 Perspektiven über die säkulare Ethik hinaus 195
3.4.1 Einleitung 195
3.4.2 Ethik und Willensfreiheit 197
3.4.3 Wiedergeburt von Mustern 201
3.4.4 Zur Natur des Bewusstseins 208
3.4.5 Leerheit: Jenseits von Subjekt und Objekt 230
3.4.6 Tod, Wiedergeburt und absolute Gerechtigkeit 243

Literatur 259

Endnoten 273

Einleitung

Seine Heiligkeit der Dalai Lama hat mehrfach eine *säkulare Ethik* angeregt.[1] Nun gibt es im Abendland neben einer spezifisch religiösen Moral durchaus zahlreiche Ethikentwürfe, die sich an der Philosophie und nicht unmittelbar am Christentum orientieren. Im Buddhismus andererseits findet sich neben spirituellen Aussagen ein breiter Gedankenstrom, der rationale Argumente ins Zentrum rückt. Die rein ethischen Aussagen allerdings bleiben fast immer mit einer spezifisch religiösen Bedeutung verbunden – etwa in der Lehre von Karma, Wiedergeburt und Erleuchtung. Hier zeigen sich große Differenzen zur abendländischen Moralphilosophie einerseits, zum Christentum andererseits. Man kann aber – diese Überzeugung liegt dem nachfolgenden Text zugrunde – religiöse, philosophische und wissenschaftliche Perspektiven dennoch miteinander in ein Gespräch bringen. Das gelingt, falls man sich vor allem auf die vorgebrachten *Argumente* konzentriert, also darauf, wie jeweils moralische Aussagen *begründet* werden. Ich stimme Damien Keown zu, der den wohl bislang einflussreichsten westlichen Versuch einer buddhistischen Ethik vorgelegt hat, wenn er sagt:

> »Ich glaube nicht, dass die Prinzipien der buddhistischen Ethik absolut einzigartig sind oder *sui generis*, noch akzeptiere ich, dass sie exklusiv in ihrer eigenen Terminologie verstanden werden können.«[2]

Die Idee einer säkularen Ethik, wie sie der Dalai Lama versteht, fordert auch eine Begründung, die sich nicht von religiösen Fundamenten abhängig macht. Er formuliert Vorschläge zur Entwicklung eines »neuen Ethiksystems«, das von der *gemeinsamen* Voraussetzung ausgeht, die das menschliche Leben überhaupt kennzeichnet. In diesem Horizont, so der Dalai Lama, gilt es, »eine Basis für unsere inneren Werte zu schaffen, die keiner Religion widerspricht, aber auch, und das ist von entscheidender Bedeutung, von keiner Religion abhängig ist.«[3] Für die westliche Tradition bestand die Schwierigkeit in der Moralphilosophie in jüngerer Zeit stets darin, nicht in eines der Extreme zu verfallen, die in der Moderne nahe liegen. Die Kritik der christlichen oder anderer theistischer Traditionen hat mit Friedrich Nietzsche schließlich *jegliche* Moral als Illusion und Projektion eher niederer Triebe zu entlarven versucht. Die theistischen Traditionen (Brahmanismus, Judentum, Christentum, Islam) sind durch das Festhalten ihrer jeweiligen Offenbarung charakterisiert. Sie reduzieren die Moral auf *religiöse* Gebote, die jeweils ihrer heiligen Schrift (Veda, Thora, Bibel, Koran) absolute Geltung zusprechen. Dieser Fundamentalismus findet sich in allen Traditionen, und er hat auch säkulare Nachfolger gefunden – z. B. im Historischen Materialismus oder in der neuen atheistischen Bewegung.

Es gibt aber in allen Morallehren neben direkten Vorschriften für das Handeln (= normative Ethik) auch Versuche, die jeweiligen Aussagen zu begründen. Diese Versuche bleiben oft rudimentär. Eine systematische Moralbegründung hat sich nur im säkularen Raum entwickelt, in der Philosophie Griechenlands, später in der Aufklärung, die sich von der religiösen Überlieferung emanzipierte. Als Motto für eine säkulare Ethik und ihre

Begründung kann der Satz des Aristoteles aus seiner *Nikomachischen Ethik* gelten:

> »Sittliche Einsicht hat der, welcher die Fähigkeit zu richtiger Überlegung besitzt.«[4]

Man kann mit etwas Wohlwollen auch in den theistischen Traditionen, wenn auch eher selten, die Aufforderung zur kritischen Prüfung der Glaubenswahrheiten finden. Avicenna übersetzt den letzten Satz von Sure 59.2 des Koran in diesem Sinn:

> »Überlegt, o ihr, die ihr Einsicht habt.«[5]

Und Paulus sagt im Thessalonicherbrief, 5,21:

> »Prüfet aber alles, und das Gute behaltet.«

Beide Aussagen lassen sich als Aufforderung zur rationalen Grundlegung der Ethik interpretieren. Eindeutig äußert sich hier der *Buddha* in seiner Rede an die Kālāmer, die ich im dritten Teil noch genauer darstellen werde – hier sei nur der letzte Satz zitiert:

> »Wenn ihr aber, Kālāmer, *selber erkennt*: ›Diese Dinge sind unheilsam, sind verwerflich, werden von Verständigen getadelt, und, wenn ausgeführt und unternommen, führen sie zu Unheil und Leiden‹, dann o Kālāmer, möget ihr sie aufgeben.« (AN 3.66)[6]

In der Kālāmer-Rede kann man nicht nur für den Buddhismus, sondern auch im allgemein philosophischen Kontext das Muster für eine *rationale Moralbegründung* erkennen, deren eindeutige Fragestellung erst im 18. Jahrhundert in der Aufklärungsphilosophie wieder erreicht wurde. Diese Rede des Buddha liefert mir auch die Hintergrundfolie der nachfolgenden Argumentation für eine *säkulare Ethik*. Sie belegt, dass es tatsächlich die buddhistische Tradition ist, die das große Potenzial zu solch einer Ethik bietet und damit ein Gesprächsangebot an andere religiöse Systeme darstellt, die der Vernunft eine zentrale Rolle einräumen. Die beiden kleinen Hinweise aus dem Koran und dem Thessalonicherbrief können hier als Zeichen für eine interreligiöse Verständigung in der Sprache der Philosophie dienen.

Vom Altertum bis in die Gegenwart haben europäische Philosophen (von Diogenes Laertius bis Martin Heidegger) immer wieder behauptet, dass es nur so etwas wie eine *europäische* Philosophie gebe. Definiert man »Philosophie« – damit auch die Moralphilosophie – *als* in Griechenland begründetes Denksystem, dann ist diese Aussage trivial »wahr«. Meint man damit aber, dass das Nachdenken über Formen der Moralbegründung außerhalb Europas nicht stattgefunden habe, dann ist man einfach unwissend. Es gibt hier nicht nur viele Berührungspunkte, sondern auch viele Gemeinsamkeiten. Diese Tatsache ist mehrfach dargestellt worden.[7] Dennoch verbleiben auch charakteristische Unterschiede gerade zur *buddhistischen* Philosophie – Unterschiede, die besonders für die Begründung einer säkularen Ethik bedeutsam werden. Darin liegt der besondere Beitrag einer aus dem Geist der buddhistischen Philosophie formulierten Ethik.

Ich möchte nachfolgend (ausführlich im dritten Teil) zum Vergleich an die buddhistische Philosophie und hier besonders an die Schule des *Mādhyamaka* (Nāgārjuna und seine Nachfolger) anknüpfen. Mit dem Begriff »buddhistische Philosophie« fasst man im Allgemeinen zahlreiche, teilweise höchst unterschiedliche Systeme zusammen.[8] Aus einer westlichen Perspektive finden sich in verschiedenen buddhistischen Traditionen: Materialismus, Idealismus, metaphysischer Pluralismus sowie ein strikter Determinismus neben der Lehre vom reinen Illusionscharakter alles Wirklichen. Bezüglich der *normativen Ethik*, d. h. der Regeln, die zur Erlangung des spirituellen Heilsziels (*nirvāna*) führen, herrscht vielfach Einigkeit. Doch man betrachtet auch dies unterschiedlich: Während im frühen Buddhismus ein völlig asketischer, von der Welt getrennter Lebenswandel (als Nonne und Mönch im Kloster oder in der »Waldeinsamkeit«, in der »Hauslosigkeit«) als oberstes Ideal und als Voraussetzung für die Erleuchtung gilt, erweitert man in späteren Systemen die Möglichkeiten einer spirituellen Praxis auch auf den Bereich außerhalb der Klöster. Im Tantrismus werden die verschiedensten menschlichen Leidenschaften als »geschickte Mittel« zum Erlangen der Erkenntnis verwendet. Tibet, China und Japan kennen jeweils in ihren Traditionen die Figur des »heiligen Narren«, der sich an keine Moralregel hält und dadurch gerade seine Schüler aus ihren körperlichen und geistigen Gewohnheiten aufzuwecken versucht. Im nun immerhin schon etwa seit einem Jahrhundert sich ausbreitenden *westlichen* Buddhismus ist das Ideal eines mönchischen Lebens weitgehend in den Hintergrund gerückt. Buddhistische Praktizierende führen gewöhnlich ein »normales« Alltagsleben, mitten unter allen anderen Menschen.

Auf diese Aspekte der *praktischen Ethik* gehe ich nachfolgend nicht näher ein, sondern bleibe bei den Prinzipien zur *Begrün-*

dung moralischer Aussagen. Allerdings, das werde ich im letzten Abschnitt zeigen, weist auch eine säkular orientierte Ethik schließlich über sich hinaus und bietet Anknüpfungspunkte an die Spiritualität. Die buddhistische Lehre (Sanskrit *Dharma*; Pali *Dhamma*) stellt hier eine eigenständige Grundlage bereit, die als einzigartig gelten kann – besonders die Lehre vom Bewusstsein. Ich werde hierbei auch das kritische Gespräch mit den Neurowissenschaften und den Naturwissenschaften suchen.

Es sei noch ergänzt, dass im nachfolgenden Text das Augenmerk auf die *Begründung von moralischen Urteilen*, also eine allgemeine, säkulare Ethik gerichtet ist. Verschiedene Fragen der Ethik für jeweils besondere Handlungsformen (Bereichsethiken) werde ich nur als Beispiele anführen. Sie gehören zur *angewandten* Ethik. Gerade hier gibt es auch im Buddhismus bereits zahlreiche Darstellungen.[9] Sie firmieren in jüngerer Zeit meist unter dem Stichwort »sozial engagierter Buddhismus«. Ich habe dazu ebenfalls Beiträge geschrieben und den Versuch einer *buddhistischen Wirtschaftsethik* vorgelegt. Die dort schon behandelten Fragen greife ich deshalb hier nicht mehr auf.[10] Das Thema dieses Buches ist die *Begründung einer säkularen Ethik*. Dies erfolgt im Vergleich der buddhistischen Ethik mit wichtigen, im Westen entwickelten Argumenten.

Hierzu werde ich zunächst – nach einigen einleitenden Begriffsbestimmungen – verschiedene Erklärungsansätze aus der abendländischen Tradition diskutieren. Dass die hier getroffene Auswahl nicht vollständig sein kann, versteht sich von selbst.[11] Im dritten Teil versuche ich dann, aus der buddhistischen Philosophie eine *säkulare Ethik* zu gewinnen, in der zunächst alle weiter tragenden, also spirituellen Vorstellungen ausgeklammert werden. Die buddhistische Ethik an einen Diskurs mit den westlichen philosophischen und wissenschaftlichen Traditionen heranzuführen, gelingt nicht ohne Klärung wichtiger Aussagen im Buddhismus selbst. Vor allem die Karmalehre bedarf nach meiner Auffassung einer gründlichen Reform, will man auf den darin liegenden, durchaus für eine säkulare Ethik zu destillierenden Gehalt nicht völlig verzichten. Auch bin ich der Auffassung, dass die im Buddhismus gebräuchliche Trennung von »absoluter und relativer Wahrheit« selbst wiederum *relativ*, nicht absolut ist. Das will besagen: Auch die *Lehren* aus der »dritten Drehung des Rades« im Buddhismus (die Lehre von der Buddhanatur = *tathāgatagarbha*), gewöhnlich in einer Argumentation um alltäglich-moralische Fragen ausgeklammert, scheinen mir für eine säkulare Ethik aus dem buddhistischen Geist durchaus relevant. Man beschneidet die buddhistische Lehre, wenn man z. B. Aussagen über die Leerheit nur als eine innerbuddhistische Frage behandelt, die in einem säkularen Diskurs keine Rolle spielen darf.[12] Ich habe gerade in der Geldtheorie zu zeigen versucht, wie wichtig auch für rein wissenschaftliche Fragestellungen die Erkenntnisse sind, die Nāgārjuna gewonnen hat. Die Erfahrung der Leerheit und Scheinhaftigkeit aller Phänomene, besonders der *Ich-Illusion*, scheint mir für die Formulierung einer diskursfähigen Ethik unerlässlich. Die Kritik der »Ich-Illusion« im Buddhismus (*An-Ātman*) ist inzwischen keine rein buddhistische Überzeugung mehr, wie der gleichnamige Buchtitel des bekannten Hirnforschers Michael Gazzaniga belegt.[13] Ethik ist *eigentlich* – aus dem Geist der buddhistischen Philosophie, aber auch im Horizont vieler abendländischer Morallehren – *Kritik des Egos*. Erst auf dieser Grundlage können sich Fragen des Gemeinwohls, der Ökologie, aber auch einer Wirtschaft jenseits von Geldgier und Konkurrenzneid fundiert beantworten lassen.

Gerade als Kritik der Ich-Illusion eröffnet sich – das werde ich im Schlusskapitel zu zeigen versuchen – eine Gesprächsmöglichkeit auch über die Themen, die in der buddhistischen Tradition zu den »Unsagbarkeiten« zählen und bei deren Erwähnung westliche Wissenschaftler bislang schon von vorneherein kopfschüttelnd den Diskurs abbrechen. Hier kann gerade im Gegenzug durch einen Blick auf die blinden Flecken in den Natur- und Neurowissenschaften eine neue Gesprächsbasis eröffnet werden, die schließlich über ethische Fragen hinausweist in das ureigene Terrain aller spirituellen Traditionen: der Frage nach dem Sinn von Geburt und Tod und der Natur des Bewusstseins. Ich hoffe, hierzu einige neue Perspektiven gerade in einem sehr genauen Blick auf das zu gewinnen, was im wissenschaftlichen Weltbild übersehen wird. Es gibt durchaus so etwas wie *Tatsachen* des Bewusstseins, auch als Grundlage jeder Moral. Nur findet man sie nicht mit weißem Kittel in einem Labor beim Blick auf diverse Messgeräte. Warum das so ist, auch diese Frage wird zu klären sein – sowohl aus einer westlichen (vgl. Kapitel 2.7) als auch aus der buddhistischen Perspektive (vgl. den dritten Teil).

Es ist wichtig, noch zu ergänzen, dass der durchaus kritische Geist, der im Buddhismus zuhause ist und von Nāgārjuna sehr subtil kultiviert wurde, immer nur auf *Denkformen* abzielt, nie auf Personen, die solchen Denkformen anhängen. Das gilt natürlich auch und besonders für meine Kritik der tradierten Karmalehre (vgl. Abschnitt 3.3.4), die einige lieb gewonnene, leider allzu einfache Vorstellungen als unhaltbar erweisen wird. Ich schlage generell vor, das Karma zunächst als Argument in der *moralischen Beurteilung* von Handlungen, sozialen Institutionen oder Ereignissen einfach zu streichen. In moralischen Urteilen funktioniert der Begriff »Karma« entweder als Ausrede oder als Drohung – beides ist unter einer ethischen, keineswegs nur *säkular-ethischen* Perspektive unhaltbar. Im Gegensatz zu moralischen Urteilen, die an ein – im Zweifel dann doch unerkennbares – Karmagesetz anknüpfen, lässt sich *das Mitgefühl* aus der gegenseitigen Abhängigkeit aller Phänomene in der Begründung einer säkularen Ethik durchaus rational rekonstruieren. Meine Kritik am Karmabegriff möchte nur unsinnige, daran geknüpfte Vorstellungen beseitigen, gleichwohl aber auch einen durchaus vernünftig einsehbaren und wichtigen Kern herausarbeiten (vgl. Abschnitte 3.3.5 und 3.4.3). Man kann aus dem ursprünglichen Sinn von Karma als »Handlung«, in Verbindung mit dem Gedanken an Handlungs*gewohnheiten* (*samskāra*), durchaus an die Ethik im aristotelischen Sinn anknüpfen, denn »Ethik« bedeutet nach Aristoteles ursprünglich *Gewohnheit*. Insofern lässt sich für die säkulare Ethik der Karmabegriff so rekonstruieren, dass er für einen Diskurs mit abendländischen Traditionen anschlussfähig wird. Das gilt auch für die im Buddhismus eher unklare Stellung des Begriffs der »Freiheit«, der andererseits doch jeder Vorstellung von Be*freiung* zugrunde liegt. Auch hier kann durch eine Klärung, um nicht zu sagen: Reinigung, der überlieferten buddhistischen Vorstellungen eine Position gewonnen werden, die sich problemlos an die europäische Tradition anschließt.

All dies möchte ich in einem kritischen Diskurs mit der westlichen Wissenschaftstradition darstellen. Das methodische Grundprinzip der abendländischen Wissenschaften unterstellt, dass ihre Erkenntnisse *moralfrei* sind. Das wird sich als Illusion erweisen: Wissenschaft ist eine Form des menschlichen Bewusstseins. Die Wissenschaft *vom* Bewusstsein geht also jeder anderen Wissenschaft voraus. Und es ist gerade eine Eigenart des Buddhismus in all seinen Schulen, eine Wissenschaft des Bewusstseins zusammen mit der Ethik (*śīla*) zu kultivieren. Dies gilt ebenso für eine theoretische Wissenschaft in der buddhistischen Philosophie des *Mittleren Weges* (Mādhyamaka) wie in vielfältigen Meditationssystemen als *praktische* Philosophie. Von hier aus ist dann, das versuche ich im letzten Kapitel, 3.4, zu zeigen, auch eine Perspektive über eine säkulare Ethik hinaus möglich. Sie greift Themen auf, die hinter dem blinden Fleck der modernen Wissenschaft unsichtbar bleiben, darin zugleich aber eine Gesprächsgrundlage für andere spirituelle Systeme bieten können. Hier gewinnt eine säkulare Ethik den Sinn, auch eine *interreligiöse* Basis zu bieten.

Was ich im nachfolgenden Text versuche, ist vielleicht nicht nur für mich, sondern auch für die Leserinnen und Leser ein kleines Abenteuer des Denkens. Dies stets nach dem Motto, das der Buddha und knapp zweieinhalb Jahrtausende später Kant so formuliert haben: »*Sapere aude!* Ihr müsst *selber erkennen*.« Vielleicht kann so auch ein wenig vom Glück der philosophischen Erkenntnis durchscheinen, das Aristoteles in den Morgenstunden der abendländischen Philosophie folgendermaßen formuliert hat:

> »Denn selbst wenn jemand alles besäße, aber in der denkenden Seele hoffnungslos krank wäre, so wäre ihm das Leben nichts Wählenswertes, weil auch seine sonstigen Vorzüge keinen Nutzen brächten. Darum meinen alle Menschen, soweit sie mit der Philosophie in Berührung kommen und von ihr zu kosten vermögen, dass die übrigen Dinge nichts wert seien; aus diesem Grund würde es keiner von uns aushalten, bis zum Ende des Lebens im Zustand der Trunkenheit oder ein Kind zu sein.«[14]

Die Ethik kann aus dieser Trunkenheit, die im Buddhismus *Verblendung* heißt, aufwecken, durch ein richtiges Tun, vor allem aber durch richtiges Erkennen. Denn moralisch zu handeln ist gut. Die *Gründe* für moralisches Handeln zu kennen ist aber besser. Denn es offenbart dem Verständigen auch die Schönheit und das Glück eines mitfühlenden Lebens. Ethik weist immer über die eigenen Ich-Schranken hinaus. Sie ist deshalb auch ein bleibender Stachel, eine Welt mit weniger Leiden zu verwirklichen – eine Welt, die *trunken* ist und, durch Gier und Aggression getrieben, heillos dahintreibt. Wenn sich aus der Ethik dann noch Perspektiven über das Handeln in der Welt hinaus eröffnen, dann erfüllt sich der Sinn eines gelingenden Lebens.

1 Einige Begriffserklärungen

Der Begriff »säkulare Ethik«

Das Wort »säkular« stammt vom Lateinischen *saeculum* und bezeichnet ursprünglich ein lang dauerndes Zeitalter. In der mittelalterlichen Theologie und Rechtsliteratur wurde der Begriff mehr und mehr im heutigen westlichen Wortsinn für alle Bereiche des menschlichen Lebens *außerhalb* der Kirche oder allgemeiner außerhalb der Religion verwendet. Besonders das bürgerliche und wirtschaftliche Leben, die bürgerliche Gesellschaft, wurde mit dem Wort »säkular« bezeichnet. Der Dalai Lama beruft sich in seinen Vorschlägen für eine säkulare Ethik auf die indische Verfassung. Hier hat »säkular« eine etwas andere Bedeutung: Das Wort bezeichnet dort das tolerante *Nebeneinander* verschiedener Religionen oder anderer Denksysteme. Eine säkulare Ethik ist demnach eine, die sich nicht auf *eine* Religion oder überhaupt auf religiöse Quellen stützt. Eine noch etwas anders begründete Idee stammt von Hans Küng in seinem »Projekt Weltethos«.[15] Er sucht in vielen Religionen nach Gemeinsamkeiten als Grundlage für eine globale Ethik. Während der abendländische Begriff einer säkularen Ethik vor der Schwierigkeit steht, aus einem nicht religiösen Bereich dennoch Moralregeln ableiten oder begründen zu wollen, steht der indische Begriff oder die Idee eines Weltethos vor dem Problem, tragfähige grundlegende Gemeinsamkeiten in sehr verschiedenen Religionen und Denksystemen finden zu müssen.

Ich schlage hier einen etwas anderen Weg zur Gewinnung einer säkularen Ethik vor, der seine Position, seinen Ort noch *vor* der Diskussion der oben genannten Probleme sucht. In der philosophischen Tradition und in den Religionen gibt es je eine Morallehre, die unterschiedlich *begründet* wird. Ich möchte also nicht auf so etwas wie gemeinsame *Werte* abzielen, sondern die *Methoden der Begründung* in der Ethik vergleichen. Wenn die Unterschiede in den Argumenten zur Begründung einer säkularen Ethik deutlich und bewusst geworden sind, kann man auch die *Werte*, die durch diese Begründungen fundiert werden sollen, auf eine vernünftige Weise, d. h. in einem an der Verständigung orientierten Gespräch vergleichen. Die Beschränkung auf die Begründungs- oder Argumentationsweisen erlaubt es mir auch, das Judentum, den Islam, das Christentum und indische Systeme, die auf einem Schöpfergott aufbauen, *gemeinsam* unter dem Stichwort »theistische Moralbegründungen« zusammenfassend zu behandeln. Unterschiede können später herausgearbeitet werden, und so kann jede Tradition *im Diskurs* gleichwohl ihre Eigenart bewahren.

In principio erat Sermo (= *lógos*), »im Anfang ist das *Gespräch*« – so übersetzte Erasmus von Rotterdam den Beginn des Johannes-Evangeliums neu. Tatsächlich bedeutet *lógos* im Griechischen auch nicht »das Wort«, sondern die sprechende Gemeinschaft der Menschen. Heraklit sagte im Fragment B 2: »Obwohl aber der *lógos* allen gemeinsam ist, leben die Vielen, als hätte sie ein Denken für sich.« Gesprächsbereitschaft und wechselseitige Toleranz in der Begründung ethischer Systeme ergibt sich hier als *angemessene* Haltung, nicht das Festhalten an *einem* Wort oder *einer* Wahrheit. Nikolaus von Kues sagte 1453 hellsichtig:

»Wo keine Gemeinsamkeiten in der Form festgestellt werden können, sollen die Religionsgemeinschaften, wenn nur Glaube und friedlicher Konsens gewahrt bleiben, bei ihren frommen Bräuchen und Riten bleiben. Vielleicht wird sogar durch eine gewisse Vielfalt die fromme Hingabe gefördert, wenn jede Religionsgemeinschaft versucht, ihre Bräuche besonders sorgfältig zu pflegen.«[16]

aber: Missionierungsgedanke!

Nikolaus von Kues sagt ganz dasselbe, was im zweiten Jahrhundert vor unserer Zeitrechnung der buddhistische König Aśoka in seinem 12. Felsenedikt festlegte:

Das »Wachstum der inneren Werte ist auf vielfache Weise möglich. Voraussetzung aber dafür ist die Zurückhaltung im Reden, auf dass man nicht bei unpassender Gelegenheit die eigene religiöse Vereinigung herausstreiche und über andere religiöse Vereinigungen abfällig urteile. (...) So ist denn nur das Zusammengehen gut, auf dass ein jeder der Sittenlehre des anderen Gehör und Aufmerksamkeit schenke.«[17]

Ethik versus Moral

Das Wort *Ethik* kommt aus dem Griechischen und ist – das wird sich bei der Darstellung der Ethik des Aristoteles noch genauer zeigen – von dem Wort für »Gewohnheit« abgeleitet. Gewohnheiten unterscheiden sich von der Natur – wir würden heute sagen: Moralische Regeln unterscheiden sich von Naturgesetzen. Man kann, sagt Aristoteles, einen Stein nicht durch Hochwerfen daran gewöhnen, in der Luft zu schweben. Er gehorcht eben einem Naturgesetz (der Schwerkraft). Aber man kann *menschliche* (natürlich auch tierische) Verhaltensweisen durch Erziehung, durch Gewöhnung formen. Die griechische, die römische und später die mittelalterliche Tradition vertreten gemeinsam die Auffassung, dass Moralregeln nicht aus der Natur abgeleitet werden können. Sie sind keine Naturgesetze.

»Moral« ist die lateinische Übersetzung des griechischen Wortes »Ethik«, die Cicero eingeführt hat. In der deutschen Philosophie hat sich wiederum als Übersetzung von Ethik das Wort »Sittenlehre« eingebürgert. »Sitte« (Tradition) ist eine kulturelle Gewohnheit. Das Wort »Sitte« übernimmt die Bedeutung des ursprünglich griechischen Begriffs *ēthos*. Ethik, Moral und Sitte scheinen also in drei verschiedenen Sprachen dasselbe zu bezeichnen. Dennoch hat sich im – vor allem akademischen – Sprachgebrauch die Gewohnheit eingebürgert, dass man mit »Moral« nur die *praktizierte* Moral, die im Alltagsleben tatsächlich verfolgten Regeln des Handelns bezeichnet. Das Wort *Ethik* verwendet man dagegen für die *Theorie*, die *Wissenschaft* von der Moral. Der Ausdruck »Sittenlehre«, den noch Kant oder Fichte verwendeten, ist auch in Deutschland kaum noch gebräuchlich; er meint dasselbe wie Ethik als Wissenschaft.

Ethische Regeln versus Naturgesetze

Neben Regeln für Naturgegenstände (Naturgesetze) gibt es eine Vielfalt von anderen Formen des Verhaltens bei allen Lebewesen, natürlich auch beim Menschen. Sich die Hand zur Begrüßung zu geben, bei Hunden das Wedeln mit dem Schwanz oder die Fertigkeiten des Nestbaus bei Vögeln – all das sind *Verhaltensmuster*. Einige davon sind offenbar im Laufe der Evolution in das Erbmaterial (Genom) eingeschrieben worden – wie das Zwinkern mit den Augen oder der Kniereflex. Man kann diese Verhaltensweisen deshalb faktisch den Naturgesetzen gleichstellen. Sich die Hand beim Grüßen zu geben – und nicht ein Küsschen auf beide Wangen –, ist dagegen eine kulturelle Gewohnheit. Sie wird erlernt und unterscheidet sich zwischen den Völkern und Zeiten. All diese Verhaltensweisen sind nicht eigentlich *moralisch*. Zum Sprachgebrauch hier nur so viel: Wer sich nur *verhält* – wie ein fallender Stein oder wie ein bloßer Reflex –, der *handelt* nicht. Entscheidend ist bei moralischen Regeln immer, dass man sich aus Freiheit prinzipiell *gegen eine Regel* entscheiden kann. Es gibt hier allerdings wichtige Übergänge zwischen Handeln und Verhalten. Wer rein aus Gewohnheit handelt, der handelt weitgehend *unbewusst*. Auch wenn man einer Moralregel folgt, so tut man es oft nur aus Gewohnheit oder aus Gründen der Anpassung an das Verhalten anderer. *Von außen* betrachtet lässt sich also nicht immer sagen, ob eine Handlungsweise *bewusst* oder rein gewohnheitsmäßig und opportunistisch ausgeübt wurde.

Insofern zeigt sich bereits hier ein wichtiger Hinweis bei allen Diskussionen über Moral: Das *Bewusstsein* im Handeln spielt eine zentrale Rolle. Selbst wenn man einige Verhaltensweisen nur unbewusst durch Erziehung und Nachahmung übernommen hat, so erhalten sie doch dadurch einen moralischen Charakter, dass man sie sich *bewusst* machen und dann aus Freiheit verändern kann. Insofern kann *jede* Handlungsweise prinzipiell einen *moralischen* Charakter bekommen. Ob man jemand durch einen Handschlag oder durch zwei Küsschen auf die Wangen begrüßt, das kann durchaus auch moralisch gewertet werden: Wer einen Bischof auf die französische Küsschen-Art empfängt, verstößt in der Regel gegen die christliche Moral; ein Handschlag dagegen ist erlaubt. Dem japanischen Kaiser dagegen fröhlich die Hand zu reichen, widerspricht dem Protokoll, also der dort herrschenden Moral. Es gibt also keine klare Grenze zwischen Moralregeln und kulturellen Gewohnheiten. Dieselbe Verhaltensweise wird in unterschiedlichen Kontexten *moralisch* höchst unterschiedlich bewertet.

Moral versus Recht

Was unterscheidet die Moral- von einer Rechtsregel? Man verwendet für die Differenz gewöhnlich das Wort »sanktionsbewehrt«. Das heißt: Ein Verstoß gegen Rechtsregeln wird durch staatliche Gesetze näher definiert (darüber entscheiden Gerichte) und entsprechend bestraft (Sanktion). Dabei kann dieselbe Verhaltensweise sehr unterschiedlich gedeutet werden: Im Iran kein Kopftuch zu tragen ist verboten; in einigen islamischen Gemeinschaften in Deutschland ist das Tragen des Kopftuchs nur eine Moralregel – und in Frankreich ist gerade das Tragen eines Kopftuchs in öffentlichen Gebäuden gesetzlich verboten. Man kann also nicht aus einer bestimmten Handlung auf eine bestimmte Moral schließen. Ein Verstoß gegen moralische Regeln wird meist nicht direkt geahndet. Allerdings kann die Folge eine soziale Ächtung oder ein sozialer Nachteil sein. Es ist nicht verboten, ungewaschen und mit schmutziger Kleidung ein Theater zu besuchen. Die Reaktion der Sitznachbarn kann aber sehr wohl beschämend wirken. Jede kulturelle Gewohnheit, die allgemein angenommen wird, bekommt einen moralischen Charakter, und eine damit verbundene Ächtung durch Mitmenschen bei einem Verstoß verleiht solch einer kulturellen Gewohnheit fast den Charakter einer Rechtsregel. Historisch sind die Übergänge hier fließend.

Egoismus versus Altruismus

Dieses Begriffspaar, heute weit gebräuchlich, stammt erst aus dem 19. Jahrhundert und wurde von Auguste Comte geprägt. Zwischen beiden Begriffen wird häufig eine Art Urgegensatz innerhalb der ethischen Diskussion vermutet. Sie unterscheiden in einer ersten Bedeutung das Streben nach dem je eigenen Wohl vom Streben nach dem Wohl der anderen. Doch gerade darin liegt ursprünglich gar kein moralischer Konflikt. Wer sich zur Erreichung eines Ziels anstrengt, sich Pflichten oder Tugenden auferlegt, auch gegen die Meinungen oder Gewohnheiten anderer, der ist in seinem Handeln durchaus selbstbezogen, aber noch kein moralischer Egoist. Der Dalai Lama betont das ausdrücklich, z. B. beim Umweltschutz. Zwar gilt das Ich im Buddhismus einerseits als Illusion, als Hindernis:

> »Andererseits kann ein selbstsicheres Ich auch ein sehr positives Element sein. (...) Ohne ein starkes Selbstgefühl – das heißt, ohne sich seiner Fähigkeiten, seiner Möglichkeiten und seiner Überzeugungen sicher zu sein – kann niemand solch eine Aufgabe (gemeint ist hier der Umweltschutz, KHB) angehen. Da braucht man schon Selbstvertrauen, das liegt doch auf der Hand.«[18]

Ein starkes Selbstgefühl zu haben ist noch kein ethischer Egoismus. Und für das Wohl anderer etwas zu tun ist noch kein Altruismus: Man kann sehr wohl aus reinem Eigeninteresse auch die Interessen anderer fördern. Egoismus und Altruismus werden zu moralischen Extremverhaltensweisen, wenn sie je *exklusiv* motiviert sind. Wer sein eigenes Wohl *auf Kosten* anderer durchsetzt, ist im ethischen Sinn ein reiner Egoist. Und wer sein eigenes Wohl gänzlich für andere opfert, ist ein reiner Altruist. Beide Extreme – obgleich sie vorkommen – sind eher selten. Der Buddha sagte:

> »Sich selber schützend, schützt man die anderen; die anderen schützend, schützt man sich selbst.« (SN 47.19)[19]

Die Begriffe Egoismus und Altruismus werden zu *ethischen Extremen*, wenn man diese Formel in seinem Handeln nicht berücksichtigt.

Um diesen Unterschied im ethischen Sinn besser zu verstehen, ist zu klären, ob man die Differenz zwischen »eigen« und »fremd« auf Motive, Handlungen oder Handlungsresultate bezieht. Wer aus reinem Selbstinteresse andere einbezieht, mag zwar im Resultat auch das Gemeinwohl fördern. Seine Motivation bleibt gleichwohl egoistisch. Billigt man nur dem Motiv einen ethisch relevanten Charakter zu, so wäre solch eine Handlung moralisch gleichwohl abzulehnen. Blickt man dagegen auf das Handlungsergebnis, so kann eine in diesem Sinn egoistische Handlung gleichwohl ethisch positiv bewertet werden. Es war in der europäischen Moraltheorie eine Revolution des Denkens, als die Motivation (die Tugenden) in der Beurteilung durch den Blick auf Handlungsresultate ersetzt wurde. Eingeleitet wurde dies durch Bernard Mandeville, der in seiner Schrift *The Fable of The Bees: or, Private Vices Publick Benefits* (1714) zu zeigen versuchte, dass sogar moralisch verwerfliches Handeln dem Gemeinwohl nützen kann: Die Verschwendungssucht der Fürsten z. B. förderte die Produktion, das Handwerk usw., brachte damit wirtschaftlichen Fortschritt hervor und machte viele Menschen reicher. Adam Smith hat diesen Gedanken Mandevilles von seinem provokativen Charakter weitgehend befreit und sich in der Beurteilung der Wirtschaft auf das Ergebnis, nicht die moralische Bewertung der Motivation konzentriert. Das Motiv kann und soll sogar rein egoistisch bleiben, meinte Smith. Berühmt ist der Satz aus seinem ökonomischen Hauptwerk *The Wealth of Nations* (1776):

> »Nicht vom Wohlwollen des Metzgers, Brauers und Bäckers erwarten wir das, was wir zum Essen brauchen, sondern davon, dass sie ihre eigenen Interessen wahrnehmen. Wir wenden uns nicht an ihre Menschen, sondern an ihre Eigenliebe, und wir erwähnen nicht die eigenen Bedürfnisse, sondern sprechen von ihrem Vorteil. Niemand möchte weitgehend vom Wohlwollen seiner Mitmenschen abhängen.«[20]

In der ethischen Diskussion hat gerade der Blick auf die Wirtschaft zum einen zum Utilitarismus geführt, der jede Handlung nur nach Kosten und Ertrag moralisch bewertet, zum anderen aber auch zu Kants Begriff der Pflicht, worin man auch ohne persönlich-emotionale Überzeugung eine Handlung einfach deshalb ausführt, weil es vernünftig ist. Beide Positionen werde ich noch genauer darstellen (vgl. Kapitel 2.4 und 2.5). Dass man die Auffassung von Smith nicht mehr als Urteil über die Funktionsweise einer Geldökonomie, des Kapitalismus, naiv übernehmen kann, erwähne ich hier nur am Rande: Interessen werden durch Werbung und PR manipuliert; Märkte, die bei Smith nur dem Interessenausgleich dienen, sind vielfach von großen Banken und Konzernen im durchaus egoistischen Interesse beherrscht. Und dies – wie Wirtschafts- und Schuldenkrisen belegen – *gegen* die

Interessen der großen Mehrheit der Bevölkerung. Smiths dialektischer Gedanke, dass gerade der Egoismus in der Wirtschaft des Gemeinwohl fördere, hat sich *empirisch* als unhaltbar erwiesen: Das Wirtschaftswachstum wird zwar nachdrücklich vom ökonomischen Egoismus gefördert, zieht aber zugleich eine breite Spur des Hungers, der sozialen und ökologischen Verwüstung hinter sich her. Der Versuch wiederum, den Egoismus durch Anreize und staatliche Institutionen »einzusperren« und so zu lenken, hat sich gleichfalls als Illusion erwiesen.[21] Die Moral lässt sich nicht durch nicht-moralische Mittel verwirklichen. Der Funke des Egoismus ist schon lange auf Unternehmen, von dort auf ganze Staaten übergesprungen und führt im Kampf um Rohstoffe und Absatzmärkte zu politischen Gegensätzen, die nur allzu oft auch in Kriegen eskalieren.

Die von Adam Smith versuchte Auflösung des Gegensatzes von Egoismus und Gemeinwohl führte Max Weber noch zu einer anderen Differenzierung. Er hat zwischen »Verantwortungsethik« und »Tugendethik« unterschieden. Die Verantwortungsethik orientiert sich nur an den Resultaten des Handelns, die Gesinnungsethik nur an der Motivation. Weber sagt,

> »es ist ein abgrundtiefer Gegensatz, ob man unter der gesinnungsethischen Maxime handelt (...) oder unter der verantwortungsethischen: dass man für die (voraussehbaren) Folgen seines Handelns aufzukommen hat.«[22]

Nun kann man jede Handlung durch drei Elemente charakterisieren: (1) Handlungsziel, (2) Handlungsdurchführung und (3) Handlungsergebnis. Viele Irrwege in der Begründung einer Ethik kommen dadurch zustande, dass man diese drei Begriffe nur abstrakt nebeneinander stellt und dabei stillschweigend voraussetzt, dass moralisches Handeln das *unabhängige Tun eines Individuums* ist. Die Moral kommt, so die Vorstellung, immer erst *nachträglich* zum individuellen Tun hinzu. Doch keines der drei genannten Elemente des Handelns ist rein individuell zurechenbar und somit auch nicht exklusiv einer moralischen Beurteilung fähig. Deshalb ist die von Max Weber eingeführte, vielfach zustimmend rezipierte Trennung von *Gesinnungsethik* – die rein auf individuelle Motive abzielt – und *Verantwortungsethik* – die Handlungskonsequenzen heranzieht – nicht haltbar. Es liegt hier gar kein Gegensatz vor. Auch der gesinnungsethische Egoist bleibt von anderen Menschen und der Natur völlig abhängig; und der gesinnungsethische Altruist muss, um seine Ziele für andere zu erreichen, erstens sich selbst erhalten und zweitens in seinem Streben für das Wohl anderer durchaus auch selbstbezogen sein und sich oft gegen Konventionen durchsetzen. Um gesinnungsethisch ein bestimmtes Ergebnis zu erreichen, bedarf es der Kooperation mit anderen, damit auch einer zugehörigen, an der Gemeinschaft orientierten Motivation, die man in der Gegenwart mit den Begriffen »Fairness« oder »Teamgeist« bezeichnet.

Ich werde deshalb die Weber'sche Unterscheidung, trotz ihrer Popularität, nicht mehr benutzen. Wenn ich nachfolgend den Begriff »Egoismus« verwende, dann ist damit stets das rein selbstsüchtige Verhalten *auf Kosten anderer*, auf Kosten der Gemeinschaft oder der Natur gemeint. In diesem Sinn ist die Ethik *immer* eine Kritik des Egoismus. Eine egoistische Moral, die nur für einen einsamen Robinson gelten würde, wäre unsinnig. Der reine Egoismus richtet sich aus Selbstinteresse immer auch *gegen* die Interessen anderer und ist insofern schlicht unmoralisch – sieht man davon ab, dass er gar nicht vollständig denkbar, durchführbar oder universalisierbar ist. Auch der reine Egoist ist auf die Hilfe anderer angewiesen; auch nackte Gewalt braucht willige Helfer, die ein rein egoistischer Herrscher immerhin versorgen und motivieren, damit seinen Egoismus einschränken muss. Andererseits führt auch der Begriff »Altruismus« zu vielen Missverständnissen. Ich werde ihn deshalb systematisch im dritten Teil durch »Mitgefühl« ersetzen und das auch ausführlich begründen.

2 Systeme abendländischer Moralbegründung

2.1 Einleitung

Die hier zu behandelnden Fragen setzen die Antwort auf eine ganz andere Frage voraus: *Ist eine säkulare Ethik überhaupt möglich*? Obgleich es gerade die Philosophie der Aufklärung – nicht zuletzt der englisch-schottischen – war, die die Morallehre aus der religiösen Umklammerung zu lösen versucht hat, finden sich nach wie vor Stimmen, die das für unmöglich halten. Der US-amerikanische Philosoph William K. Frankena hat die Auffassung vertreten, dass alle moralischen Werte letztlich einen religiösen, sogar theologisch zu bezeichnenden Ursprung haben:

> »Ethische Urteile können nur durch logische Ableitung aus theologischen begründet werden; das bedeutet, sie hängen logisch ab von religiösen Glaubensvorstellungen für ihre Rechtfertigung.«[23]

Auch Hans Küng steht dieser Auffassung nahe. In seiner Besprechung von Küngs Buch *Projekt Weltethos* sagt Robert Spaemann:

> »Die Frage, ob Moralbegründung ohne Religion möglich sei, ist seit dem 18. Jahrhundert immer wieder erörtert worden. Küngs Antwort lautet: Unreligiöse Menschen sind oft hochmoralisch.

Allerdings kann nur die Religion diese Moralität *begründen*, vor allem die Unbedingtheit sittlicher Verpflichtungen in Fällen, wo sittliches Handeln mit schweren Nachteilen für den Handelnden verbunden ist. Diese These scheint mir richtig, aber sie stellt die Frage nicht, wie wichtig Begründungen für ein Ethos sind.«[24]

Spaemanns Einwand ist wohl zutreffend: Gleichgültig, ob man die Frage nach der Möglichkeit einer säkularen Ethik ohne religiöse Wurzeln bejaht oder verneint, in jedem Fall spielt hierbei die *Begründung* moralischer Urteile die entscheidende Rolle.

Es wurde freilich immer wieder auch behauptet, dass die Moral eigentlich *keiner* Begründung bedürfe. Sie sei in der menschlichen Natur verankert. Albert Einstein formulierte diesen Gedanken: Ethische Überzeugungen, sagt er,

»sind in einer gesunden Gesellschaft da als mächtige Traditionen, die auf das Verhalten, Streben und Werten der Individuen wirken; sie sind wie ein lebendiges Wesen da, *ohne dass es für seine Existenz einer Begründung bedürfte*. Sie treten ins Dasein nicht durch Begründung, sondern durch Offenbarung, durch das Wirken starker Persönlichkeiten. Man soll nicht versuchen, sie zu begründen, sondern sie ihrem Wesen nach möglichst klar und rein zu erkennen.«[25]

Einstein setzt an die Stelle einer *göttlichen* Offenbarung von Moralregeln ihre Verkörperung in herausragenden Persönlichkeiten, die solche Werte als Vorbild demonstrieren. Zweifellos ist dies eine wichtige Quelle für die Akzeptanz von Moralregeln oder Werten. Nur sind die Vorbilder hierbei keineswegs immer nur *po-*

sitiv. Die in der Politik, in Büchern, TV-Sendungen, Spielfilmen, Computerspielen usw. *implizit* transportierten Werte, die gerade auf Jugendliche besonders stark wirken, haben keineswegs immer eine moralische Qualität, die für die menschliche Gemeinschaft heilsam ist und in einer kritischen Analyse Anerkennung finden würde. Es ist also weiter unumgänglich, für moralische Regeln oder Werte *vernünftige Begründungen* zu finden.

Bezüglich der Frage, ob die Ethik stets einer religiösen, gar einer *theologischen* Grundlage bedürfe, habe ich meine Auffassung schon skizziert: Eine säkulare Ethik ist möglich, wenn man Ansätze zu ihrer Begründung aus dem *unmittelbar* religiösen Kontext löst. Denn auch in den Religionen gibt es durchaus *logische Strukturen*, die nicht auf bloßem Glauben beruhen. Dass der Buddhismus hier eine besondere Rolle spielt, versuche ich im dritten Abschnitt zu zeigen. Der Buddhismus ist in weiten Teilen, die man als »buddhistische Philosophie« begreifen kann, von Glaubensüberzeugungen unabhängig. Der Buddha *fordert* geradezu jeden auf, *selber zu erkennen*. Hierin liegt, ich wiederhole diesen Gedanken, eine tiefe Nähe zum *sapere aude*, ›wage es, dich deines eigenen Verstandes zu bedienen‹, das Kant als Motto der Aufklärungsphilosophie formuliert hat. Um aber den Blick nicht zu sehr zu verengen: Dieser Gedanke findet sich gelegentlich auch in der chinesischen Philosophie, die insgesamt sonst – wie die mittelalterliche Theologie im Abendland – die tiefe Verbeugung vor der Tradition als moralischen Grundwert vertritt. Dennoch gibt es vereinzelt andere Stimmen, wie die von Mong Dsi, die für die nachfolgende Untersuchung durchaus als Motto dienen könnte:

»Ein Edler, der tief eindringen will in die Wahrheit, strebt danach, sie selbständig zu erkennen. Hat er sie selbständig erkannt, so verweilt er bei ihr in Sicherheit. Verweilt er in Sicherheit bei ihr, so hat er sie reichlich zur Verfügung. Hat er sie reichlich zur Verfügung, so mag er nach rechts oder links greifen: immer trifft er auf ihre Quelle. Darum strebt der Edle nach selbständiger Erkenntnis.«[26]

2.2 Aristotelische Tugendethik

Die Philosophie Griechenlands, später adaptiert durch die römische Akademie und die Stoa, hat unterschiedliche Moralsysteme hervorgebracht. In der vorsokratischen Philosophie wurden menschliche Handlungen in diversen Gottheiten idealisiert. Dennoch haben Philosophen den Götterglauben nicht nur verteidigt, sondern durchaus auch kritisiert. So hat Xenophanes die griechischen Götter, wie sie bei Homer geschildert werden, als menschliche Projektionen bezeichnet. Auch Demokrit meinte, dass der Götterglaube nur aus Furcht vor Himmelserscheinungen entstanden sei. Heraklit betonte – wie bereits zitiert –, dass die Menschen im Logos (im gemeinsamen Sprechen) miteinander verbunden sind, obgleich sie glauben, ein Denken für sich allein zu haben. Diese Ansätze wurden von den *Sophisten* zu der Vorstellung verallgemeinert, dass jede Perspektive, also auch alle Moral, durch die *Menschen* gesetzt wird. Der berühmte Homo-Mensura-Satz des Protagoras lautet in seiner Kurzform: »Der Mensch ist das Maß aller Dinge.« Gemeint ist der Einzelmensch, der sich jeweils in einer konkreten Situation entscheiden muss.

Ein anderer Sophist – Gorgias – bestreitet die Möglichkeit einer allgemeingültigen Erkenntnis. Falls sie doch möglich sei, könne sie nicht mitgeteilt werden. Deshalb betonen die Sophisten – die in der späteren Philosophiegeschichte eher einen schlechten Ruf haben – die Wichtigkeit der *Situation*, in der Menschen handeln.[27] Die Situation richtig zu erkennen und dann die richtige, passende Entscheidung zu treffen wurde in dem Wort *kairós* (»der richtige, entscheidende Augenblick«) ausgedrückt. Aristoteles kennt gleichfalls diesen Begriff, der in den frühgriechischen Dichtungen (Hesiod, Pindar) eine wichtige Rolle spielte. Alle Handlungen haben ihre *rechte Zeit*. Sie zu beachten, kann man als Erbe der sophistischen Morallehre betrachten: Es gibt für Gorgias keine allgemein gültigen Regeln oder Begriffe. Richtiges Handeln bedeutet, in jeder Situation dieser gemäß den richtigen Augenblick zu erkennen. Es lässt sich hier ein ähnlicher Gedanke bei Sartre, aber auch in den Lehren des Buddha finden, der Abstraktionen als Einseitigkeit für die Beurteilung von Situationen ablehnt (vgl. AN 5.189).

Mit Sokrates beginnt dagegen die abstrakte, theoretische Philosophie, auch in der Morallehre. Platon – hierin Schüler des Sokrates – stellt die Frage nach dem Wesen des *Guten*. Das Gute ist eine *Idee*, die prinzipiell in jedem Menschen angelegt ist. Durch einen systematischen Diskurs kann diese Idee ins Bewusstsein gehoben werden (durch sokratische Mäeutik = Geburtshelferkunst). Das Gute ist die höchste aller Ideen. Platon deutet die Lehre der Sophisten als *egoistische Morallehre*. Er bekämpft diese Lehre und rückt die Rolle des Staates und der Gemeinschaft in den Mittelpunkt. Er *konstruiert* in seinem Dialog *Politeia* einen utopischen Idealstaat durch rein vernünftige Überlegungen, worin jeder Mensch eine besondere Rolle zugeteilt bekommt.

Ein vergleichender Einschub kann das vielleicht illustrieren: Diese Vorstellung Platons erinnert an das Kastensystem Indiens, das der Buddha bekämpfte. Dieses System wird gerade durch die Karmalehre ideologisch stabilisiert: Eine soziale Reform ist sinnlos, weil Benachteiligte durch gehorsames Einfügen in die bestehende Ordnung als moralische Tugend in einem künftigen Leben in höhere Kasten aufsteigen und damit den Lohn für die Leiden als sozial Unterprivilegierte erhalten. Diese Vorstellung ist einer der Gründe, die Karmalehre einer gründlichen Revision zu unterwerfen (vgl. Abschnitt 3.3.4). Auch kann man im Konfuzianismus ähnliche Moralvorstellungen, dort ohne eine Wiedergeburtstheorie, finden. Moralisch handelt, wer sich in eine tradierte Ordnung widerspruchsfrei einfügt. Gleichzeitig sieht Konfuzius aber – darin liegt eine Nähe zum Buddhismus – moralisches Handeln »in der Pflege zwischenmenschlicher Beziehungen« verwirklicht.[28] Dieser Gedanke taucht in Platons *Staat* durch die am hierarchischen Lebensstil von Befehl und Gehorsam orientierten Vorstellungen vom Handeln in der Gemeinschaft nicht auf.

Platons Konstruktion eines Idealstaates unterscheidet sich allerdings in einem wichtigen Punkt von der indisch-brahmanischen und der konfuzianischen Vorstellung. Denn der Staat bei Platon soll gelenkt werden durch Intellektuelle (Philosophen). Deren Handeln wird aber philosophisch *begründet*; es leitet sich nicht einfach aus einer übernommenen Tradition (z. B. die Vorstellung vom »Goldenen Zeitalter« bei Konfuzius) ab. Allerdings entsteht die Moral bei Platon nicht aus dem Diskurs der Vielen auf dem Marktplatz (*ágorá*). Gegen Gorgias betont Platon, dass die bloße Rhetorik zur Bildung der Moral nicht ausreicht. Alle Moral gründet im sittlich *Guten*, das nicht durch anderes bedingt ist und als reine Idee geschaut werden müsse. Um die Ideen zu erkennen, dazu bedarf es der Philosophen. Die moralische Ordnung des Staates wird also durchaus philosophisch begründet; doch dies nur durch eine *soziale Herrschaft* der (männlichen) Philosophen, nicht durch die Einsicht vieler Menschen. Sklaven, Frauen und Fremde[29] bleiben von jeder Einspruchsmöglichkeit ausgeschlossen – was übrigens auch noch für Aristoteles gilt und ein bleibender dunkler Fleck in dessen Philosophie ist.

Die Ethik *als Wissenschaft* wird erst durch Aristoteles begründet. Seine Morallehre wird gemeinhin als klassische Form einer *Tugendethik* betrachtet. Das griechische Wort, das Aristoteles für Ethik verwendet, lautet *ēthos* (ἦθος) und bedeutet »Charakter« und »Sitte«, im Griechischen eng verwandt, dennoch unterschieden von ἔθος, »Gewohnheit«.[30] Beide Bedeutungen werden sich im Folgenden noch genauer in ihrer inneren Verbindung zeigen. Kurz gesagt: Man kann einmal vom *ēthos* als der vereinzelten Gewohnheit im menschlichen Handeln sprechen, zum anderen aber ist *ēthos* auch die soziale Institutionalisierung solcher Gewohnheiten (Sitten, Erziehungssysteme, Normen). *Ēthos* ist also eine Qualität an menschlichen Handlungen (*Praxis*), die sie privat und sozial formt. Aristoteles folgt Platon in dessen Kritik der Sophisten, indem er ausdrücklich die *Lehrbarkeit* des sittlichen Handelns betont. Es gibt, wie auch Platon sagt, mehrere »Seelenvermögen«, die den Charakter eines Menschen ausmachen. Die nicht vernünftigen Seelenvermögen sind jene, in denen der Mensch seiner Lust folgt (*hēdonē*). Aristoteles lehnt mit Platon die Lehre jener ab, die *ausschließlich* die Lust als moralischen Handlungsantrieb behaupten (*Hedonismus*). Die vernünftige Überlegung kann zwischen Lust und Unlust abwägen und so Entscheidungen treffen. Hier führt Aristoteles den Begriff der *Tugend* ein.

»Tugend« (*aretê*) bedeutet allgemein eine Vollkommenheit, die einer Handlung zukommt. Insofern ist die Tugend eine *Vollendung* jeder Handlung. In der Ethik ist die Tugend eine Art Superlativ: das Beste, das Äußerste und das dem Gutsein nach Höchste, die beste Haltung. Aristoteles betont, dass man für tugendhaftes Handeln *soziale Anerkennung* findet und deshalb auch gelobt wird. Die Tugend ist ein Gegenstand von Lobreden und wird in der Dichtung oder im Theater gleichsam modellhaft vorgeführt. Das Vortrefflichste beim Menschen, die höchste menschliche Tugend, ist in der Vernunft zu suchen. Je nach der Stellung eines Menschen in der Gesellschaft spielen unterschiedliche Tugenden eine vorrangige Rolle. Platon hatte die menschliche Seele in drei Teile eingeteilt, die man kurz mit Vernunft, Wille und Leidenschaft übersetzen kann. Aristoteles verwendet nur eine Zweiteilung. Er unterscheidet zwischen einem rationalen und einem irrationalen Seelenteil. Verstand und Vernunft werden gelehrt und in der Erziehung geübt. Die Tugenden, die den irrationalen Seelenteil, den Willen und die Leidenschaften formen, heißen bei Aristoteles die *ethischen* Tugenden. Sie formen das Ungeformte am Menschen. Während man Erkenntnisse durch die Vernunft, den Intellekt erwirbt, werden die ethischen Tugenden durch *Gewohnheitsbildung* anerzogen. Im Unterschied zu den ethischen Tugenden kennt Aristoteles auch die sogenannten *dianoetischen* Tugenden, die unmittelbar auf den *Intellekt* bezogen sind: Wissenschaft (*epistêmê*), Wohlberatenheit (*euboulia*), Klugheit (*phronêsis*), Weisheit (*sophia*), Verstand (*synhesis*) und Kunstfertigkeit (*technê*).

Die ethische Tugend formt gleichsam die ungebändigte Natur im Menschen (Wille und Trieb) und verwandelt ihn dadurch in ein soziales Wesen. Die Tugend bildet die Brücke zwischen den irrationalen Leidenschaften des Individuums – die vielfach egoistisch sind – und der menschlichen Gesellschaft. Aristoteles definiert »Tugend« als eine Kunst der Mitte:

> »Es ist mithin die Tugend eine Gewohnheit (*habitus*) des Wählens, der die nach uns bemessene Mitte hält und durch die Vernunft bestimmt wird, und zwar so, wie ein kluger Mann ihn zu bestimmen pflegt. Die Mitte liegt zwischen zwei fehlerhaften Gewohnheiten, dem Fehler des Übermaßes und dem Fehler des Mangels.«[31]

Die Tugend findet den Ausgleich, die Mitte zwischen den Extremen. Sie ist »ihrem Wesen nach Mitte«.

Das oberste Ziel allen menschlichen Handelns, das zu verwirklichen auch alle Tugenden letztlich dienen, ist das *Glück* oder die *Glückseligkeit* (*eudaimonia*; lat. *beatitudo*). Wörtlich bedeutet dieser Begriff bei Aristoteles: von einem guten (*eu*) Geist (*daimon*) begünstigt oder beseelt zu sein. Das Glück ist das höchste Ziel aller persönlichen oder politischen und sozialen Praxis.[32] »Glück« ist *kein* mehrdeutiger Begriff. Er kann aber unterschiedlich erläutert werden, etwa als »das gute Leben« oder »das Wohlergehen«. Allerdings wünscht sich jeder Mensch je nach der konkreten Lebenssituation etwas anderes. Glück findet man durch mehrere Bestimmungen, die sich nicht ausschließen müssen: Wohlergehen; Selbstgenügsamkeit; das angenehme, mit Sicherheit verbundene Leben und ein reicher Besitz. Dieses Glück hängt an drei Gütern: äußeren, körperlichen und seelischen. Der Glückliche muss alle drei besitzen. *Wahres*

Lebensglück ist aber für Aristoteles letztlich ein geistiges Gut. So sagt er, dass »allein Philosophen das Lebensglück zukommen wird«, denn alle anderen Glücksformen hängen am Geist (*Intellekt*). Wenn auch Aristoteles die Tugenden recht pragmatisch am alltäglichen Leben orientiert, so gibt es doch auch eine gleichsam höhere Sichtweise auf die Welt. Er erkennt letztlich die Vergänglichkeit und Nichtigkeit des Daseins:

> »Darum heißt es auch mit Recht, dass der Mensch ein Nichts sei und dass nichts von den menschlichen Dingen Bestand habe. Denn Kraft, Größe und Schönheit sind zum Lachen und nichts wert; sie erscheinen uns nur so, weil wir nichts genau zu sehen vermögen.«[32]

Hier nähert sich Aristoteles der buddhistischen Auffassung, eine Nähe, die durch die *theistische* Rezeption seiner Schriften im Mittelalter kaum ins allgemeine philosophische Bewusstsein getreten ist. Man könnte sagen, die aristotelische Morallehre orientiert sich an der Praxis der Gesellschaft, des alltäglichen Lebens. Dafür lehrt sie die Tugenden als Vollendung des Handelns, um dadurch jeweils in allen Situationen den *mittleren Weg* zu wählen. *Letztlich* ist aber eine moralische Vervollkommnung des Menschen nicht von der Welt, der Gesellschaft her zu interpretieren, sondern aus der Erkenntnis des eigenen Geistes, der eigenen Seele. Aristoteles sagt:

> »Ehre und Ansehen, Dinge, die man mehr als das übrige zu erstreben pflegt, sind voll unbeschreiblichen Unsinns; denn wer etwas vom Ewigen erblickt hat, der findet es einfältig, sich um solche Dinge Mühe zu machen. Was ist langlebig oder dauerhaft

> unter den menschlichen Dingen? Nur wegen unserer Schwäche, so meine ich, und wegen der Kürze unseres Lebens scheint uns auch dieses groß. Wenn man dies in Betracht zieht, wer würde dann noch meinen, er sei glücklich und selig – wer von uns, die wir alle gleich von vornherein (wie es heißt, wenn man in die Mysterien eingeweiht wird) von Natur her entstanden sind, als ob wir zu büßen hätten? Denn göttlich ist der Spruch der Alten, wenn sie sagen, dass die Seele Buße zu zahlen habe und dass wir zur Strafe für irgendwelche großen Verfehlungen leben.«[34]

Was Aristoteles hier den »Spruch der Alten« nennt (er denkt vermutlich an Anaximander[35]), lässt sich auch als Einfluss der indischen Karmalehren auf die griechische Philosophie interpretieren. Die Lehre von der Wiedergeburt der Seele ist im alten Griechenland weit verbreitet. Gewöhnlich wird ihr Ursprung Pythagoras zugeschrieben; sie findet sich aber auch bei Pindar. Des Weiteren wurde diese Lehre von Empedokles und später von Platon vertreten und war im Neuplatonismus allgemein verbreitet. Gewöhnlich wird Aristoteles als *Gegner* des Reinkarnationsgedankens betrachtet. Er lehnte die *individuelle* Unsterblichkeit der Seele ab, sagte aber stets, dass beim Lernen und Erkennen die Menschen an ein *vorher* existierendes Wissen anknüpfen. So beginnt seine Schrift *Analytica posteriora* mit dem Satz: »Alles vernünftige Lehren und Lernen geschieht aus einer vorangehenden Erkenntnis.« Man kann deshalb sagen, dass die Reinkarnationslehre als *moralische* Lehre gleichwohl von Aristoteles akzeptiert wurde, wie der oben zitierte Text (*Protreptikos*) nahelegt. Es war wohl vorwiegend die *theistische* Aristoteles-Rezeption im Mittelalter, die alle Hinweise auf Reinkarnation als ein Moment der Erkenntnistheorie und der Morallehre auszublenden versuchte.

Mit Blick auf die buddhistische Ethik kann ich abschließend Damien Keown über das Verhältnis zu Aristoteles zitieren:

> »Die Parallele zwischen buddhistischer und aristotelischer Ethik ist, wie ich glaube, in vielerlei Hinsicht sehr eng. Die Ethik des Aristoteles scheint die nächste Analogie zur buddhistischen Ethik, und sie ist ein erhellender Führer zu einem Verständnis des buddhistischen Moralsystems. Sie ist umso wertvoller, weil die Exegese der aristotelischen Ethik ein anspruchsvolleres Niveau erreicht hat als die Ethik im Buddhismus.«[36]

2.3 Theologische Moralbegründungen

Die wichtigste Quelle moralischer Werte sind zweifellos die Religionen. Man kann alle Religionen in zwei große Gruppen einteilen: theistische und nichttheistische Religionen. Die theistischen Religionen gehen bei allen Unterschieden davon aus, dass alles, was existiert, von einem allmächtigen Schöpfergott (»Creator«) hervorgebracht worden ist. Die nicht theistischen Religionen verwenden dieses Konzept eines Schöpfergottes nicht – ohne es aber ausdrücklich zu *bekämpfen*, wie der *Atheismus* (frei übersetzt: »die Gottes*gegnerschaft*«). Der Atheismus stellt dem Begriff eines Schöpfergottes meist einen anderen obersten Begriff gegenüber: die Materie – so der kommunistische Atheismus – oder, wie der moderne Atheismus (z. B. Richard Dawkins), die Evolutionstheorie. Eine Sonderstellung nimmt der *existentialistische* Atheismus ein (vgl. Kapitel 2.6), der als obersten Begriff die menschliche *Freiheit* ansetzt.

Die *nichttheistischen* Religionen akzeptieren durchaus neben materiellen Gegebenheiten andere, geistige Formen. Sie berufen sich aber in ihrer Moralbegründung nicht auf eine *göttliche Offenbarung* (Rig-Veda, Thora, Bibel, Koran, Zend-Advesta usw.). Nichttheistisch sind Teile des Hinduismus, der Daoismus, Konfuzianismus, Shintoismus und natürlich der Buddhismus. Eine Moralbegründung nenne ich hier *theo-logisch*, wenn sie als Voraussetzung einen Schöpfergott verwendet, der zugleich Schöpfer jeder Moral ist und aus dieser Voraussetzung anhand von Offenbarungen moralische Regeln ableitet. Rationale Argumente (z. B. Gottesbeweise) stützten dann die »Wahrheiten« aus der Offenbarung. In der jüdischen, christlichen und islamischen Theologie werden *beide* Formen der Begründung verwendet. Man argumentiert unter Voraussetzung der Existenz eines Schöpfergottes mit philosophisch-logischen Argumenten, und man verbindet dies mit Aussagen aus »heiligen Texten«, die man entsprechend interpretiert oder unmittelbar daraus moralische Aussagen entnimmt.

In der *Praxis* gilt in theistischen Systemen meist eine schlicht *normative Moral*: Man kennt *Gebote* (Dekalog, Scharia) und wendet sie unmittelbar an. Logische Begründungen oder Rechtfertigungen für diese Moralregeln gibt es in den Offenbarungstexten so gut wie nie – jedenfalls nicht, wenn man diese Texte *wörtlich* auslegt. Eine *metaphorische* Auslegung findet sich allerdings häufig, bis hin zu den extremen Formen in der Kabbala, worin die Buchstaben der (hebräischen) Thora, die zugleich Zahlenwerte sind, als eine Art Modell des Kosmos interpretiert werden. Diese Art der *metaphorischen* Auslegung heiliger Texte wird aber auch immer wieder von anderen Religionsvertretern strikt abgelehnt: Man beharrt dann auf dem *Wortlaut* der Thora, der Bibel oder des Koran. Diese wörtliche Auslegung heißt »Fundamentalismus«. Luther lehnte z. B. die mittelalterliche Theologie ab, die versuchte, die Aussagen der Bibel in eine philosophische Sprache zu übersetzen (besonders Thomas von Aquin, aber auch Mystiker wie Meister Eckhart taten dies). Da sich eine wörtliche Interpretation eines »heiligen« Textes von je anderen, durchaus sehr verschiedenen Texten unterscheidet, gibt es zwischen Fundamentalisten differenter Religionen keine unmittelbare Verständigungsmöglichkeit. Dieser Fundamentalismus mündet deshalb bestenfalls in wechselseitiger Toleranz, häufig aber auch in direkten Kampf gegeneinander. Da der *Sinn* eines Textes dennoch immer einer Auslegung bedarf (»Hermeneutik«), geschieht es auch, dass sich fundamentalistische Gruppen, die sich auf *denselben* Text berufen, dennoch bekämpfen.

Wie lässt sich nun die innere Logik einer *theistischen* Moralbegründung beschreiben? Jede Begründung muss von *Voraussetzungen* ausgehen. Diese Voraussetzungen nennt man in der Neuzeit »Werte«. Da moralische Regeln *keine Naturgesetze* sind, die man empirisch auf ihre Geltung hin überprüfen kann, sind moralische Regeln prinzipiell aus einer *anderen* Quelle abzuleiten. Theistische Systeme sehen diese andere Quelle in Gott. »Gott« ist definiert als allmächtiger, allwissender *Schöpfer* aller Dinge. Aus welchem Grund Gott jeweils das, was ist, geschaffen hat, erschließt sich der menschlichen Vernunft nicht. Deshalb hat dieser Gott – ihm wird darin Milde und Barmherzigkeit attestiert – aus Liebe zu seinen Geschöpfen seine verborgenen Ratschlüsse in einem heiligen Text *offenbart*. Die Menschen stehen in der Skala der Kreaturen, die dieser Gott hervorgebracht hat, an oberster Stelle: als Krone der Schöpfung. Die Menschen bleiben dabei zwar weit unter Gott, sind ihm aber doch ähnlich.

Worin besteht diese Ähnlichkeit? Menschen sind weder allwissend noch allmächtig, weder handeln sie aus reiner Liebe, noch erkennen sie alle Dinge. Aber sie besitzen *Verstand* (Intellekt). In ihrem Intellekt sind sie Gott ähnlich. Deshalb präsentiert Gott den Menschen nicht wie den Tieren nur die *Resultate* seiner Schöpfung (Nahrung und Lebensraum), sondern er *spricht auch zu ihnen*, teilt ihnen seine Absichten mit. Dieser Prozess heißt »Offenbarung«. Zwar sei in allen Kreaturen auch das Werk des Kreators, des Schöpfergottes, erkennbar; man nennt solch eine Erkenntnis *natürliche Theologie*. Doch reicht diese Erkenntnis nicht hin, vor allem nicht zur Erkenntnis der moralischen Regeln für das menschliche Handeln. Diese offenbart Gott *unmittelbar*, indem er moralische Gesetze aufstellt, die Menschen zu befolgen haben. Sie *verstehen* zwar den Wortlaut dieser Gesetze, nicht aber ihren wirklichen tiefen Sinn – der bleibt dem inneren Ratschluss Gottes vorbehalten.

Deshalb besteht der einzige Weg zur moralischen Erkenntnis im *Glauben*. Man muss einfach dem Wort Gottes *Glauben schenken*. Und man muss *gehorsam* sein – denn es ist ja der moralische Befehl des Allmächtigen. Gott schenkt den Menschen zwar prinzipiell die *Freiheit*. Das unterscheidet sie von den Tieren, die nur ihren Trieben folgen und nur auf Reize *reagieren*. Die Menschen *wissen*, was sie tun, und können folglich auch dem göttlichen Wort gehorchen. Aber sie sind dazu nicht durch eine Art Naturgesetz *gezwungen*. Das wäre sonst gar keine menschliche Freiheit. Weil sie also zu Gottes Befehl, zur göttlichen Moral auch *Nein!* sagen können, können sie sich *gegen Gott* stellen. Weil Gott – in diesem Argument unterscheiden sich Juden, Christen und Moslems in subtilen Details der Begründung – der allmächtige Schöpfer aller Dinge ist, deshalb gilt *letztlich* sein Wille auch immer (sonst wäre er gar nicht allmächtig). Deshalb kann Gott nicht zulassen, dass sich Menschen in ihrer Freiheit *gegen* seine moralischen Regeln stellen. Um seinen Willen wieder herzustellen, *bestraft* er ihre Handlungen und Gedanken, die sich gegen ihn stellen. Und da Gott *unendlich* in all seinen Attributen ist, bestraft er eine *letzte* Verweigerung seines Willens aus freier Entscheidung (»Todsünde«) auch unendlich. Eine unendliche Strafe ist die *ewige Verdammnis*.

Damit die göttliche Strafe *gerecht* ist, bleibt natürlich die Voraussetzung bestehen, dass man die Offenbarung auch tatsächlich *gehört* haben muss. Wer ohne Kenntnis der göttlichen Offenbarung Handlungen begeht, die für einen Gläubigen »unmoralisch« sind, der wird deshalb anders beurteilt. Auch hierin unterscheiden sich die theistischen Systeme, und ich will auf Unterschiede nur sehr skizzenhaft eingehen. Christentum und Islam leiten aus der Voraussetzung, dass alle Menschen die göttliche Offenbarung auch hören müssen, als erste Pflicht die *Missionierung* der Nichtgläubigen ab. »Und Wir bestrafen nicht, bevor wir einen Gesandten geschickt haben«, heißt es im Koran 17,15. Jeder soll eine Chance haben, sich aus Freiheit zu Gott zu bekennen oder aber – das wird meist zunächst nicht laut dazugesagt – sich auch gegen Gott zu entscheiden, was dann fürchterlich bestraft wird.

Das Bild des Menschen wird innerhalb der theistischen Systeme unterschiedlich entworfen. Einerseits betont die Theologie die menschliche Freiheit, den Intellekt als Ebenbildlichkeit zu Gott, andererseits wird gerade aus der Freiheit eine tiefe Neigung zur *Sünde* abgeleitet und insgesamt ein höchst negatives Bild von den menschlichen Möglichkeiten gezeichnet. Einigkeit herrscht nur, dass die Menschen *ohne* Bezug auf Gott verloren sind. Im

Christentum wird die Chance, zu den Auserwählten, nicht zu den Verdammten zu gehören, ziemlich gering eingeschätzt: »Denn viele sind berufen, aber wenige sind auserwählt.« (Matth 22,14) Auch die Zahl derer, von denen im Mittelalter angenommen wurde, dass sie ins Himmelreich gelangen würden, ist eher gering. Das beruht auf der Lehre von der Erbsünde. Menschen sind ihrer *moralischen* Natur nach verdorben durch die ererbte Ursünde von Adam und Eva. Während im Katholizismus durch die Beichte immerhin ein gewisser Freiraum zur Korrektur durch moralisches Handeln eingeräumt wird, ist der Protestantismus hier weitaus radikaler. Nach Luther können Werke überhaupt nichts zum Heil beitragen. Es ist nur der Glaube, der selig macht. Extremer noch formuliert Calvin, der vom Menschen als einem völlig verdorbenen Wesen ausgeht. Der Mensch sei bestimmt durch eine *natura corrupta*. Nur unaufhörliche Selbstbezichtigung der eigenen Sünden und harte Arbeit als Buße, frei von Vergnügen, biete eine Chance, den angeborenen Defekt etwas zu mildern, auch wenn er durch moralisches Handeln nicht zu beseitigen sei. Das war für den Kapitalismus eine durchaus passende Ideologie: Harte Arbeit für die Vielen, während der Zinsertrag der Reichen als Ausfluss göttlicher Gnade schon hier im weltlichen Leben galt. *Warum* das so gelten soll, wird nicht begründet. Nur der Glaube macht selig.

Zwei weitere Haltungen in den theistischen Systemen sind noch mit Blick auf die Moralbegründung zu berücksichtigen: Der Gedanke der Missionierung steht neben einer Elitevorstellung, der *Exklusivität* der eigenen Religion. Das findet sich auch im Hinduismus (Brahmanismus), demzufolge nur Angehörige einer höheren Kaste überhaupt im vollen Wortsinn moralisch aus Erkenntnis handeln können. Im Judentum gibt es eine ähnliche Vorstellung. Auch das Judentum ist eine *exklusive* Religion. Jude ist, wer eine jüdische Mutter hat. Der Glaube wird also vererbt. Zwar wurden auch Menschen durch Glaubensübertritt jüdisch (z. B. die Chasaren in Osteuropa). Doch insgesamt durchzieht das Judentum die Vorstellung einer *exklusiven* Religion, erkennbar an der Formel vom »auserwählten Volk Gottes«. Es werden im Judentum zwar andere Religionen respektiert, allerdings in engen Grenzen: Nicht von Gott verdammt wird – z. B. nach der Lehre des Noahidismus –, wer den sieben Regeln des Noah gehorcht. Dabei sind verboten: Gotteslästerung (also eigentlich: Ablehnung des Glaubens an einen Schöpfergott), die Verwendung von Götterbildern, besondere sexuelle Praktiken und einige Nahrungsmittel. Diese Toleranz bleibt also auf den engeren Umkreis einer theistischen Moral bezogen. Katholiken oder Hindus, die Götter- oder Heiligenfiguren verwenden, wären demnach schon fast verdammt.

Die *Begründung* der Moral in theistischen Systemen gehorcht einer einfachen Logik: Weil Gott in seiner Offenbarung diese oder jene Regel als gültig verkündet hat, muss sie jeder Gläubige auch befolgen. Nichtbefolgung wird bestraft, wie ein Verstoß gegen eine *Rechtsregel.* Dies allerdings gewöhnlich noch nicht im Diesseits, *in der Welt* (»Mein Reich ist nicht von dieser Welt«), sondern im Leben danach, nach dem Tod, im *Jenseits.* Dort finden sich dann Lohn und Strafe für die Taten, gemessen an den offenbarten Moralregeln. Da Gott der *Schöpfer aller Dinge* ist, gibt es auch eine gottgemäße Gesellschaftsordnung. Die Regeln für das menschliche Zusammenleben sind letztlich aus den Offenbarungsschriften zu entnehmen. Hier unterscheiden sich allerdings die theistischen Systeme deutlich: Im Hinduismus wird die Kastenordnung (eine Klasseneinteilung der Gesellschaft) mit vielen

Regeln recht genau vorgeschrieben. Der Buddha hat das, wie bereits gesagt, nachdrücklich kritisiert. Auch im Islam gibt es aus dem Koran oder der späteren Tradition genaue Vorschriften, wie die Gesellschaft zu gestalten ist (vgl. Scharia-Gerichtsbarkeit). Im Judentum und Christentum sind eher nur einzelne Regeln zu finden, die zudem einer Interpretation bedürfen. Beispiel »Zinsverbot«: In der Thora, im Alten Testament, ist nur das Zinsnehmen vom jüdischen Bruder verboten; von Nichtjuden darf Zins genommen werden. Dieses Gebot wurde im Christentum – mit erheblichem theologischen Interpretationsaufwand – verallgemeinert, was sich in den Wucher-Gesetzen auch rechtlich normiert niederschlug. Später hat man durch andere theologische Deutungen (Calvin im Protestantismus im 16. Jahrhundert, Oswald von Nell-Breuning für den Katholizismus im 20. Jahrhundert) dieses Verbot wieder »aufgehoben«. Da die Vorschriften im Koran eindeutiger sind, gilt das Zinsverbot im Prinzip im Islam immer noch (in der Praxis aber mit vielen Ausnahmen durch finanztechnische Tricks). Eine *genau formulierte* Sozialethik gibt es in allen Offenbarungsreligionen nur in Ansätzen, die jeweils einer Interpretation bedürfen.

Die meisten Moralregeln, die aus den »heiligen Schriften« entnommen werden, haben einen *tugendethischen Charakter* – im Sinn der griechischen Definition. Das heißt, sie zielen zuerst auf die je individuelle Vollkommenheit. Diese Vollkommenheit des Lebenswandels kann im Christentum eigentlich nur durch eine *Trennung* von der säkularen Welt endgültig erreicht werden – in Klöstern oder im Priesteramt. Dieser Gedanke ist durchaus der frühbuddhistischen Vorstellung verwandt, dass eine wirkliche Befreiung nur in der »Hauslosigkeit«, also der Trennung vom alltäglichen Leben der Menschen gefunden werden kann:

in der »Waldeinsamkeit« (wie es in den Pali-Schriften heißt) oder im Kloster. Die Regeln für die Alltagswelt sind in diesem Verständnis immer nur vorläufig oder unvollkommen. Durchbrochen wird dieser Gedanke in dem Zugeständnis, dass auch gewöhnliche Menschen ohne Trennung vom weltlichen Leben den Stand der Heiligkeit erlangen können, wenn auch eher selten. Die Regeln für das menschliche Zusammenleben haben stets den Charakter des Vorläufigen, der nur der erste Schritt hin zur vollständigen Abkehr vom säkularen Leben ist. Dies ist ein ursprüngliches Dilemma *aller* religiösen Moralbegründungen. Der Islam macht hier eine gewisse Ausnahme. Er fordert in seiner fundamentalistischen Form keine *Abkehr* vom weltlichen, säkularen Leben, sondern dessen völlige Verwandlung gemäß der überlieferten religiösen Moral (Scharia). Es ist keine Moral *für das säkulare Leben*, sondern dessen völlige religiöse Überformung, weshalb Bewegungen wie der Wahabismus oder der Salafismus eine fast rein *politische* Form annehmen. Daneben dürfen im Islam die Ansätze zu einer säkularen Modernisierung gerade nicht übersehen werden.

Nun befindet sich eine theistische Moralbegründung allerdings noch in einem weiteren, sehr spezifischen Dilemma. Es gibt ja *mehrere* »Offenbarungen« Gottes. Teils beziehen sie sich aufeinander (wie Neues und Altes Testament), teils sind sie nur äußerlich beeinflusst (wie der Islam durch Judentum und Christentum), teils sind es ganz eigene Traditionen (Zoroastrismus, Brahmanismus). Trotz einiger wichtiger Übereinstimmungen in moralischen Fragen gibt es hierbei auch große Unterschiede, die durchaus praktische Konsequenzen haben. Einige Traditionen fordern, Ehebrecher zu steinigen – wie die Thora bzw. die Bibel (Lev 20,10; Dtn 22,22), auch der Steinigungsvers im Hadith, der vermutlich ursprünglich zum Koran gehörte (Sure 33). Dies widerspricht durchaus diametral der Botschaft von Liebe und Mitgefühl im Neuen Testament (Joh 8,1–8,11). Und das ist nur *ein* Beispiel. Hier unterscheiden sich die theistischen Systeme teils gravierend. Nicht nur hat der jeweilige Schöpfergott einen anderen *Namen* (Isvara, Jehova, Vater, Allah), er äußert sich auch in seiner Offenbarung sehr unterschiedlich. Der Begriff »Schöpfergott« bringt nur den gemeinsamen Gedanken zum Ausdruck, dass die Welt die Tat eines von ihr getrennten personalen Wesens ist, das von der Welt auch getrennt bleibt. Setzt man »Gott« und »Schöpfung« gleich (wie Baruch Spinoza), so wird dies als *Pantheismus* von den traditionell-theistischen Systemen allgemein abgelehnt.

Welcher Offenbarung soll man also folgen? Solange Völker völlig isoliert lebten, war dies eine Scheinfrage: Es gab in einer Region eben nur eine Offenbarung. Doch gerade das säkulare Leben, besonders der Fernhandel, brachte die Menschen bereits früh in Kontakt zueinander und führte damit für die Moralbegründung zu einer zentralen Frage: *Welcher Offenbarung soll man vertrauen*? Da die Religionen den Anhängern einer je anderen teilweise die ewige Verdammnis oder Mord und Totschlag androhen, wird die Wahl der Religion zum Glückspiel. Die Gläubigen einer anderen Religion sind für die Anhänger der eigenen eben *Ungläubige*; deshalb drohen sich diese Religionen wechselseitig auch offene Gewalt dafür an, dass andere an eine andere Offenbarung glauben.[37]

Das ist für eine säkulare Ethik ein fundamentales Hindernis, wenn man auf die Toleranz der religiösen Systeme setzt. Da mit den göttlichen Strafen zugleich die abstoßendsten Vorstellungen verbunden sind, liegt hier das Haupthemmnis für eine interreligiöse Verständigung. Es gibt hier – neben unschönen aktuellen Beispielen aus vielen Ländern – eine durchaus vielfältige unheilvolle Tradition. Das christliche Abendland hat keinen Grund, mit dem Finger auf andere Religionen zu zeigen, auch nicht das reformierte Christentum des Protestantismus: Bekannt sind Luthers Drohungen gegen die Juden und seine Forderung nach einem »Kriege wider die Türken« (d. h. den Islam). Es lassen sich viele Stellen der katholischen und protestantischen Theologie anführen, die sogar das Mitgefühl der Erlösten mit den Verdammten ausdrücklich *verbieten*.[38] Auch wenn viele kritische Theologen aus allen religiösen Systemen ihre Tradition nicht mehr in diesem Geist auslegen, so liegt hier doch ein prinzipielles Hemmnis für eine säkulare Moralbegründung vor: Wenn die Moral *nur* aus einer Offenbarung abgeleitet wird, wenn ferner die Entscheidung, *welcher* Offenbarung man vertraut, nicht seinerseits begründet wird, dann befindet sich eine Moralbegründung *aus dem Glauben* in einer säkularen Welt in der Sackgasse: Es gibt da *innerhalb* der theistischen Systeme keinen Ausweg.

Eine auf den ersten Blick raffinierte Begründung, weshalb man dennoch der Offenbarung vertrauen soll, hat Blaise Pascal entwickelt. Als Philosoph und Mathematiker war er mit dem Glücksspiel vertraut. So versuchte er, die Entscheidung für den Glauben an die Offenbarung durch ein Glückskalkül, die berühmte *Pascal'sche Wette*, zu begründen. Der Gedanke ist einfach zu skizzieren: Pascal betrachtet die Entscheidung, zu glauben oder nicht zu glauben, als eine Entscheidung unter Unsicherheit. Sich für oder gegen den Glauben zu entscheiden ist aber kein Abwägen von *gleichartigen* Gütern, meint er.[39] Die Kosten, der Aufwand, den die Moral von uns verlangt, sind relativ niedrig. Aber der zu erwartende Lohn, die ewige Seligkeit, ist ein unendlicher Gewinn. Wenn es nun auch nur – das wird auch ein Skeptiker zugeben – eine winzige Chance gibt, dass die Offenbarung *wahr* ist, dass die versprochene Seligkeit als Lohn für moralisches Handeln unendlich ist, dann ist der *erwartete Gewinn* immer noch unendlich. Denn: Eine noch so kleine Wahrscheinlichkeit mit einer unendlichen Größe multipliziert, ergibt immer noch eine unendliche Größe. Die Waagschale schlägt also eindeutig zugunsten des Glaubens aus. Selbst wenn man nicht überzeugt ist – Pascal vertritt eine Morallehre, die nur auf das faktische Handeln, nicht die innere Überzeugung blickt –, so ist der Lohn überragend. Ist das Gegenteil der Fall, trifft also das offenbarte Versprechen der ewigen Seligkeit *nicht zu*, so hat man kaum etwas verloren. Im Gegenteil. In diesem Argument liegt Pascals *säkular-ethische Konsequenz* aus seiner Wette. Er sagt zu einem Gesprächspartner, dem er seine Wette schmackhaft machen will: Falls Sie die Wette verlieren (es gibt keine ewige Seligkeit), dann besteht immer noch ein positiver Nutzen.

> »Sie werden treu, ehrbar, demütig, dankbar, wohltätig, ein aufrichtiger und wahrhafter Freund sein. In Wahrheit: Sie werden sich nicht mehr in verpesteten Vergnügungen aufhalten, in der Ruhmsucht, in den Genüssen (...). Ich sage Ihnen, Sie werden in diesem Leben dabei gewinnen; und Sie werden bei jedem Schritt, den Sie auf diesem Wege tun, Ihren Gewinn so sicher und Ihr Wagnis so nichtig sehen, bis Sie schließlich erkennen: Sie haben um etwas Sicheres, Unendliches gewettet, für das Sie ein Nichtiges hingaben.«[40]

Pascal nimmt hier eine *utilitaristische* Argumentation vorweg (vgl. Kapitel 2.5). Seine Wette hat somit eine *doppelte* Bedeutung:

Einmal soll sie durch Nützlichkeitsabwägungen zum Glauben, wenigstens zur *Glaubenspraxis* auch ohne innere Überzeugung überreden. Hier schlägt die Waage durch das Wahrscheinlichkeitsargument scheinbar eindeutig dafür aus, den Glauben einfach anzunehmen, ohne weiter nachzufragen. Zum anderen aber sagt Pascal, dass jemand, der die christliche Moral annimmt, dadurch selbst einen Vorteil hat – und damit auch die ganze Gesellschaft: Man wird treu, ehrbar, demütig, dankbar und wohltätig. Auch hier argumentiert Pascal rein funktional: Es ist unwichtig, ob man den Sinn dieser Handlungsweise einsieht. Man entdeckt bei sich selbst einen Vorteil, einen höheren Nutzen darin, moralisch zu handeln. Damit wird aber vorausgesetzt: Wer moralisch handelt, der erfährt in seinem Leben ein höheres Glück, einen größeren Nutzen.

Nun möchte ich Letzteres keineswegs bestreiten, im Gegenteil. Doch von Pascal wird die Moral für etwas anderes *funktionalisiert*. Moralische Werte sind aus Vernunftgründen nicht direkt erkennbar. Sie erhalten ihren Sinn, ihren *Wert* durch die Funktion, die sie erfüllen. Hier verfällt Pascals Argument jener Kritik, die ich in Kapitel 2.5 noch genauer darstellen werde. Pascals Grundgedanke lautet also: Wer auf Gott wettet, der *kann* nur gewinnen. Aus dieser Überzeugung auch moralisch zu handeln ist nur ein Teil der Wette und darin nur ein Nebenprodukt. Moral hat hier keinen Eigenwert.

Doch Pascals Argument leidet an einem fundamentalen Denkfehler: Er setzt voraus, dass es nur *eine* Offenbarung Gottes gibt. Wenn man sich für den Islam entscheidet und Christen als Ungläubige bekämpft, vielleicht sogar (wie zitiert) tötet, dann wird man ewig verdammt, falls der christliche der wahre Glaube ist. Ist der Islam dagegen die wahre Offenbarung, dann gewährt der andere Gott (Allah) einem ewige Freuden im Paradies. Der Wahrscheinlichkeit einer *unendlichen Seligkeit* aus einem Glauben stehen also als »Kosten« nicht nur gegenüber, sich moralisch verhalten zu müssen. Es besteht prinzipiell die durchaus nicht kleine Wahrscheinlichkeit, dass man den *falschen* Glauben gewählt hat und dafür eine *unendliche Strafe* erleidet. Es stehen sich also zwei unendliche Größen zur Abwägung gegenüber. Eine rationale Entscheidung für einen Glauben kann nicht mehr getroffen werden.

Pascals Wette ist eine Illusion. Mehr noch: Gott sieht nach dem Zeugnis vieler religiöser Texte gar nicht die äußere Handlung als moralisch relevant an, sondern *ausschließlich* die Motivation des Handelns – man vergleiche das berühmte »Scherflein der Witwe« (Markus 12,41–44). Wer dann aus reinem *Wettkalkül* Nutzen und Kosten abwägt und nur den äußeren Anschein eines moralischen Handelns praktiziert, der kann sich in dieser Perspektive gerade umso mehr versündigen: Er hat dann *aus einer berechnenden Haltung* äußerlich moralisch gehandelt, während seine Motivation reine Gier nach Seligkeit war. Aus Pascals Wette ist deshalb nur ein Gedanke mitzunehmen: Durch eine berechnende Haltung kann man weder »die richtige Offenbarung« auswählen noch kann man sicher sein, dadurch spirituell überhaupt etwas zu erreichen.

Implizit formuliert Pascal eine *funktionale Moral*, die man so beschreiben kann: Wenn man den bloßen Anschein der Moral seinem Handeln zugrunde legt, so wird man die natürliche Disposition zum Moralischen in sich aufwecken, darin geläutert und das Glück in der Moral selbst finden. Voraussetzung für dieses Argument ist aber eine Annahme, die so lautet: ›Menschen wollen glücklich sein; wahres Glück findet man aber nur im moralischen Handeln.‹ Wenn man diese Regeln zunächst gleichsam nur experimentell übernimmt, so wird sich dennoch früher oder später die Erfahrung des darin liegenden Glücks einstellen. Man kann diese These auch bezüglich des sozialen Aspekts der Ethik so formulieren: Auch wenn jemand ohne innere Überzeugung moralisch handelt, so erfüllt sein Handeln *sozial*, für die Gesellschaft eine *nützliche* Funktion. Solch ein Handeln ist dann zwar nicht tugendethisch motiviert, aber durch seine äußere Wirkung dennoch *objektiv moralisch*. Die Kant'sche Pflichtethik kann man in diesem Sinne interpretieren. Auch Kant meinte, dass man auch gegen eigene Leidenschaften und Empfindungen moralische Regeln einfach aus *Vernunftgründen* als eine *Pflicht* betrachtet. Hier zeigt sich, dass der Versuch, durch ein rationales Kalkül einen *Gottesglauben* begründen zu wollen, zwar gründlich schiefgeht, die *Begründungsweise* gleichwohl Fragestellungen offenbart, die sich auch für die Diskussion einer *säkularen Ethik* als hilfreich erweisen. Die Pascal'sche Wette kann aber das entscheidende Dilemma nicht auflösen: Welche Offenbarung soll ich wählen? Soll ich überhaupt an eine Offenbarung *glauben*?

Nun haben Theologen oder Philosophen auch abseits von Pascals Kalkül mit der ewigen Seligkeit versucht, dennoch einen Ausweg aus diesem Dilemma zu finden. Dieser Ausweg besteht immer darin, dass man über der Offenbarung eine allen Menschen gemeinsame Vernunft akzeptiert, dass man also die *Philosophie* als Vernunftwissenschaft vor jedem religiösen Bekenntnis anerkennt. Averroes, einer der wichtigsten Philosophen im Islam, argumentierte durchaus auf diese Weise: Er sagt sinngemäß, dass die religiösen Aussagen alle durch die Philosophie begründet werden könnten; der Koran mit seinen Bildern und Geschichten sei für »die breite Masse«, die keinen Zugang zur Philosophie habe.[41] Die christlichen Philosophen gingen nicht so weit – und falls doch, wurden sie oft als Ketzer verdammt. Sie anerkannten aber dennoch durchaus die Autorität der Philosophie, seit dem 13. Jahrhundert vor allem die des Aristoteles. Damit fanden in theistischen Systemen für die Moralbegründung *philosophische* Argumente der griechischen Tradition Eingang und eröffneten so auf längere Sicht doch eine Verständigungsmöglichkeit. Ramon Lull hat um die Wende vom 13. zum 14. Jahrhundert sogar ein logisches System entwickelt, das alle religiösen Aussagen der theistischen Systeme beinhalten sollte, und sie so in ein Gespräch miteinander gebracht.[42] Nikolaus von Kues knüpfte daran an und versuchte sich gleichfalls an einem interreligiösen Diskurs auf philosophischer Grundlage.[43] Die *Mystiker* – jüdische, christliche und islamische – gingen noch einen anderen Weg. Sie bauten zwar auf der je eigenen Religion auf, vertraten aber die Auffassung, dass man durch mystische Praktiken auch *direkten* Zugang zu Gott, zu einer Gotteserfahrung gewinnen und aus solch einer Erfahrung selbst erkennen könne, was moralisch richtig oder falsch sei.

Ein Anknüpfungspunkt, der weit über die theistischen Systeme hinausreicht, ist die *Intellekttheorie*, die – ausgehend von Aristoteles – von Avicenna, Averroes, Thomas von Aquin, Dietrich von Freiberg, Meister Eckhart und anderen übernommen und ausgebaut worden ist. Diese Theorie besagt, dass jeder Mensch neben seinem gewöhnlichen Denken über einen *allgemeinen*, also nicht individuierten reinen Intellekt verfügt. Diesen reinen Intellekt schrittweise zu erkennen ermögliche, an die Quelle des Schöpferischen selbst zu gelangen. Diese Lehre bietet exzellente Anknüpfungspunkte für die buddhistische Tradition, in der dieser allgemeine Intellekt als Grundlage aller geistigen Prozesse wahlweise reines Bewusstsein, Achtsamkeit, Buddhanatur, *ālaya* (Sanskrit) oder *rigpa* (Tibetisch) genannt wird. Hier ergibt sich eine unmittelbare Diskussionsgrundlage zwischen West und Ost. Und vom reinen Intellekt führt dann ein direkter Weg zu den Ideen der Aufklärung, die diesen Begriff mit »Vernunft« übersetzt haben.

2.4 Kant'sche Ethik

Immanuel Kant hat die Tugendlehre der griechischen und mittelalterlichen Philosophie abgelehnt. Die aristotelische Forderung, die rechte Mitte zu halten, betrachtet Kant als Tautologie.[44] Er betont dagegen die *Pflicht* als Ziel und Maß des Handelns (*deontologische Ethik*). Eine Tugend hängt immer ab von dem Ziel, dem sie dient. So begreift er die vier Kardinaltugenden Weisheit, Gerechtigkeit, Tapferkeit und Mäßigung nur als Eigenschaften von Handlungen, nicht als deren Ziel: Die Tapferkeit z. B. kann die Tugend eines Verbrechers wie die eines Arztes in Krisengebieten sein. Kant setzt der Tugend die Pflicht entgegen, wobei die Pflichten vernünftig begründbar sein müssen. Sein *kategorischer Imperativ* als Norm der Moral nimmt dabei gelegentlich fundamentalistische Züge an. Deshalb lehnt er den aristotelischen Gedanken ab, das Handeln sei eine Mitte zwischen Extremen. So sagt er, dass es zwischen Wahrheit und Lüge keine Mitte gebe. Wenn es die Tugend sei, einer Pflicht zu folgen, so kenne dies kein Maß des Zuviel oder Zuwenig.

»Denn gar zu tugendhaft, d. i. seiner Pflicht gar zu anhänglich, zu sein, würde ungefähr so viel sagen als: einen Circel gar zu rund, oder eine gerade Linie gar zu gerade machen.«[45]

Doch Handlungen sind keine Objekte wie mathematische Gegenstände. Der Begriff »Mitte« hat in der Moral nur die Bedeutung, *Extreme* beim Handeln zu vermeiden. Kants Kritik an Aristoteles ist hier ein Kategorienfehler: Aussagen über Handlungen haben immer einen situativen, d. h. einer Auslegung bedürftigen Charakter. In der Geometrie ist das anders: Ein Kreis befindet sich nicht in einer Situation. Es gibt hier kein Maß wie »*zu* rund«, auch wenn es beim *Zeichnen* als Handlung durchaus solch ein Maß an Genauigkeit gibt. Beim Handeln gibt es also immer ein Maß, z. B. ein Übermaß an Mut, das in Leichtsinn umschlägt. Wo *genau* der Übergang liegt, das zu erkennen bedarf einer Handlungsklugheit, die kein mathematischer Verstand ist. Es ist also nicht sinnlos, wie Kant meint, beim Handeln eine Mitte einzuhalten, einem mittleren Weg zu folgen. Es ist sogar unerlässlich. Aristoteles und der Buddha sagen hier genau dasselbe.

Doch Kant hat nicht immer zur Ableitung seiner Ethik einen Rigorismus der Pflichterfüllung vertreten. Er teilt durchaus die Auffassung des Aristoteles, dass die moralische Formung (Begrenzung) irrationaler Leidenschaften letztlich durch die Vernunft bestimmt wird. Und es ist dieser Gedanke, der die Kant'sche Ethik für jede Diskussion über moralische Fragen unverzichtbar macht. Die These, dass moralische Regeln *vernünftig* eingesehen werden können, dass sie aber nur *aus Freiheit* angenommen und eingehalten werden, wurde von Kant in mehreren Anläufen seines Systems ausführlich diskutiert. Kant betrachtet den Menschen als ein Doppelwesen. Er steht hier in der Tradition von René Descartes. Descartes hat postuliert, dass die Welt gleichsam aus zwei völlig unterschiedlichen Formen oder Seinsweisen besteht: Eine Welt der äußeren Körper (*res extensa*) und eine Welt der Subjektivität, des Geistes, deren Haupteigenschaft ihre Erkenntnisfähigkeit ist (*res cogitans*). Die Welt der Körper ist völlig *kausal* determiniert. Die Welt des Geistes wird durch vernünftige Erkenntnis bestimmt. Kant sagt nun in dieser Tradition, dass der Mensch *als Körper* den Gesetzen der Mechanik, der Kausalität unterworfen ist. Hier erscheinen menschliche Handlungen durch Naturgesetze bestimmt. Doch *von innen* erscheint dies dem Bewusstsein völlig anders, nämlich als *Freiheit im Handeln*. Körper und Geist stehen zueinander aber nicht in einer kausalen Beziehung; die Kausalität gilt nur für die Welt der Körper.[46] Wenn wir vom Menschen, von der Moral sprechen, können wir uns nur auf die Vernunft und die Freiheit beziehen. Niemand kann die *Bedeutung* einer Entscheidung, z. B. die, *Nein!* zu sagen oder eine völlig neue Idee zu besitzen, *kausal* aus der körperlichen Verfassung eines Menschen äußerlich ableiten. Wir können also nicht Handlungen mechanisch erklären. Das ist übrigens eine Einsicht, die in den modernen Neurowissenschaften wieder verloren gegangen ist.

Wie kommen wir nun rein aus dem Geist der Freiheit zu einer vernünftigen Erkenntnis von Moralregeln und ihrer Geltung? Kant hat darauf in verschiedenen Lebensphasen verschiedene, teils leicht differierende Antworten gegeben, auf die ich hier nicht näher eingehen kann. Ich greife für das Verständnis eine frühe Form seiner Moralphilosophie auf, die noch nicht durch den Rigorismus seiner späteren Schriften gekennzeichnet ist – die frühe »Vorlesung über Ethik«[47]. Zunächst stellt Kant hier die einfache Regel auf:

> Man muss »den Menschen kennen, ob er auch das tun kann, was man von ihm fordert.« (S. 12)

Moral kann also nur verlangen, was ein Mensch auch tatsächlich *kann*. Freilich ergibt sich bereits hier eine Schwierigkeit: Denn gerade Ökonomen neigen dazu zu sagen, dass der Mensch in seinem Wesen eben *egoistisch* geformt sei, weshalb es unsinnig sei, von ihm ein weiter gehendes moralisches, soziales oder ökologisches Verhalten zu fordern. Man müsse den Menschen deshalb *von außen* – wie ein Versuchstier – durch »Anreize« steuern. Wenn man diese sehr weit verbreitete Vorstellung hegt, so ist für eine wirkliche Ethik der Wirtschaft kein Platz. Da jede Moral auf einer letztlich in der menschlichen Freiheit gründenden Entscheidung beruht, kann man jemand, der solche – in meinen Augen *inhumane* – Überzeugungen hegt, nicht einfach eines Besseren belehren. Letztlich erweist sich aber der Gedanke, dass Menschen einer moralischen Erziehung nicht zugänglich seien, auch nur als eine *andere* moralische Überzeugung. Die Versuche, auf dieser Grundlage *tatsächliches* Handeln der Menschen zu erklären und zu prognostizieren, haben sich schlicht als Irrtum erwiesen.

Wo liegt hier der Fehler? Der Versuch, das Handeln der Menschen durch *kausale Faktoren* (wie Gehirn, Genom, Umweltreize usw.) zu erklären, verkennt die von Kant gewonnene Einsicht, dass es zwischen der Kausalität des Körpers – die es zweifellos gibt – und der moralischen Begründung eben keine *kausale* Beziehung geben kann. Die Freiheit der Entscheidung ist auf keine erfahrbare Weise *determiniert* – sonst wäre es ja gar keine Freiheit; wie immer man dies in einer reinen Außenperspektive auch deuten mag. Aber diese Freiheit der Vernunft kann durch *Argu-*

mente selbst dazu gelangen, moralischen Regeln zuzustimmen. Hier kommt Kants Ethik ins Spiel. In der ihm eigentümlichen Sprache betont er die Unauflösbarkeit der menschlichen Freiheit:

> »Die menschliche Willkür ist ein arbitrium liberum, indem sie nicht per stimulus necessitiert wird.« (S. 38)

Das heißt, freie Entscheidungen sind eben *frei*, nicht durch »äußeren Stimulus« gesteuert. Der Mensch ist kein *homo oeconomicus*, kein bloßes Versuchstier, sondern vernünftigen Argumenten zugänglich – das ist der zentrale Gedanke Kants (wie schon 2400 Jahre zuvor der Gedanke der Kālāmer-Rede).

Welches ist nun das zentrale Argument, das Menschen zur Annahme moralischer Regeln bewegt und davon überzeugt? Hier werden die Antworten von Kant vielgestaltig; in der zitierten frühen Vorlesung aber sind sie sehr transparent, weshalb ich darauf zurückgreife. Kant sagt etwa Folgendes: Die Moral »zwingt« einen Menschen nicht äußerlich, nicht – wie er sagt – »pathologisch«, sondern durch innere *Motive.*

> »Moralisch zwinge ich einen durch *motiva objektive moventia*, durch Beweggründe der Vernunft mit seiner größten Freiheit ohne allen Antrieb.« (S. 40)

Die Ethik formuliert Regeln, die Gehorsam verlangen und insofern als »Befehle« wirken. Doch zu jedem Befehl kann man Nein! sagen; es gibt keinen »pathologischen Zwang«, ihm zu folgen. Gewiss, ein Moralverstoß mag negative Konsequenzen in einem bestimmten sozialen Umfeld haben. Das Prinzip aller

Moral beruht aber auf der Zustimmung des Individuums aus vernünftigen Gründen:

> »Das oberste Principium aller moralischen Beurteilung liegt im Verstande, und das oberste Principium des moralischen Antriebes, diese Handlung zu tun, liegt im Herzen« (S. 46).

Doch welches Argument bietet man dem Verstand hier an? Kant kehrt das Argument um und fragt: Was ist eine *unmoralische* Handlung? Und hier antwortet er:

> »Das ist also eine unmoralische Handlung, deren Intention sich selbst aufhebt und zerstört, wenn sie zur allgemeinen Regel gemacht wird. Moralisch ist sie aber, wenn die Intention der Handlung mit sich selbst übereinstimmt, wenn sie zur allgemeinen Regel gemacht wird.« (S. 53)

Das ist der Kern dessen, was Kant später in seinen moralphilosophischen Schriften *kategorischen Imperativ* nennt. Welche Handlungen heben sich auf, wenn sie »zur allgemeinen Regel gemacht werden«, wenn sie also von (fast) allen Menschen befolgt werden? Es sind dies Handlungen, die die menschliche Gesellschaft insgesamt *zerstören*. Würden alle der Regel »Du sollst töten!« folgen, so wäre die menschliche Gesellschaft rasch verschwunden und hätte sich selbst umgebracht. Dass sie das übrigens im Angesicht von weltweiten Bürgerkriegen und der unvermindert drohenden atomaren Gefahr dennoch tun kann, dass die Menschheit insgesamt sich durchaus auch selber zerstören kann, das ist damit als Möglichkeit nicht ausgeschlossen. Nur moralische Regeln, die also der Erhaltung, der langfristigen Reproduktion der ganzen Menschheit dienen, sind in diesem Sinne *vernünftig*. Denn *unvernünftig* ist jede Handlung oder jeder hinführende Gedanke, der letztlich auch die Vernunft selbst (also die Menschen) aufhebt.

Nun werden nur wenige Menschen diesen Gedanken von Kant unmittelbar nachvollziehen. Der kategorische Imperativ ist zwar von Kant durchaus *praktisch* gemeint, nicht nur als bloße Theorie der Moral:

> »Der wirkliche Wert des Kant'schen Prinzips der Universalität ist praktisch, nicht theoretisch; es ist ein Trick, wie wenn man einem ärgerlichen Kind sagt, es soll in den Spiegel blicken.«[48]

Aber das Handeln der Menschen ist vielfach durch *Gewohnheiten* bestimmt, der Vor- oder Frühform dessen, was in seiner griechischen Herkunft »Ethos« heißt. Das sieht natürlich auch Kant. Es gibt, sagt er, noch so etwas wie »das moralische Gefühl« (S. 54). Menschen haben, durch ihre Kindheit, die Schule, durch ihre Charakterbildung also, d. h. durch die Ausbildung von sozialen Gewohnheiten, auch so etwas wie ein Gefühl für das moralisch Richtige entwickelt. Die Moral steckt in der gesellschaftlichen Tradition. Man folgt ihr einfach, auch wenn man den Sinn bestimmter Regeln nicht durchschaut. Hier sieht Kant durchaus die positive Rolle religiöser Traditionen. Wenn Menschen einer Religion folgen und dadurch moralische Regeln übernehmen, beruht die Begründung für diese Regeln nur auf einem Glauben. Doch damit erfüllen die Religionen zugleich eine durchaus hilfreiche Rolle, indem sie das verwirklichen, was die Kraft der Vernunft nicht in jedem Menschen zu wecken vermag. Kant drückt diesen Gedanken so aus:

> »Der Mensch hat nicht solche feine Organisation, durch objektive Gründe bewogen zu werden, es ist keine Feder von Natur, die da könnte aufgezogen werden, solches hervorzubringen. Allein wir können doch einen *habitum* hervorbringen, der nicht natürlich ist, aber doch die Natur vertritt, der durch die Nachahmung und öftere Ausübung zum *habitu* wird.« (S. 55)

In eine modernere Sprache übersetzt: Die meisten Menschen lassen sich in ihrem Handeln nicht durch vernünftige Gründe, sondern durch Gewohnheiten (*habitum*) leiten. Gewohnheiten sind keine natürlichen Ursachen (z. B. bedingt durch die Gehirnstruktur oder das menschliche Genom), keine – wie Kant sagt – »Feder von Natur«. Sie werden durch die Erfahrung ausgebildet und können insofern *gesteuert oder verändert* werden. Darin liegt die Möglichkeit einer *moralischen Erziehung*.

Menschen stehen in der Moderne viele Informationen zur Verfügung. Auch wenn die Religionen weiterhin wichtig bleiben, spielen sie in der Ausbildung von kulturellen Gewohnheiten keine zentrale Rolle mehr – wenigstens in Europa. Die moralische Erziehung übernehmen vielfach Medien, die Vorbilder erzeugen und Gewohnheiten durch Moden, durch Nachahmung ausbilden. Dennoch – die bessere Schulbildung der Menschen in der Neuzeit ist dafür *prinzipiell* ein Garant – bleiben auch die Vielen, die »breite Masse« der Menschen, Argumenten zugänglich. Man muss ihnen diese Argumente allerdings auch *anbieten*. Argumente setzen *Informationen* voraus, auch Kenntnisse und Erfahrungen. In einer Gesellschaft, die sich damit schmückt, eine »offene Gesellschaft« zu sein, ist wenigstens *prinzipiell* der Gedanke verwirklicht, dass Argumente *Priorität* vor allen Anreizsystemen haben.

Allerdings ist hier kritisch anzumerken, dass dieses Ideal nicht nur weltweit nicht realisiert ist, sondern auch in Demokratien immer mehr unterminiert wird – durch Lobbyismus, politische PR, die an Propaganda erinnert, durch allmächtige Geheimdienste und eine Fülle medialer Lügen. Wer darauf abzielt, die argumentative Ebene bewusst zu umgehen, wer von vorneherein Menschen nur als Anreizobjekte betrachtet, ihnen *faktisch* also durch sein Handeln Vernunft abspricht, der ignoriert das, was Menschen zu Menschen macht. Was ist der – sehr große – Unterschied zwischen *moralischer Erziehung* und PR oder Propaganda? Eben das wenigstens prinzipielle Vertrauen auf die Vernünftigkeit *aller* Menschen. In der moralischen Erziehung werden *auch* schrittweise Gewohnheiten erzeugt, die zu unbewussten Handlungen führen – man denkt nicht mehr über die Begründung nach, wenn man Menschen hilft, gerecht zu sein usw. Doch diese unbewusst gewordenen moralischen Verhaltensweisen sind jederzeit *begründbar* und sollten in einer ethischen Schulerziehung auch für jedermann begründet werden. Die PR erzeugt durch die Verknüpfung von Gefühlen und Bildern unbewusste Reaktionsweisen. Die Werbung nutzt diese bedingten Reflexe systematisch aus, neuerdings durch die Hilfe des Neuromarketings. Doch hier werden Verhaltensweisen implementiert, die einem bestimmten *privaten Ziel* dienen (meist der Gewinnmaximierung). In der Politik dienen PR-Techniken oft gleichfalls den Interessen einer regierenden Elite, in der Gegenwart vielfach der Finanzelite.

Nicht *dass* im Sinn von Kant moralisches Handeln auch als unbewusst wirkende *Gewohnheit* anerzogen wird, ist also zu kritisieren. Vielmehr, dass die Methode zur Erzeugung von Gewohnheitsmustern für *fremde*, nicht moralische Zwecke verwendet wird, ist das *Unmoralische* daran. Das Kriterium bleibt, dass eine Regel wirklich *universalisierbar*, also vernünftig zu begründen ist. Das, was durch PR die unbewussten Handlungen formt, ist nur dann »moralisch« zu nennen, wenn die entsprechenden Handlungsweisen *langfristig*, auf die ganze Menschheit und die umgebende Natur bezogen, *nachhaltig* umsetzbar sind. Fördert man die Gier der Anleger, die blinde Gehorsamsbereitschaft von Soldaten, ein unkritisches, für soziale und ökologische Nebenwirkungen blindes Konsumstreben durch Kaufanreize – dann sind diese Verhaltensweisen gerade *nicht* universalisierbar, sind also im strikten Sinn *unmoralisch*. Sie tragen wenigstens langfristig zur Störung oder gar zur Zerstörung der menschlichen Gesellschaft und der Ökosysteme bei. Kants *kategorischer Imperativ* ist insofern auch als *moralische* Übersetzung des Begriffs »Nachhaltigkeit« zu interpretieren.

Fasst man Kants Gedankengang zusammen, so ist zu sagen: Die Moral lässt sich nicht durch natürliche Ursachen begründen, damit naturwissenschaftlich auch nicht kritisieren oder widerlegen. Moral beruht *letztlich* auf freien Entscheidungen, auf der vernünftigen Einsicht. Wenigstens dies, dass man zu moralischen Regeln immer *Nein!* sagen kann, ist ein unmittelbarer Beleg für diese Tatsache. Gleichwohl ist es unvermeidlich, dass als *richtig* erkannte moralische Vorschriften auch als Gewohnheiten in der Erziehung verankert werden. Die Vernunft besitzt nicht immer, unter allen Umständen und für alle Menschen eine lenkende Kraft. *Prinzipiell* ist aber nach Kant davon auszugehen, dass alle Menschen in einer offenen Gesellschaft vernünftigen Argumenten zugänglich sind. Und in ethischen Streitfragen kann ohnehin nur das bessere Argument siegen. *Inhaltlich* kann man mit Kant fordern, dass eine Regel dann *moralisch* ist, wenn ihre allgemeine

Befolgung das Leben aller Menschen – und, wie ich hinzufügen möchte, auch anderer Lebewesen auf unserem Planeten in einer intakten Umwelt – erhält oder fördert. Jede Regel, die dagegen das langfristige Zusammenleben stört oder zerstört, ist als *unmoralisch* abzulehnen.

2.5 Utilitarismus

Der Utilitarismus ist wohl die in den westlichen Ländern meistverbreitete Moraltheorie. Ich möchte ihn deshalb hier nur in seinen Grundzügen skizzieren. Das auf den ersten Blick verwirrende Gebäude utilitaristischer Theorien lässt sich relativ leicht durchschauen, wenn man die *Herkunft* dieser ethischen Theorie genauer betrachtet. Der Utilitarismus als ethische Theorie wurde von dem englischen Ökonomen und Philosophen Jeremy Bentham am Ende des 18. Jahrhunderts entwickelt. Der Begriff *utility* (= Nutzen) ist auch ein Grundbegriff in den Wirtschaftswissenschaften. Der Kerngedanke wird von Bentham so formuliert:

> »Die Natur hat die Menschheit unter die Herrschaft von zwei souveränen Meistern gestellt: Leid und Freude.«[49]

Menschen streben nach Freude und vermeiden Leid. In dieser Abstraktion ist das Prinzip von Bentham noch weitgehend unstrittig. Auch Buddhisten würden dem zustimmen – oder Asketen, denn *was* Freude bzw. Lust (*pleasure*) ist, das muss jeweils erst konkret bestimmt werden. Auch der Märtyrer, der heute Qualen in Kauf nimmt, um die ewige Seligkeit zu erlangen, tut dies ja in Abwägung der irdischen Leiden gegen himmlisches Glück.

Bentham wird *spezifischer*, wenn er die Frage nach einem *Maß* für Leid und Lust/Freude stellt und sagt, der Begriff »Nutzen (ist) die Grundlage«[50] seiner Theorie. Was ist der Nutzen einer Sache, einer Handlung, eines Dings? Bentham nennt »Nutzen« das »Prinzip in jeder Handlung, das Glück (*happiness*) befördert oder hemmt«. Der Nutzen ist ein *Maß* des Glücks und dessen Gegenteils.

> »Mit ›Nutzen‹ (*utility*) ist jene Eigenschaft irgendeines Objekts gemeint, wodurch es dazu tendiert, Nutzen (*benefit*), Vorteil, Vergnügen, das Gute oder Glück (all dies ist im vorliegenden Fall dasselbe) zu erzeugen.«[51]

Wie man leicht bemerkt, ist das keine Definition, sondern eine Tautologie: Nutzen ist die Eigenschaft der Dinge, die sie nützlich macht.

Was Bentham hier anspricht, ist in der ökonomischen Theorie später ausführlich diskutiert worden. Einige Ökonomen behaupten, Nützlichkeit sei eine objektive Eigenschaft der Dinge (z. B. Karl Marx); andere Ökonomen betrachten die Nützlichkeit ausschließlich als eine subjektive Wertschätzung, die Menschen den Dingen hinzufügen (z. B. Carl Menger). Bentham dachte an eine objektive Eigenschaft, die man auch *messen* kann. Denn er formulierte daraus das Grundprinzip des Utilitarismus als obersten ethischen Wert: »Den maximalen Nutzen der größten Zahl von Menschen.« Hinzufügen muss man: Nachdem man die aus Handlungen oder Gütern entstehenden Leiden zuvor abgezogen hat. Statt Nutzen – für Bentham ist dieser Begriff ja gleichbedeutend – spricht man auch vom »größten Glück der größten Zahl«.

Eine Handlung ist also dann und nur dann moralisch zu billigen, wenn sie den Nettonutzen einer Menschengruppe bzw. der ganzen Gesellschaft maximiert. Vergleicht man zwei Handlungen, so ist jene die *moralischere*, die diesem Ziel der Nutzenmaximierung besser dient. Die Ökonomen haben sich darum bemüht, dieses Prinzip auch mathematisch zu formulieren, und in dieser Form ist es heute Grundlage der modernen Wirtschaftswissenschaften. In der Ökonomik wurde zudem die eigentliche Schwierigkeit des Utilitarismus diskutiert: Wenn – das ist die Auffassung der heute in der Ökonomik am weitesten verbreiteten »subjektiven Wertlehre« – letztlich Wertungen, also Nutzenschätzungen nur *subjektiv* sind, wenn man andererseits von dem Prinzip ausgeht, dass das Glück einer Gesellschaft aus der *Summe* des Glücks aller Individuen besteht, so ergeben sich eine Reihe von Problemen:

Erstens stellt sich die Frage, ob man rein subjektive Nutzenschätzungen überhaupt *addieren* kann. Diese Frage wird heute von den meisten Ökonomen verneint. Als Ersatzgröße verwendet man zur Bewertung der Güter *das Geld*, nimmt also nur marktfähige Güter und addiert sie zum Bruttoinlandsprodukt. Dass damit viele Sachverhalte überhaupt nicht oder zu fragwürdigen Preisen bewertet werden, ist Gegenstand vieler Debatten geworden, ohne dass sich eine prinzipielle Lösung abzeichnet. Denn es ist ein *prinzipielles* Problem, ob man *Subjektives* (= Nutzen) *objektiv* addieren oder zusammenfassen kann – eine Frage, die aus philosophischen Gründen schlicht verneint werden muss.

Zweitens – dies wiederum ist in den Wirtschaftswissenschaften und bei der großen Mehrheit der Vertreter der analytischen

Philosophie eine unhinterfragte Voraussetzung – ist der Ausgangspunkt der Ethik stets das Individuum. Man spricht hier deshalb auch vom »methodologischen Individualismus«. Eine *eigentliche* Sozialethik kann es deshalb gar nicht geben. Der Begriff »Gesellschaft« wird schlicht als *Summe* der Individuen definiert. Bekannt wurde dieser Gedanke durch einen Satz der englischen Premierministerin Margaret Thatcher (1979-1990): »There is no such thing as society. There are individual men and women.« Es gibt nur eine Summe von Egos, keine wirkliche Gemeinschaft.

Drittens stellt sich die Frage, *welche* Individuen berücksichtigt werden sollen. Neuere Vertreter des Utilitarismus wie Peter Singer wollen höhere Tiere einbeziehen, plädieren aber andererseits dafür, dass man den »Wert des Lebens« (bei starker Behinderung und Abtreibungen) strikt unter Nützlichkeitskriterien beurteilt – was einigen Skandal ausgelöst hat, weniger bei Tier-, wohl aber bei Menschenrechtlern. Der Gleichheitsgrundsatz aller Menschen als Grundlage für ein moralisches Urteil lässt sich aus dem Nützlichkeitsprinzip nicht ableiten. Einige Ökonomen – wie der wohl wichtigste des 20. Jahrhunderts: John Maynard Keynes – vertraten auch *eugenische* Prinzipien. Sie wollten also auch so etwas wie eine Optimierung der Nützlichkeit der lebenden Menschen nach genetischen Gesichtspunkten.

Viertens bedeutet die Formel vom »maximalen Nutzen der größten Zahl« durchaus auch, dass ein Zustand der Gesellschaft mit höherem Gesamtnutzen besser ist, obgleich die Einkommensverteilung extreme Ungleichheit kennt. Das ist heute eine schlichte Tatsache: Global gerechnet sind die 85 (!) reichsten Menschen so reich wie die 3,5 Mrd. ärmsten Menschen zusammengerechnet (Zahlen nach dem Oxfam-Report vom Januar

2014). Würden diese 85 Menschen ihren Reichtum auf Kosten einer weiteren Milliarde ärmerer Menschen verdoppeln, so wäre dies moralisch im Utilitarismus ein höher zu wertender Zustand, wenn die globale Gesamtsumme der Vermögen dadurch größer wäre. Dieser Punkt wurde in der Ökonomik, in der Teildisziplin der *Wohlfahrtsökonomik*, durchaus immer wieder diskutiert, so vor allem von Amartya Sen, 1998 Träger des Wirtschaftsnobelpreises. Eine wirkliche Sozialethik ist daraus aber nicht hervorgegangen. Man hält am Prinzip fest, dass der Ausgangspunkt immer ein zunächst isoliert gedachtes Individuum als Eigentümer ist, das erst *nachträglich* über Geld und Tausch zu anderen in Beziehung tritt. So ergeben sich immer nur Antworten im Rahmen dessen, was nach Aristoteles »Tauschgerechtigkeit« genannt wird. Die »Freiheit der Märkte«, damit Privateigentum, Individualismus und Konkurrenz bleiben die unverrückbare Hintergrundfolie für diesen utilitaristischen Standpunkt.

Fünftens bleibt im Utilitarismus der Zeithorizont völlig offen. Was in der Gegenwart einen höheren Gesamtnutzen haben mag, kann sich in der Zukunft als das genaue Gegenteil herausstellen. Das Abholzen von Urwäldern erhöht in der Gegenwart das Weltsozialprodukt, bedeutet aber für künftige Generationen eine ökologische Katastrophe.

Später haben Philosophen – meist anglo-amerikanischer Herkunft – versucht, die gröbsten Ungereimtheiten des ursprünglichen Utilitarismus zu beseitigen. Bekannt ist vor allem die Erweiterung von John Stuart Mill, der sagt, dass der Begriff »pleasure« (Lust, Vergnügen) als oberster, zu maximierender Wert fragwürdig sei:

»Es ist besser, ein unzufriedener Mensch zu sein als ein zufriedengestelltes Schwein; besser ein unzufriedener Sokrates als ein zufriedener Narr.«[52]

Mill räumt auch ein, dass jemand sein Leben für andere opfern kann. Damit wird aber der Begriff des »Glücks« so weit von der ursprünglich bei Bentham eindeutig im ökonomischen Horizont diskutierten Fragestellung entfernt, dass daraus eine andere Ethik entsteht. Anstatt sich von der utilitaristischen Herkunft zu lösen, haben einige Philosophen den Utilitarismus *idealisiert* und damit eigentlich doch aufgehoben. So vertritt der englische Philosoph George E. Moore einen idealisierten Utilitarismus, indem er neben Lusterlebnissen auch Erkenntnis, Liebe, Weisheit und persönliche Vervollkommnung zu positiven Werten erklärt. Der amerikanische Philosoph John Rawls hat in seinem Hauptwerk »Gerechtigkeit als Fairness« unter Beibehaltung des individualistisch-utilitaristischen Ausgangspunktes das Maximierungsprinzip des frühen Utilitarismus durch ein Maxi-Min-Prinzip ersetzt. Damit ist gemeint, dass beim Vergleich zweier Handlungen jene Handlung als moralisch wertvoller gilt, in der die Position der *Schlechtestgestellten* maximiert wird. Er berücksichtigt auch künftige Generationen und fordert, dass man sie nicht diskriminieren dürfe: denn das widerspreche wiederum dem Prinzip der Gleichheit aller Menschen. Wenn man – wie in der Wirtschaft üblich – künftige Güter oder Erträge durch einen Zinssatz *abdiskontiert*, also geringer wertet als gegenwärtige Güter, so diskriminiert man künftige Generationen.[53]

Man kann im Umkreis utilitaristischer Fragestellungen also zahlreiche, vor allem für die Wirtschaft relevante Themen entdecken. Doch als *ethisches* Prinzip ist der Utilitarismus schon aufgrund der erwähnten inneren Widersprüchlichkeit seines Grundbegriffs ungeeignet. Man kann außerdem unschwer erkennen, dass Bentham ganz offensichtlich der Logik der *Buchhaltung* folgt, die Erträge und Kosten abwägt und in einer Gewinn-und-Verlust-Rechnung saldiert. Er hat durchaus zugegeben, dass seine Idee eines abstrakten Nutzens eigentlich vom *Geld* hergenommen ist.[54] Das Geld ist tatsächlich ein gesellschaftlicher Maßstab, der alle Dinge ungeachtet ihrer Eigenschaften und ihrer subjektiven Bewertung einfach gleich macht. Für den Geldverkehr gibt es zweifellos eine Kosten-Nutzen-Rechnung, weil alle Größen eben zuvor schon mit Preisen versehen, also in Geld gerechnet worden sind. Diese profane Herkunft wurde in der Diskussion um den Utilitarismus viel zu wenig beachtet. Ich kann diesen kritischen Punkt hier nicht näher vertiefen.[55] Karl Marx, der darum wusste, hat über Bentham nur mit Spott geurteilt:

> »Jeremias Bentham ist ein rein englisches Phänomen. (...) Bentham macht kein Federlesens. Mit der naivsten Trockenheit unterstellt er den modernen Spießbürger, speziell den englischen Spießbürger, als den Normalmenschen. Was diesem Kauz von Normalmensch und seiner Welt nützlich, ist an und für sich nützlich.«[56]

Francis H. Bradley, ein englischer Philosoph, der um die Wende zum 20. Jahrhundert lehrte, hat im zweiten Essay seiner *Ethical Studies* die Frage: »Why should I be moral?« behandelt und dabei den Utilitarismus auf die vielleicht gründlichste Weise kritisiert. Wenn man nämlich in der Moraltheorie nach einem *Nutzen* der Moral fragt, argumentiert man utilitaristisch. Stellt man aber die Frage nach dem *Nutzen* von Moral und erklärt sie durch ihre *Nützlichkeit*, so hat man schon einen ethischen Wert – nämlich den Nutzen – vorausgesetzt. Seine sehr profane Herkunft aus der Wirtschaft wird dadurch noch zusätzlich verdeckt. Allgemeiner ausgedrückt: Wenn man die Moral *funktional* erklärt, also die Frage nach dem *Zweck der Moral* stellt, dann macht man die Moral zum bloßen Mittel. Hier sagt Bradley:

> »Moralität (auch sie ist Vernunft) lehrt uns, dass wir sie nie wirklich wahrgenommen haben, wenn wir sie nur als gut zu etwas anderem betrachten. Sie sagt, dass sie ein Zweck sei, den man um ihrer selbst willen begehrt, nicht aber als ein Mittel zu etwas außer ihr Liegendem. Wenn du sie erniedrigst, verschwindet sie; damit sie bleibt, müssen wir sie lieben, nicht bloß benutzen.«[57]

Jeder Zweck besitzt einen moralischen Inhalt. Man kann deshalb die Moral nicht aus einem »höheren« Zweck ableiten, ohne sich in einem Zirkel zu bewegen.

Auch im Buddhismus hat es Versuche gegeben, die ethischen Prinzipien des Dharma *utilitaristisch* zu deuten.[58] Doch diese Versuche dürfen als gescheitert gelten. Damien Keown hat das detailliert zurückgewiesen – mit einer wichtigen Ausnahme. Der britisch-australische Philosoph John J. C. Smart hat von Karl Popper den Begriff des *negativen Utilitarismus* übernommen und weiter vertieft.[59] An die Stelle des größten Nutzens setzt Smart in der Nachfolge von Popper den Begriff *minimization of suffering*, Minimierung des Leidens. Ganz offensichtlich kann *diese* Interpretation durchaus mit der buddhistischen Ethik in Einklang gebracht werden. Keown weist darauf hin, dass gleichwohl ein zentraler Unterschied durch die Beurteilung des *Todes* besteht.[60] Für den materialistischen Utilitarismus *beendet* der Tod das Leiden, beschränkt also die Aufgabe seiner Minimierung auf *ein* individuelles Leben – eine Aufgabe, die sich dann gleichsam »von selbst« erledigt. Was sich übrigens in der Literatur vielfach in dem Gedanken findet: Besser ist es, gar nicht erst geboren zu werden. Dem haben vor allem frühe deutsche Buddhisten, die sich an der Theravāda-Schule orientieren, zugestimmt.[61] Ein Mahāyāna-Buddhist, der das Wohl der anderen über das eigene Wohl stellt und deshalb eine Wiedergeburt als Betätigungsfeld zur Hilfe für andere nicht als reines Verhängnis betrachtet, würde dieser These widersprechen. Eine Schwierigkeit liegt hier darin, dass die Diskussion um den Utilitarismus vor allem vor dem Hintergrund einer sehr begrenzten Rezeption der Theravāda-Tradition geführt wurde. Das Mahāyāna eröffnet hier eindeutigere Perspektiven, die den individualistischen Standpunkt des Utilitarismus unmöglich machen. Immerhin kann der Gedanke eines *negativen* Utilitarismus eine Grundlage für die Diskussion mit allen Schulen des Buddhismus bilden.

2.6 Existentialistische Ethik

Mit dem Wort »existentialistisch« bezeichnet man eine Philosophie, deren Vertreter nur äußerlich zusammenhängen. Hier schränke ich den Begriff auf den *französischen* Existentialismus ein (gelegentlich auch »Existenzialismus« geschrieben). Ich beschränke mich nur auf zwei Philosophen: Jean-Paul Sartre und Albert Camus. Die existentialistische Ethik ist *atheistisch*. Der französische Existentialismus erkennt keinen moralischen Gesetzgeber (= Gott) an. Er folgt darin der Kritik aller Werte von *Nietzsche*, der von der Diagnose ausging, dass alle Moral, alle Werte auf einem *obersten* Wert beruhten: Gott. Und hier spricht Nietzsche seinen bekannten Satz aus: »Gott ist tot.« Durch die Herrschaft der Wissenschaft und die Ablösung der Theologie hat die Moral keinen Halt mehr. Nun ist alles erlaubt: Der Nihilismus ist die logische Konsequenz der Aufklärung. Nietzsche setzt an die Stelle der Herrschaft einer Moral die Herrschaft der *starken Menschen* über die »Herdenmenschen«.[62] Wenn also Gott, dieser oberste aller Werte im wissenschaftlichen Atheismus, bedeutungslos geworden ist, dann hat die Moral keine Bezugsbasis mehr. In den philosophischen, auf der Vernunft gründenden Morallehren sieht Nietzsche nur ein verstecktes Fortwirken der Theologie. Die Vorstellung Nietzsches von regierenden »Übermenschen« führte sich in der Erfahrung der totalitären Systeme im 20. Jahrhundert bis zur Karikatur selbst *ad absurdum*. Der Existentialismus knüpft zwar an Nietzsche an, billigt aber die Freiheit, sich selber als moralisches Wesen zu entwerfen, prinzipiell *jedem* Menschen zu.

Ausgangspunkt des Existentialismus bleibt allerdings, darin durchaus an Nietzsches »Entwertung aller obersten Werte« anknüpfend, der Begriff der *unbedingten Freiheit*. Die Freiheit des Menschen ist nicht ableitbar oder auf etwas anderes – wie Gott oder die Natur – zurückführbar. Was immer es auch an Formen (= Wesenheiten; lat. *essentia*) gibt, die Freiheit geht jeder Essenz voraus. Das Wesen des Menschen ist nicht vorgegeben, sondern beruht auf seiner Freiheit zum Selbstentwurf. Die *menschliche Existenz gründet in der Freiheit*. Hier gilt programmatisch Sartres Satz: »Die Existenz geht der Essenz voraus.«[63]

Was immer wir im menschlichen Leben beobachten, es ist ein Resultat freier Entscheidungen. Auch wer sich nur treiben lässt, sich nur anpasst, hat sich eben *dafür* entschieden und trägt dafür Verantwortung. Diese Freiheit ist allerdings – hier greift Sartre einen Begriff von Martin Heidegger auf – »in Situationen geworfen«. Wir sind also durchaus jeweils sehr konkret begrenzt von der Situation, die unsere Freiheit einschränkt. Dennoch bleibt auch in Extremsituationen stets die Freiheit die letzte Antwort. Schon Fichte hatte gemeint, dass die Möglichkeit des Selbstmords das äußerste Zeichen menschlicher Freiheit ist. Albert Camus macht diesen Gedanken sogar zum Ausgangspunkt seiner Philosophie. Die existentialistische Philosophie entstand in der *Résistance*, im Widerstand der Franzosen gegen die Besatzung ihres Landes durch die Nazis. Die Freiheit zum Widerstand galt hier als eigentliche, letzte Entscheidung. Später schrieb Sartre in seiner nur als Entwurf vorliegenden Moralphilosophie, dass moralische Entscheidungen immer *konkret* sind:

> »Es gibt nur eine Moral in Situationen, also eine konkrete Moral. Denn die abstrakte Moral ist die des guten Gewissens. Sie setzt voraus, dass man in einer von Grund aus amoralischen Situation moralisch sein kann.«[64]

Da das Wesen der Menschen die Freiheit ist, tragen sie für *alle* Handlungen die Verantwortung. Damit ist auch die Moral überhaupt ein Produkt der *Freiheit*, wobei Sartre aber den Menschen nicht als reines *Individuum*, sondern mit Heideggers Begriff des »Mitseins« charakterisiert: Wir sind auch in unserer Freiheit stets in einer – allerdings immer konkreten – Gemeinschaft mit anderen Menschen.

»Und wenn wir sagen, der Mensch ist für sich selbst verantwortlich, wollen wir nicht sagen, er sei verantwortlich für seine strikte Individualität, sondern für alle Menschen.«[65]

Die Menschen bringen stets ihre Moral in Freiheit hervor. Das *logische* Problem bei Sartre ist die Kant'sche Forderung nach einer Universalisierung von moralischen Regeln. Wenn man die Moral aus Freiheit so hervorbringt, wie Künstler ein Kunstwerk »durch Imagination«[66], dann würde eine Moral immer nur für eine Situation und eine bestimmte Menschengruppe gelten. Dieser Widerstreit mit Kants Forderung hat vielleicht auch dazu geführt, dass die Sartre'sche Moralphilosophie ein Fragment geblieben ist.

Konsistenter argumentiert Albert Camus. Er war anfangs Weggefährte Sartres, später eher dessen Kritiker. Camus geht aber vom selben Ausgangspunkt aus: dem Atheismus und der menschlichen Freiheit. Er charakterisiert das Leben durch das Wort »absurd«. Man findet im Leben keinen Sinn – außer man schafft diesen Sinn selbst. Hierin ist Camus durchaus derselben Auffassung wie Sartre. Ein berühmt gewordenes Bild der menschlichen Situation ist der »Mythos des Sisyphos«[67]: Sisyphos wälzt als Strafe einen großen Stein immer wieder auf einen Berg, der anschließend wieder herunterrollt – bis in alle Ewigkeit. Camus meint, wenn Sisyphos – nachdem der Stein wieder den Berg herabgerollt ist – ins Tal zurückkehrt, dann hat er, vorübergehend ohne Last, eine kleine Pause und ist für eine kurze Zeit gleichwohl glücklich. Das besagt: Auch das ärgste Leiden wird durch kleine Glücksmomente unterbrochen. Dieses Bild Camus' besitzt eine große Ähnlichkeit mit dem buddhistischen Begriff von *Samsāra*. Endlos werden die Lebewesen wiedergeboren, durchleben das Leiden von Alter, Krankheit und Tod. Im Unterschied zu Camus' Vorstellung gibt es aber im Buddhismus einen Ausweg, eine Befreiung.

Camus hat hier einen anderen Gedanken formuliert. Er teilt zwar die Kritik an der Gottesvorstellung, die Nietzsche formuliert hat, geht aber hinter Nietzsche wieder zurück zu Arthur Schopenhauer, dessen geistigem Lehrer. Schopenhauer sieht – übrigens unter buddhistischem Einfluss – alle Lebewesen in einem Willen zum Leben verbunden, der sie gleichwohl leiden lässt. Woraus sich für ihn eine Moral des *Mitgefühls* als logische Konsequenz ergibt. Camus übernimmt einen Kern dieses Gedankens. Auch er diagnostiziert die menschliche Situation durch die Vorstellung vom Leiden und nennt sie »absurd«. Doch anders als sein Mythos von Sisyphos zu suggerieren scheint, zieht Camus hier eine Grenze. Er sagt, es gebe eine Verantwortung für die Mitmenschen, die wir aus freier Entscheidung übernähmen. Jedes Leiden der anderen könne ein erträgliches Maß übersteigen. Dann sei der Mensch zur *Revolte* gegen das Leiden aufgefordert.[68] Diese Revolte wird von Camus – anders als von Sartre, der hierin mit dem Kommunismus sympathisierte – nicht primär politisch aufgefasst, sondern als persönlicher Akt der Hilfsbereitschaft, wie er in seinem Roman *Die Pest* exemplarisch gezeigt hat.

Gerade weil sich die existentialistische Moral nicht auf einen Gott als Gesetzgeber berufen kann – so hat man argumentiert –, ist erst diese Moral der Solidarität, des Mitgefühls *aus freier Entscheidung* eine wirkliche Moral. Wer nur mitfühlend handelt, weil er göttliche Strafen fürchtet und deshalb Gottes Gebot achtet, der handelt eigentlich nicht moralisch, sondern *berechnend* (vgl. Kapitel 2.3). Das gilt auch für jemand, der zwar nicht an

Gott, wohl aber an das *Karma* glaubt: Wer nur deshalb mitfühlend ist, weil er dadurch in Zukunft, in einem nächsten Leben als karmische Frucht *bessere* Lebensbedingungen vorfindet, der handelt nicht moralisch. Das ist nach meiner Interpretation der Hauptgrund, weshalb der Buddha nicht die *Handlung*, sondern die *Motivation* als karmisch relevant herausgestellt hat. Insofern steht die buddhistische Ethik der existentialistischen näher als den theologisch begründeten Morallehren. Zwar verwendet der Buddha nicht den Begriff der »Freiheit« im abendländischen Sinn (vgl. Abschnitt 3.4.2). Er betont aber gerade die Möglichkeit zur Befreiung aus eigener Einsicht und Erkenntnis. Die Idee der *Be-Freiung* vom Leiden setzt wiederum den Begriff der Freiheit als Möglichkeit schon voraus. Gerade mit Blick auf die Vorstellung der *Ichlosigkeit*, d. h. dem Selbstentwurf des Menschen ohne eine vorausgesetzte (biologische oder metaphysische) Wesensnatur und der darin gründenden Ethik, zeigt sich eine erkennbare Nähe zwischen Existentialismus und Buddhismus. Die bleibende Differenz bezieht sich auch hier – wie beim Utilitarismus – auf die ganz unterschiedliche Interpretation des *Todes* im Buddhismus und im Existentialismus.[69]

2.7 Biologische und neurologische Begründungen der Moral?[70]

In diesem Kapitel wende ich mich nun einem grundlegenden Problem zu, das in der Moraltheorie schon lange vor den Versuchen einer »natürlichen« Begründung der Moral durchaus klar herausgearbeitet worden ist. In Kurzform gesagt: Aus einer wertfreien (= moralfreien) Wissenschaft lassen sich keine moralischen Werte ableiten. Nun sind zwar auch vermeintlich »wertfreie« wissenschaftliche Untersuchungen nicht wertfrei. Schon allein dadurch, dass man bestimmte Untersuchungsmethoden *auswählt*, wertet man. Doch das, was dann innerhalb eines vorgegebenen methodischen Rahmens entdeckt wird, besitzt den Charakter eines objektiven Gegenstands, z. B. bei Messungen. Was man naturwissenschaftlich oder technisch beobachtet, hat auch nur eine naturwissenschaftlich-technische Bedeutung. *Menschliche*, überhaupt auf Lebewesen bezogene Aussagen werden hier immer auf *mechanische Aspekte* reduziert. Und aus der Mechanik oder Chemie lassen sich keine Werte ableiten. Es handelt sich hier um zwei völlig verschiedene Kategorienbereiche. Man kann sie mit den beiden Aussagen »du sollst« und »es ist« charakterisieren. David Hume hat das sehr klar herausgestellt in einem Gedanken, der meist in der Kurzformel: *no ought from an is* wiedergegeben wird: Kein Sollen lässt sich von einem »Es ist« ableiten.[71] Oder anders gesagt: Die Moral ist nicht durch naturwissenschaftliche Sätze zu begründen. Der englische Philosoph George E. Moore hat solch einen Versuch einen »naturalistischen Fehlschluss« genannt:

> »Wenn jemand zwei natürliche Dinge miteinander verwechselt, indem er das eine durch das andere definiert, wenn er zum Beispiel sich selbst, der ein natürlicher Gegenstand ist, mit ›Lust empfinden‹ verwechselt, so besteht kein Grund, den Fehlschluss naturalistisch zu nennen. Wenn er aber ›gut‹, welches nicht im selben Sinne ein natürlicher Gegenstand ist, mit irgendeinem natürlichen Gegenstand verwechselt, dann besteht Grund, von einem naturalistischen Fehlschluss zu sprechen.«[72]

Diesem scheiternden, aber gleichwohl wiederholten Versuch, auf der Grundlage eines naturalistischen Fehlschlusses (ausgehend von der Biologie oder den Neurowissenschaften) moralische Formen abzuleiten, möchte ich mich nun genauer zuwenden. Gemeinsam ist all diesen Versuchen, dass sie die menschliche Freiheit durch eine natürliche Kausalität ersetzen. Sie erklären die Moral bestenfalls *funktional*, d. h. durch einen »natürlichen Zweck« – obgleich sie andererseits alle Zwecke aus der Natur entfernen wollen. Hier gilt aber:

> Eine »funktionale Interpretation der Ethik, d. h. ihre Interpretation in außermoralischen Termini, (ist) gleichbedeutend mit ihrer Destruktion.«[73]

Man kann nicht die Ethik dadurch erklären, dass sie einen fremden Zweck erfüllt. Denn jeder Zweck hat schon eine moralische Natur – sei es als gesetzter, menschlicher Zweck, sei es als in die Natur projizierte Zweckvorstellung. Auch kann man Geistiges nicht aus Natürlichem »ableiten« – denn jedes »Ableiten« ist schon eine Bewegung *im* Geist. Jede Ableitung des Denkens ist schon ein Gedanke. Hier gilt, was einer meiner Philosophielehrer, Reinhard Lauth, sagte: »Zu sagen: ›Ich denke mit dem Gehirn‹, das ist nur ein Gedanke.« Ebenso fragt Bradley:

> »Wenn die Welt mein Gehirnzustand ist, was ist dann mein Gehirn?«[74]

Diesen vielleicht etwas vertrackten Zusammenhang möchte ich an einigen biologischen und neurowissenschaftlichen »Erklärungen« der Ethik genauer darstellen.

Im 16. Jahrhundert – mit einigen Vorläufern in der Antike und im Mittelalter – setzte sich ein wissenschaftliches Weltbild durch. Man kann diesen Prozess *philosophisch* auch so umschreiben: Im Abendland, in Europa, galt alles, was existiert, als das *Produkt eines Schöpfers*, den man sich als eine Art kosmischen Handwerker vorstellte. Er schuf alle Dinge *aus dem Nichts*. Der lateinische Begriff dafür lautet: *creatio ex nihilo*. Es gibt zwar Materie, eine Seele, vitale Lebensenergie usw. Doch all diese Phänomene sind *Kreatur*, also aus einem göttlichen Geist hervorgegangen und nur *deshalb* existierend, weil Gott sie im Sein erhält. Ohne Gott keine Welt. Die Erklärung der Welt erfolgte anhand der heiligen Bücher. Doch bereits in diesem Stadium – im Mittelalter – ergaben sich erhebliche Erklärungslücken. Das, was wir heute arbeitsteilig als Philosophie, Logik, Metaphysik, Physik, Astronomie, Biologie, Medizin usw. kennen, das wurde nicht etwa aus der Bibel entwickelt oder dem Koran. Man griff hierzu auf die *griechisch-philosophische* Tradition zurück. Besonders Aristoteles wurde durch die arabische Übersetzungsbewegung, durch die Kommentare von Avicenna und Averroes um die erste Jahrtausendwende zur Hauptquelle der Wissenschaften. Die neuen Erfahrungen, die aus dem Fernhandel, der Geldverwendung und neuen Rechnungssystemen erwuchsen, schufen dann ab dem 14. Jahrhundert die Anfänge einer neuen Wissenschaft, die sich dann ab dem 16. Jahrhundert auch als neue Naturwissenschaft auf mathematischer Grundlage durchsetzte. Neben den Anfängen bei René Descartes erreichte diese Entwicklung in der Physik Isaak Newtons in dessen »Philosophiae Naturalis Principia Mathematica«, 1687 erschienen, einen ersten Höhepunkt: eine mechanische Naturerklärung ohne Zuhilfenahme der Schöpfungsidee. Damit war aber auch die Moral aus der Natur verschwunden.

An die Stelle eines Gottes, dessen Geist die Natur hervorgebracht hat, trat nun die Natur selbst. Der Geist, der sie beherrscht – die Naturgesetze –, wurde in ihr selbst vermutet. Falls doch ein Gott den Anstoß gegeben haben sollte, dann wäre er längst aus der Natur verschwunden, wie die Lehre des *Deismus* erklärte. Daraus entstand das wissenschaftliche Weltbild, das alle Phänomene letztlich als rein *physische* beschreibt. Die grundlegende Wissenschaft ist die Physik, die Theorie der Materie. Alle moderne Wissenschaft ist also materialistisch. Der bei Descartes noch vorausgesetzte Geist wurde schrittweise eliminiert. Die duale Gegenüberstellung von Geist und Materie hat man durch immer mehr Zwischenglieder ersetzt: Die in der Physik beschriebene Natur der Materie organisiert sich in höheren Formen (Chemie), die schließlich auch das Lebendige aus organischen Stoffen hervorbringt (Biologie). Das Lebendige weist eine immer höhere Komplexität auf, bis hin zum Gehirn. Alle *geistigen* Phänomene sollen dieser Auffassung nach durch Gehirnfunktionen – durch die Neurowissenschaften – erklärt werden. Der *vermittelnde* Gedanke, der den Unterschied zwischen unbelebter Materie, dem Lebendigen und schließlich den psychischen Phänomenen erklären soll, ist die *Evolution*. Man hat hierdurch die auf den ersten Blick nur *nebeneinander liegenden* Phänomene wie Sterne, Berge, das Meer, Pflanzen, Tiere und schließlich den Geist in eine *zeitliche* Ordnung, ein zeitliches Nacheinander verwandelt. Das »Höhere« (Leben, Psyche) geht nach und nach aus dem »Niedrigen« hervor.

Nun *bleibt* aber gleichwohl der Unterschied: Ein Stein unterscheidet sich von einer Pflanze, ein Wasserbüffel von einem Schriftsteller. Auch wenn man die Übergänge immer kleiner macht, es bleibt ein *qualitativer* Unterschied zwischen Totem und Lebendigen, zwischen Innen und Außen, zwischen bloß Lebendigem und Geistigem. Charles Darwin hat zur Erklärung dieses Übergangs, dieser bleibenden Differenz in den Phänomenen den Ausdruck »reiner Zufall« verwendet.[75] Zur Erklärung des Zufalls – einige Biologen sprechen auch von »Emergenz des Neuen« – verweist man auf die schier unendlich langen Zeiträume. Was in einer kurzen Zeitspanne sehr unwahrscheinlich erscheint (z. B. dass sich aus anorganischen Substanzen im Wasser zufällig organische Ketten bilden), das erscheint für sehr lange Zeiträume plötzlich wahrscheinlich. Neben dem Zufall ist die *Selektion* der zweite Gedanke der darwinistischen Evolutionstheorie. Wenn sich Lebendiges gebildet hat, so muss es sich reproduzieren, weil zufällig geformte Gebilde immer wieder zerfallen (Tod). Es wiederholt seine Form durch Vererbung. Da sich das Lebendige aber in einer Umwelt bewegt, worin auch andere Lebewesen sind, entsteht eine Konkurrenz um Nahrungsressourcen. In dieser Konkurrenz setzt sich jener Organismus durch, der die meisten Nachkommen erzeugen und sich so vermehren kann. *Wie* er sich durchsetzt, mit welchen *Verhaltensweisen*, das lässt sich nicht kausal erklären. Das ist eben wieder ein Produkt des Zufalls in langen Zeiträumen.

Diese Erklärung von Darwin blieb unvollständig. Denn das, was er »Vererbung« nannte, war ja die Weitergabe einer bestimmten *Form* (eines Lebewesens, einer Verhaltensweise, z. B. der Nestbau). Formen galten in der alten Philosophie aber als etwas, das von der Materie (die formlos gedacht wurde) radikal verschieden war. Formen hatten eine geistige Natur, weshalb wir sie auch durch »abziehen von der Materie« (= Abstraktion) *erkennen* und in unseren Geist aufnehmen können. Soweit die traditionelle, die aristotelische Physik und Erkenntnistheorie. In der Fortpflanzung durch Samen- und Eizellen sollen aber Formen (des Organismus, des Verhaltens) transportiert werden, obgleich die Materie keine lebendige Form besitzt. Hier war nun die Biologie gezwungen – in einem Rückgriff auf die alte Physik – doch wieder eine *Formursache* neben materiellen und energetischen Ursachen anzunehmen. Man hat dieser Formursache, die in der Vererbung wirksam wird, nur einen anderen Namen gegeben: *genetische Information* (Genom). Doch schon das Wort »In-*Form*-ation« weist auf eine ganz andere Herkunft hin. Die Evolutionstheorie war also gezwungen, neben materiellen Ursachen plötzlich wieder *Formursachen* anerkennen zu müssen. Man führte die Formen der Lebewesen auf die Form des Erbmaterials (DNA-Stränge) zurück. Diese genetische Information sollte nun der Träger all jener Formen sein, die vererbt werden und am lebendigen Organismus der Lebewesen sichtbar sind. Eine Evolution gibt es hier durch die *Fehler* im Informationstransport oder durch Rekombination des Genoms von unterschiedlichen Lebewesen (Sexualität). Solche Variationen erzeugen veränderte Lebewesen; ein Fehler im Genotyp erzeugt einen anderen Phänotyp, wie man in der Biologie sagt. So erklärt man wiederum durch die drei Elemente: *Zufall, Selektion* und *lange Zeiträume* alle Formen des Lebendigen.

Nun hatte schon Darwin darauf hingewiesen, dass es neben der Vererbung von Eigenschaften auch eine Weitergabe von *Verhalten* gibt. Solche Verhaltensweisen sind zwar nicht im Genmaterial enthalten, werden aber von den Eltern an ihre Kinder weitergegeben. Das Verhalten – vor allem das Verhalten in Gruppen: das Sozialverhalten – besitzt *auch* eine bestimmte Form. Es wird aber nicht ins Genom eingeschrieben, sondern muss auf einem getrennten Wege weitergegeben werden. Diesen Weg nennt man im Bereich des menschlichen Lebens *Kultur*. Auch hier funktioniert der Evolutionsgedanke: Bestimmte Verhaltensweisen werden zufällig ausprobiert oder entdeckt (wie das Feuermachen), dann schrittweise verbessert und kulturell tradiert. Jene Verhaltensweisen, die es erlauben, mehr Nachkommen zu erzeugen und andere Tier- oder Menschengruppen zu verdrängen und zu besiegen, werden sich durchsetzen. Jene Menschengruppen, die an ineffizienten Verhaltensweisen festhalten, sterben mit diesen aus.

Diese Idee einer kulturellen Evolution wurde schon von schottischen Ökonomen Ende des 18. Jahrhunderts vorweggenommen. So sagt Adam Ferguson sinngemäß: Institutionen sind nicht ein Resultat bewusster menschlicher Gestaltung, sondern nur des eher blinden menschlichen Handelns. Der ökonomische Wettbewerb in einer Geldökonomie lieferte dafür das Modell. Robert Malthus hat diesen Wettbewerbsgedanken auch auf die menschliche Fortpflanzung übertragen und gesagt, dass sich die Menschen in einer endlichen Nahrungsumgebung so lange fortpflanzen, bis Übervölkerung eintritt und sie dann sterben, also sich an die Umwelt wieder anpassen. Darwin hat die Bevölkerungstheorie von Malthus gekannt und als Schlüsselgedanken für seine Evolutionstheorie bezeichnet. Später entwickelten einige Ökonomen (z. B. Albert Schäffle) die Idee kultureller Evolution weiter, was ich hier nicht vertiefen kann. Deren Theorie ist weitgehend unbekannt geblieben.

Öffentliche Aufmerksamkeit fand die sich an Darwin anschließende Theorie des »Sozialdarwinismus« von Herbert Spencer und anderen Philosophen. Sie sehen auch in der Menschenwelt einen Kampf ums Überleben, der mit ökonomischen, auch militärischen Mitteln geführt wird. Allerdings spielen hier auch noch andere Verhaltensweisen eine Rolle: Gruppen sind stärker, wenn sich die Individuen nicht egoistisch verhalten, sondern Solidarität oder Gehorsam zeigen, wenn die Individuen also untereinander keine negativen Handlungen entfalten (Gewalt, Lüge usw.), weil dies die Kraft des Kollektivs, der handelnden Gruppe schwächen würde. Auf diese Weise haben sich, so die Theorie kultureller Evolution, dann schrittweise *moralische* Werte entwickelt. Diese Werte haben keinen selbständigen Gehalt. Die Moral ist rein funktional: Sie dient dem Überleben, der Stärke einer Gruppe oder eines Staates. Daraus soll sich auch die Ethik als *Lehre*, abgeleitet aus dem *struggle for existence*[76], entwickelt haben. Alle *Moral* erfüllt somit einen bestimmten Zweck im Überlebenskampf. Sie ist *zufällig* als soziale Verhaltensweise entstanden und konnte tradiert werden, weil die Menschen, die sich moralisch verhalten, in der Gemeinschaft eine bessere Überlebenschance haben oder bessere wirtschaftliche Ergebnisse hervorbringen. So kann erklärt werden, weshalb sich Verhaltensweisen, die dem *individuellen* Überleben gleichsam nur »Kosten« abverlangen (etwa moralische Disziplin), insofern also scheinbar dem egoistischen Überlebenskampf entgegenstehen, dennoch durchsetzen können.[77]

Man unterscheidet in der Evolutionstheorie vererbtes und kulturell weitergegebenes Verhalten. Welche Verhaltensweise wie zu erklären ist, das ist ein bleibender Streit zwischen verschiedenen Evolutionstheorien. Darwin behauptet z. B., dass bestimmte moralische Eigenschaften oder auch Untugenden (wie die Neigung zum Diebstahl) vererbt werden. Sein Argument:

> »Ohne das Prinzip der Vererbung moralischer Neigungen würden uns die Unterschiede, die man in dieser Beziehung zwischen den Menschenrassen annehmen muss, unerklärlich sein.«[78]

Im Kontext einer evolutionären Begründung der Ethik findet sich immer wieder dieses Argument, auch in neueren Ansätzen. So sagt Robert J. Richards,

> »dass ein moralisches Gefühl innerhalb der Gattung Mensch entstanden ist. Das moralische Gefühl ist eine angeborene Einstellung, ein Satz angeborener Neigungen, die das Individuum disponieren, für das Gemeinwohl der jeweiligen Gemeinschaft zu arbeiten, deren Mitglied er oder sie ist.«[79]

Nun wird man das schwerlich eine Begründung nennen können, denn um zu sagen, es gibt so etwas wie ein »moralisches Gefühl«, müsste man erst einmal erklären, was »moralisch« in diesem Kontext heißen soll. Richards erläutert es durch: »Arbeiten für das Gemeinwohl«. Dass das keine Erklärung ist, leuchtet sofort ein, denn – wie Richards selbst schreibt – ist »Gemeinwohl« überhaupt nicht definiert. Zudem ist es z. B. die Pointe des ökonomischen Liberalismus, dass dort versucht wird, gerade aus dem Wechselspiel der egoistischen Konkurrenz das für das Gemeinwohl Beste abzuleiten.[80] Zudem setzt das Argument die Möglichkeit einer *Gruppenselektion* voraus, nicht nur die Selektion von einzelnen Lebewesen. Das ist etwas, was von radikalen Darwinisten – nicht von Darwin selbst – allerdings heftig bestritten wird.

Der wohl gegenwärtig radikalste Darwinist und Atheist – der englische Biologe Richard Dawkins –, der ein Buch mit dem bezeichnenden Titel *Das egoistische Gen* geschrieben hat, vertritt eine streng individualisierte Vererbungstheorie. Träger ist bei ihm aber nicht das lebendige Einzelwesen, sondern ein komplexes Molekül (DNA), dem Dawkins eine *Zielsetzung* zuschreibt.

Er hat hier also nur das Subjekt, den Träger egoistischer Neigungen, geändert: Nicht der fertige, lebendige Mensch ist egoistisch, das *Gen* ist ein genetischer Egoist. Dass der Begriff des Egoismus bereits ein moralischer, kein naturwissenschaftlicher Begriff ist, sei hier nur am Rande angemerkt. Wenn eine kooperative Verhaltensweise von Lebewesen dazu dient, einen bestimmten Genpool stärker zu vermehren, dann setzt sie sich durch. Insofern kann also die Moral durchaus in das Gen eingeschrieben werden als angeborene Verhaltensweise – im Sinn von Darwin. Doch Dawkins sah sich gezwungen, auch noch zusätzlich eine kulturelle Vererbung einzuführen. Er nannte die kulturell weitergegebenen Verhaltensweisen oder Überzeugungen *Meme*. Das ist nur ein anderer Name für das, was Ökonomen wie Albert Schäffle oder Gustav Schmoller schon über 100 Jahre vor dem Erscheinen der zweiten Auflage von Dawkins Buch – dort führt er den Begriff »Mem« ein – ausführlich diskutiert haben.[81] Auch das sei hier nur am Rande gesagt. Es gibt zahlreiche biologische Abhandlungen zur Frage, wie sich aus der Reproduktion der genetischen Information doch so etwas wie Sozialverhalten erklären lässt, das sogar Formen von Altruismus enthält. Wenn sich Insekten (Ameisen, Bienen) spezialisieren, z. B. als Wächter, und dabei auf ihre Vermehrung verzichten, so handeln sie zum Wohl des Kollektivs. Durch allerlei Rechenaufwand mit Reproduktionswahrscheinlichkeiten der DNA kann man das dann doch genetisch fundiert erklären. Edward O. Wilson hat auf dieser Grundlage eine *Soziobiologie* entwickelt. Er erklärt moralische Verhaltensweisen gleichfalls rein funktional.[82]

Betrachtet man die evolutionären Begründungen der Ethik genauer, so hört man allerdings nicht die Meinung *einer* Wissenschaft, sondern ein vielstimmiges, sich vielfach widersprechendes

Konzert von Meinungen und nicht selten auch eine große Unklarheit in den verwendeten ethischen Kategorien. Es wäre ganz falsch zu glauben, dass hier unter den Biologen eine einhellige Theorie akzeptiert wird – wie z. B. die Physiker heute mehrheitlich die Einstein'sche Relativitätstheorie oder wohl alle Mathematiker Gödels Unvollständigkeitsbeweis anerkennen. Die besonneneren unter den Biologen haben immer zwischen einem bloß funktionalen Verhalten und einer ethischen Entscheidung unterschieden. Und das geht nur durch den Rückgriff auf die Begriffe Freiheit und Bewusstsein.

> »Da das gesamte Konzept der Ethik auf der festen Überzeugung beruht, dass eine Person bis zu einem gewissen Grad in der Lage ist, ihre oder seine Handlungen zu bestimmen, ist Ethik von der Existenz eines freien Willens abhängig.«[83]

Nun ist allerdings *gerade dies* in jüngerer Zeit wieder heftig bestritten worden. Der naturwissenschaftliche Erklärungsweg der Moral hat durch die Neurowissenschaften einen mächtigen Auftrieb erhalten. Neue Verfahren (Elektroenzephalografie = EEG, und bildgebende Verfahren wie Computertomografie = CT) erlauben es, das *lebendige* Gehirn zu vermessen und zu beobachten. Die Neurowissenschaften vertreten prinzipiell die These, dass alle geistigen Phänomene entweder kausal auf neurologisch zu beschreibende Prozesse zurückgeführt werden können, oder sie behaupten wenigstens eine strikte *Parallelität* von Gehirnprozess und Denken. Man spricht hier von »neurologischen Korrelaten« des Bewusstseins. Die *Moral* wird dabei nicht mehr im Genom gesucht, sondern im Gehirnprozess. Die Neurowissenschaftler werfen den Genetikern vor, das Gehirn als Stufe einfach zu überspringen. Wenn man von einer Parallelität von – oder sogar von einer Kausalität zwischen – Geist und Gehirn ausgeht, dann betrachtet man die je subjektive Perspektive als bloßes »Epiphänomen«. Das heißt, Gedanken und Geistiges werden im Gehirn produziert. Ohne Gehirn, kein Geist. Irgendwann, so die Hoffnung und das Versprechen, können alle Denkprozesse durch Gehirnprozesse erklärt und daraus abgeleitet werden.

Starken Auftrieb erhielt dieses Argument in den 1980er Jahren durch Versuche, die zuerst Benjamin Libet unternommen hat.[84] Er knüpft an eine schon länger bekannte Tatsache an: Bei jeder Körperbewegung bildet sich im Gehirn ein charakteristisches Muster schon vor der tatsächlichen Bewegung, »Bereitschaftspotenzial« genannt. Libet hat nun mit Probanden dieses Bereitschaftspotenzial mit dem subjektiven Entschluss zu einer Handlung verglichen. Die Versuchspersonen blicken auf eine spezielle Uhr und merken sich den Zeitpunkt, an dem sie sich zu einer bestimmten Handbewegung entschließen. Dieser Zeitpunkt wird mit dem gemessenen Bereitschaftspotenzial verglichen. Das erstaunliche Ergebnis: Das Bereitschaftspotenzial zu einer Handlung bildet sich schon eine halbe Sekunde vor dem subjektiven Entschluss. Damit, so die Folgerung, sei gezeigt, dass die subjektiv empfundenen Denkbewegungen, die »freien« Entscheidungen schon vom Gehirn unbewusst getroffen wurden. Geist, Subjektivität und Freiheit sind – so die These – endgültig als Illusion entlarvt. Alle Moraltheorien, die auf Freiheit und Veränderbarkeit menschlichen Handelns, menschlicher Motivation abzielen, erweisen sich als Illusion. Konsequenterweise haben deshalb einige Neurowissenschaftler verlangt, dass man – da es ja dann auch keine freie Verantwortung für Untaten gibt – Verbrecher nicht bestrafen soll; sie haben ja gar nicht gehandelt, es war ein Stück Natur (Gehirn), das die Handlung motiviert und ausgeführt hat. Stattdessen solle man entsprechende medikamentöse oder operative Eingriffe im Gehirn vornehmen, die solche unerwünschten Verhaltensweisen unterbinden.

Die großen Versprechungen der Neurowissenschaften haben sich aber auch im *internen* Urteil der neurowissenschaftlichen Forschung nicht erfüllt. Im Jahr 2004 formulierten »elf führende Neurowissenschaftler« in einem Manifest eine Reihe von Zielen: »Was wissen und können Hirnforscher in zehn Jahren?«[85] Zehn Jahre später macht sich Enttäuschung breit:

> »Die heutige Bilanz fällt aus unserer Sicht allerdings eher enttäuschend aus. Eine Annäherung an gesetzte Ziele ist nicht in Sicht. Die Ursachen dafür gehen weit über organisatorisch-technische Schwierigkeiten hinaus und liegen einerseits an Schwächen im Bereich der *Theorie* der Neurowissenschaft, andererseits an zu wenig durchdachten *naturalistischen Vorannahmen* und *Konzepten*, die wünschenswerte Brückenschläge zur Psychologie, Philosophie und Kulturwissenschaft nachhaltig erschweren.«[86]

Die zitierten Autoren fordern als Konsequenz das Abrücken von einem neurowissenschaftlichen Fundamentalismus und somit »eine neue, *diskursive* und *reflexive* (nachdenkliche) *Neurowissenschaft*«.[87]

Es lässt sich also die auch von Philosophen vielfach gezogene Konsequenz eines letztlich materialistisch-naturwissenschaftlichen Weltbilds mit Blick auf das Gehirn durchaus als sehr fragwürdig nachweisen. Ich greife hier nur einige Punkte auf.[88] Der Grundgedanke ist, dass das Gehirn letztlich alle geistigen Phänomene hervorbringt. »Das Gehirn denkt, nicht der Mensch«, ist eine häufig gebrauchte Formel, die auch die Medien erobert hat. Nun ist aber das Gehirn weder Sprache noch Bild, noch moralisches Urteil. Die kategoriale Differenz bleibt. Man »erklärt« sie in der Neuropsychologie durch die Aussage: Das seien nur »Epiphänomene«, also subjektive Illusionen ohne objektive Bedeutung. Angenommen, es sei so. Dann gilt das ja für *alle* geistigen Phänomene. Also auch für die Wissenschaften. Auch für die Neuropsychologie. Dann sind alle Aussagen der Neuropsychologie also auch nur vom Gehirn erzeugte subjektive Illusionen, »Epiphänomene«, d. h. Phänomene, die nicht ihrerseits ursächlich wirken können. Der Geist bewirkt nichts und kann nichts erklären. Folglich hebt sich die Neuropsychologie, gemessen am eigenen Anspruch, selbst auf. Sie ist nur eine Illusion.

Wenn wir auf die Argumentation und ihre Voraussetzung etwas genauer blicken, so fallen grundlegende weitere Denkfehler und das Ignorieren von bekannten Phänomenen auf. Das Gehirn ist wie der Körper überhaupt ein Produkt der Evolution. Es stellt also eine *Anpassung* an eine Umgebung dar. Ein wesentliches Element dieser sozialen Umgebung ist die menschliche Sprache, in und an der viele geistige Prozesse erscheinen (und auf der auch die Neurowissenschaften wie alle anderen Wissenschaften in ihren Aussagen beruhen). Die Sprache ist aber ein *intersubjektives* Phänomen. Auch wenn man rein funktional argumentiert, so dient sie doch der Koordination von Handlungen. Also kann ein *einzelnes* Gehirn nicht die Sprache hervorgebracht haben. Vielmehr ist das Gehirn eine *Anpassung* (Erweiterung des präfrontalen Cortex) an eine soziale Umwelt, in der es bereits Sprache als kulturelles Phänomen gibt. Was ist dann aber die Sprache? Zwar wird das aktuelle Sprechen im vereinzelten Gehirn aktualisiert – das ist unbestritten, wie jede neurologische Erkrankung mit Sprachbehinderung zeigt. Aber das Einzelgehirn kann nicht die Ursache der sozial verteilten und kulturell tradierten Sprache sein. Die Neurowissenschaft als Wissenschaft vom Einzelgehirn kann damit den *wichtigsten* geistigen Prozess nicht erklären.

Weitere Formen im Gehirn verweisen auf die soziale Einbettung, so z. B. die »Spiegelneuronen«, die spontanes Mitgefühl und Sympathie zum Ausdruck bringen. Ferner hat sich gezeigt, dass das Gehirn nicht ab einem bestimmten Alter einfach fertig ist. Es ist *plastisch*, d. h. weiter veränderbar.[89] Jeder kann sein eigenes Gehirn durch Übung – z. B. mit Hilfe von Biofeedback-Geräten oder durch Meditation – trainieren. Wer oder was trainiert dann eigentlich das Gehirn und formt es so, wie »die subjektive Illusion Geist« es sich vorstellt? Die Untersuchung der Meditationspraxis hat hier den Neurowissenschaftlern einige Kopfschmerzen bereitet. Denn was sich darin zeigt, korrespondiert so gar nicht mit ihrem naiven Weltbild von Ursache und Wirkung. Wenn es eine *Wechselwirkung* zwischen Geist und Gehirn gibt, dann kann der Geist nicht eine bloße Illusion sein. Illusionen produzieren keine natürlichen Wirkungen.

Wir erhalten also das Ergebnis, dass *kulturelle* Formen – wie Sprache oder Moral – als *soziale* Phänomene nicht neurowissenschaftlich erklärt werden können. Da die Biologen zugestehen, dass Verhalten auch kulturell tradiert wird *neben* der Vererbung, bleibt unerklärt, was eigentlich Kultur, Moral, Geist usw. tatsächlich sind. Zwar erscheinen diese Phänomene immer nur an und durch die materielle Verkörperung (Organismus, Gehirn). Doch sie *sind* als Formen eben keine Naturdinge. Es ist – philosophisch ausgedrückt – ein *Kategorienfehler*, diese Phänomene auf Naturphänomene reduzieren zu wollen. Das erkennt man schon daran, dass die Naturwissenschaftler, die solches unternehmen, immer gezwungen sind, eine unerklärte Lücke zwischen beobachteten Naturprozessen und dem Inhalt, der Bedeutung subjektiver und geistiger Phänomene anzuerkennen. Es sind Begriffe wie »Zufall«, »Epiphänomene«, »Emergenz« und ähnliche leere Worthülsen, die dann diese Lücke, diese *qualitative* Differenz »erklären« sollen. Wissenschaftstheoretisch sind das *Tautologien* oder nur Scheinerklärungen.

Eine Metapher mag das verdeutlichen: Ein Fernsehgerät zeige die Übertragung eines Sinfoniekonzertes – sichtbar und hörbar. Zweifellos wird diese Übertragung gestört, wenn an dem Gerät etwas nicht funktioniert. Die sichtbare und hörbare Musikveranstaltung wird also in meinem Wohnzimmer nur durch ein funktionierendes Fernsehgerät aktualisiert. Doch kann man deshalb sagen: Der Fernsehapparat *erzeugt* die erklingende Sinfonie? Das wäre ziemlich albern. Die *Bedeutung* der Musik kann nicht auf Transistoren und Lautsprecher reduziert werden, obgleich ohne diese nichts zu sehen und zu hören wäre. Dennoch kann diese musikalische Bedeutung völlig getrennt vom Gerät erhalten und transportiert werden – durch andere Träger wie Noten oder das Gedächtnis des Dirigenten.

Das Gehirn ist nie ein isolierter Gegenstand. Es *lebt* nur in einem Körper, wie der Körper nur in einer sozialen und natürlichen Umwelt lebt. Soziale oder moralische Inhalte, Bedeutungen haben also nur Sinn als »Konzert zwischen vielen Gehirnen« (ein Ausdruck von Wolf Singer). Zwar erklingt – um im Bild zu bleiben – in diesem Konzert jeweils die Bedeutung von Wörtern, von moralischen oder wissenschaftlichen Sätzen nur dann, wenn sie auch in den vielen Gehirnen aktualisiert wird. Doch lassen sich die Qualität, der Inhalt, die Bedeutung wissenschaftlicher oder moralischer Sätze eben nur aus dem Wechselspiel der lebendigen Menschen erklären. Das Geistige (Bedeutungen von Wörtern, Gefühlen etc.) ist also nur wirklich unter der Voraussetzung eines *gemeinsamen Zusammenlebens*. Es gibt, wie Ludwig Wittgenstein gezeigt hat, keine Privatsprache, auch keine private Sprache eines Gehirns. Also *kann* man, wie genau auch immer das Gehirn erforscht wird, in ihm nie die Quelle und den Grund der Sprache und anderer geistiger *Inhalte* finden.

Der Versuch, die Moral »natürlich« zu erklären – durch Evolution, das Genom, soziale Funktionalisierung, Gehirnprozesse –, darf schlicht als gescheitert gelten. Wenn man durch Achtsamkeit und Meditation, die Plastizität des Gehirns nutzend, sich selbst instruieren kann, wenn es so etwas wie Autosuggestion gibt, dann sind Motive und Handlungen sehr wohl *bewusst* veränderbar. Mehr noch: Wenn die Aussagen der Neurowissenschaften eine *Bedeutung* haben (welche auch immer), wenn aber »Bedeutungen« nicht naturwissenschaftlich erklärbar sind, dann bleibt die bloße *Existenz* der Neurowissenschaften für die Neurowissenschaften ein unlösbares Rätsel. Wie man die Physik nicht *physikalisch* erklären kann, sondern immer schon Denken, Geist und die kognitive Qualität von Erklärungen voraussetzt, so kann man auch die Aussagen der Neurowissenschaftler nicht neurowissenschaftlich erklären.[90]

Die Neurowissenschaften können einen wichtigen Beitrag im *medizinischen* Sinn liefern, d. h. natürliche Ursachen von geistigen Erkrankungen aufdecken. Doch weder kann man die musikalische Bedeutung bei der Übertragung einer Sinfonie durch die Prozesse im Fernsehgerät noch die Moral aus einem naturwissenschaftlichen Horizont ableiten. Weshalb in der abendländischen Musiktradition ein f in einem G7-Akkord vor e in einem C-Dur-Akkord von uns als Auflösung gehört und empfunden wird, das lässt sich weder aus Schallwellen noch aus der Elektromechanik eines Fernsehlautsprechers verständlich machen – übrigens auch nicht aus der Physiologie des Ohrs. Die beim Hören sichtbar gemachten bunten Muster, die Gehirnprozesse signalisieren, sind eben nur bunte Bilder, aber nicht die Auflösung eines Dominantseptakkords in die Tonika. Man muss *Musik* studieren und praktizieren, um das zu verstehen. Hier zeigt sich ein Offenes, ein *Freiraum*, also etwas, das nicht kausal determiniert ist – was schon daran erkennbar ist, dass man viel üben muss, um hier ein Verständnis und Fertigkeiten zu erlangen.

Eine letzte, durchaus sehr schwierige Frage in diesem Kontext möchte ich im Vorgriff auf das letzte Kapitel (3.5) noch ergänzen. Alle aus *spirituellen* Systemen bzw. Religionen stammenden Morallehren machen auch Aussagen über ein letztes Ziel, über das, was der *Tod* für die Menschen bedeutet. In dieser körperlichen Welt, in die wir durch Geburt hineingeworfen sind, gibt es geistige und moralische Phänomene nur stets in Verbindung mit körperlichen Phänomenen – wie die Musik nur in Verbindung mit einem Gerät, Instrument oder einer Stimme erklingt. Man stellt aber die Frage falsch, wenn man wissen möchte, wie aus Körperlichem schließlich Geistiges *hervorgeht*. Wenn man hier eine Folge natürlicher Ursachen vermutet, dann hat man das, was man erklären will, schon vorausgesetzt: Geist sei ein rein körperliches Phänomen; Moral erfülle nur eine biologisch zu beschreibende Funktion. Man vergisst bei dieser Erklärung, wie schon gesagt, dass alle körperlichen Phänomene – der Organismus, das Gehirn – nach der ureigenen Lehre der Evolutionstheorie ja nur *Anpassungen* sind. Wenn sich das Gehirn im präfrontalen Cortex an eine sprachliche Umgebung anpasst, dann ist das, was wir an der Sprache als *Bedeutung* erkennen – also eine geistige Qualität – schon vorausgesetzt. Man kann also nicht das, was für eine Anpassung schon gegeben ist, durch das erklären, was sich nur durch Anpassung daran entwickelt. Sicher, Musik erklingt nur auf einem Klavier oder einer Violine. Doch diese Violine oder das Klavier wurde genau dafür gebaut – die musikalische Idee, die Klangvorstellung geht der materiellen Realisierung voraus. In der Natur gibt es keinen Geigenbauer, wohl aber evolutionäre Anpassung. »Anpassung« bedeutet, dass sich eine organische Form *an etwas von ihm kategorial Verschiedenes* anpasst, wie der präfrontale Cortex an eine bereits sprachlich geformte Sozialumgebung. Die Natur kennt keinen Uhrmacher, sagt Richard Dawkins ganz richtig. »Uhren« (bei ihm die Metapher für »biologische Maschinen«) sind eine evolutionäre Anpassung. Aber – um in der Metapher zu bleiben – die *Bedeutung von Zeit*, die Uhren messen, geht nicht aus natürlichen Ursachen hervor, wird nicht von Uhren hervorgebracht. So wenig wie Sprache von einem nur zufällig entstandenen präfrontalen Cortex (Broca-Zentrum) historisch nebenbei und zufällig hervorgebracht wird. Es lässt sich so etwas wie Bedeutung, Moral oder Geist nicht *innerhalb* der Naturordnung entdecken. Wir sehen *wissenschaftlich* immer nur die sekundären Phänomene, die auftreten, wenn Geistiges materiell realisiert wird. Aber wir kennen deren Bedeutung *von innen* ganz genau.

Nun hat die Biologie es abgelehnt, so etwas wie eine »Lebenskraft«, eine Art geistiger Substanz zur Erklärung zu verwenden (der *élan vital* nach Henri Bergson). Wenn man materielle Gegenstände wie Moleküle usw. mit materiellen Objekten (Messgeräten) misst, dann kann man nur materielle Ursachen entdecken. Das verwundert nicht. Geister erscheinen nicht unter dem Mikroskop, so wenig die *Bedeutung* des Unterschieds zwischen Moll und Dur an einem Klavier sichtbar ist, so wenig *Farben* an Lichtteilchen, den Photonen, entdeckt werden können. Dennoch waren die Biologen – wie gesagt – gezwungen, eine *Formursache* einzuführen (genetische Information). Formen sind aber keine materiellen Ursachen; sie erscheinen nur *an* materiellen Objekten. Mehr noch. Alle physikalischen oder natürlichen Phänomene *sind* eigentlich Formen. Auch eine *mathematische* Beschreibung der Natur ist eine Form: eben die Form eines Kalküls und der Zahlen. Die *Zahlen* aber sind in der Natur nicht zu entdecken. Sie sind geistige Phänomene mit bestimmten, in der Mathematik studierten Eigenschaften. Das eigentliche Fundament der modernen Naturerklärung – die Physik – beruht also ihrerseits auf einer Form und Bedeutung, die gerade *nicht* natürlich ist. Das ist ebenso offensichtlich, wie es rein materialistisch orientierten Naturwissenschaftlern unerklärbar bleibt.

Es kommt noch ein wesentliches Element hinzu: In der Physik hat sich zuerst mit der speziellen Relativitätstheorie, später überdeutlich in der Quantenmechanik gezeigt, dass man kein Naturphänomen definieren kann, ohne die Position und die verwendeten Messgeräte eines *Beobachters* zu berücksichtigen. Mehr noch. Es zeigt sich bei Quantenprozessen, dass man mit einer *rein* mathematischen Beschreibung an Grenzen gelangt: Man ist genötigt, in die Prozesse der kleinsten Materieteile *Formbegriffe* einzuführen (z. B. den Spin). Es ist ein großer *natürlicher* Unterschied, ob ein Molekül rechts oder links gedreht ist. Doch die Begriffe »rechts–links« lassen sich in der Natur nur *relativ zu einem Beobachter* entdecken. Die Quantenphysik hat noch zahlreiche weitere Phänomene zutage gefördert – ich kann sie hier nicht einmal aufzählen –, die die Vorstellung einer in sich bleibenden Materie als Grundlage für alle anderen Phänomene *ad absurdum* führt. Noch mehr: Selbst Raum und Zeit sind keine getrennten Eigenschaften, sondern selbst relativ. Dies gilt schon in Einsteins spezieller Relativitätstheorie, noch viel mehr in der Quantenphysik. Zahlreiche Experimente haben gezeigt, dass die räumliche und zeitliche Trennung von der Beobachtung abhängig ist, dass scheinbar räumlich-zeitlich getrennte Phänomene in Wahrheit ungetrennt sind. Raum und Zeit als Ort aller natürlichen Formen sind gar nicht in der Natur als Phänomene vorhanden oder nachweisbar. Die Materie hat gar keinen Ort in Raum und Zeit, wenigstens nicht ohne einen *Beobachter* und nur relativ zu ihm. Ein Beobachter ist immer auch ein geistiges Wesen. Wenn die letzten Eigenschaften der Materie aber – wie inzwischen viele Physiker sagen[91] – eigentlich *Informationsprozesse* sind, dann steht der Geist nicht am Ende der Evolution. Er war immer schon da, nur in einer unerkannten Weise, die durch ein materialistisches Weltbild verdeckt wurde.

Auf die »letzten Fragen« des Menschen, damit auch der Moral bezogen: Der Tod ist offenbar nicht einfach das Aufhören eines Materieklumpens. Wenn man bei einem Fernsehgerät den Stecker zieht und es stumm bleibt, dann verschwindet nicht die Musik, die von ihm übertragen wurde. Das Gerät war von Anfang an nur dazu da, diese Musik materiell zu verkörpern. Wenn also Geistiges sich nicht einfach kausal wegdefinieren lässt, dann muss sich das im *Sterbeprozess* auch zeigen. Hier offenbaren sich durch die neue medizinische Technik tatsächlich ganz neue Phänomene, die unter dem Stichwort »Nahtoderlebnisse« inzwischen vielfältig untersucht worden sind. Die materialistische Vermutung, dass es sich auch hier nur um »Epiphänomene« handelt, um subjektive Illusionen durch Sauerstoffmangel, sind inzwischen definitiv widerlegt – auch wenn in diversen Publikationen und Medien diese Forschungsergebnisse einfach ignoriert werden.[92] Mehr dazu in Abschnitt 3.4.6.

Wenn ein Wissenschaftler an einem Messgerät eine elektrische Spannung abliest, notiert und den Wert später in einem Aufsatz in *Nature* als empirischen Beleg für seine Theorie verwendet, wenn andere dieses Experiment wiederholen und im Rahmen von Fehlerabweichungen zum selben Ergebnis kommen, dann zweifelt niemand an dem *Zeugnis* dieser Wissenschaftler. Wenn in vielen Nahtoderlebnissen bestimmte, vergleichbare und wiederholte Phänomene auftreten, dann gelten solche Beobachtungen aber als »subjektive Illusionen«. Das ist wissenschaftlich einfach keine korrekte Vorgehensweise. Wenn die Nahtoderlebnisse – oft Schilderungen von Harmonie, Glück, Wissen – nur Epiphänomene, erzeugt vom Gehirn in Grenzsituationen, wären, so kann das gerade nicht evolutionstheoretisch erklärt werden. Denn: Einem Sterbenden noch angenehme Gefühle zu bereiten, das hat keinerlei Überlebenswert – der Proband stirbt ja und scheidet endgültig aus dem *struggle for existence* aus. Die Evolutionstheorie, die doch alle biologischen Phänomene *funktional* erklären möchte, kann gerade das nicht erklären. Es ergibt einfach keinen Sinn. Wenn das Gehirn im Sterbeprozess nur tonlose Schwärze produzieren würde, so wäre das dem genetischen Egoismus weit dienlicher. Genetische Informationen, die zusätzlich ein komplexes Programm für den Sterbeprozess beinhalten, reduzieren den Raum für lebenswichtige Informationen und sind deshalb überflüssig. Die materialistische Evolutionstheorie kann solch überflüssige Informationen – falls es denn welche wären – einfach nicht plausibel machen. Solch ein Programm für das Sterben und den Tod hätte keinerlei *funktionalen* Sinn für ein *Lebe*wesen.

Doch zahlreiche Phänomene lassen sich im Nahtodbereich eben auch aus anderen Gründen nicht durch physikalistische Vorstellungen wie Sauerstoffmangel erklären; ein *Mangel* an einem *Stoff* erklärt ohnehin nie positiv eine erlebte *Form*. Das, was Sterbende und Wiederkehrende berichten, lässt sich in vielen überprüften Fällen auch *objektiv* testen. Mehr dazu im letzten Kapitel. Hier erwähne ich den Sterbeprozess deshalb, weil dafür eine evolutionstheoretische oder neurologische Erklärung unmöglich geworden ist, die Geistiges kausal aus dem vereinzelten Gehirn ableiten möchte. Die Belege sind zu zahlreich. Doch das herrschende Weltbild der Wissenschaften diskriminiert hier ungeniert.[93]

Die Moral weist immer auch über das individuelle Leben hinaus – sowohl im sozialen Sinn, wenn moralische Werte andere einbeziehen und auch die Natur moralisch werten; aber auch im temporalen Sinn: Leben ist keine durch zwei Kalenderdaten begrenzte materielle Häufung von Zufällen, ohne Bedeutung und Sinn. Diese Einsicht, diese Ahnung taucht in allen Religionen auf. Doch auch reine Naturwissenschaftler – nicht zuletzt Quantenphysiker – haben immer wieder gesagt, dass sie gerade die langjährige Beschäftigung mit Formen der Natur zu dem Schluss führte: Die begrenzte Perspektive durch das Guckloch einiger Messgeräte kann nur wenig von der Wahrheit über die Natur offenbaren. Gerade das Nachdenken über die innersten Strukturen der Natur hat auch Physiker zu religiösen Menschen gemacht, auch wenn sie meist nicht naiv einer tradierten Religion anhängen:

> »In unserer im allgemeinen materialistisch eingestellten Zeit sind die ernsthaften Forscher die einzigen tief religiösen Menschen.«[94]

3 Aspekte der Ethik des Buddhismus

3.1 Die Ethik im ursprünglichen Buddhismus

Bevor ich Überlegungen zu einer aus dem Buddhismus inspirierten *säkularen* Ethik etwas genauer zu entwickeln versuche, zunächst ein kurzer Blick auf das Ethik-Verständnis im ursprünglichen, dem Theravāda-Buddhismus. Die Ethik gründet auf der Diagnose des Buddha, worin er das Dasein aller Lebewesen charakterisiert: Dieses Dasein wird in seinen Hauptmomenten *erlitten* (die Erste Edle Wahrheit vom Leiden). Solange die Menschen nur innerweltliche Ziele verfolgen, kehren sie endlos in den Kreislauf des Lebens (*samsāra*) zurück, in dem Alter, Krankheit und Tod garantiert sind. Menschen können aber *sich*, können ihre Motive verändern; sie haben also insofern eine Freiheit. Doch gewöhnlich nutzen sie diese Freiheit nur, um *innerhalb des Kreislaufs des Lebens* Ziele zu verfolgen. Ziele, die stets nur Vergängliches hervorbringen, das dann loslassen zu müssen nur wieder neues Leiden bedeutet: Verlust von Besitz, Gesundheit, Freunden und Verwandten und schließlich des eigenen Lebens. Der Buddha hat nun gelehrt, wie man diese Freiheit zur Bestimmung der eigenen Handlungsmotive nutzen kann, um diesen Kreislauf (*samsāra*) zu verlassen und einen innerhalb des Lebensumkreises nicht definierten Zustand zu erreichen, der Erlösung bedeutet (*nirvāna*).

Die Ethik wird in der Tradition der Theravādins, im Pali-Kanon, als *Teil* eines spirituellen Heilsweges ausgelegt, als *condi-*

tio sine qua non zur Erreichung von nirvāna. Die Ethik (*śīla*) ist der zweite Teil des buddhistischen Heilsweges, wie er ursprünglich verkündet worden ist, der Edle Achtfache Pfad, der in drei Gruppen eingeteilt wird: *prajnā – śīla – dhyāna*, also Einsicht, Ethik und Meditationspraxis. Einsicht und Motivation führen zu einem tugendhaften Leben, und auf der Grundlage dieses tugendhaften Lebens kann durch Meditation das, was als Einsicht zunächst nur vorläufig oder theoretisch erkannt wird, auch verwirklicht werden. Wie in anderen religiösen Traditionen spielt im frühen Buddhismus die Ethik die Rolle eines *Mittels*, um einen bestimmten *Zweck* zu erreichen: die Befreiung oder Erleuchtung. Hierin unterscheidet sich diese Interpretation der Ethik als *śīla* nicht prinzipiell von den Morallehren theistischer Systeme. Auch sie dienen nur dazu, ein Heilsziel zu erreichen: ewige Glückseligkeit im Himmel. Ein wichtiger Unterschied liegt allerdings darin, dass die moralischen Regeln auch im frühen Buddhismus keine *göttlichen Gebote* sind. Man hält sie jeweils *freiwillig* und aus eigener *Einsicht* ein, nicht weil sie verordnet worden sind. Ich werde diesen Gedanken durch einen genaueren Blick auf die Kālāmer-Rede noch vertiefen.

Die frühe Form buddhistischer Ethik besitzt also einen normativen und instrumentellen Charakter: Um das Heilsziel – die Erleuchtung – zu erreichen, sind bestimmte Regeln einzuhalten, ist eine bestimmte moralische Praxis erforderlich. Die moralischen Normen gelten also nicht *absolut*, sondern nur *relativ zum Heilsziel* der Befreiung.[95] Sie empfiehlt den Laien einen bestimmten Lebenswandel durch fünf Regeln (*sikkhāpada*), auch fünf *śīla* genannt: Nicht töten, nicht stehlen, nicht lügen, kein sexueller Missbrauch und kein Genuss berauschender Substanzen. Für Ordinierte, Mönche und Nonnen, gibt es in der *vinaya* noch viel ausgeklügeltere Regeln, die einzuhalten sind. Während die fünf Regeln für die Laien und die Regeln für Ordinierte weitgehend einen negativen Charakter, den Charakter von Verboten haben, werden im Rahmen des Edlen Achtfachen Pfades andere Aspekte des Handelns *im positiven Sinn* betont: rechte Einsicht, rechte Motivation, rechte Rede, rechtes Handeln, rechter Lebenserwerb, rechte Bemühung, rechte Achtsamkeit und rechte Meditation. Im Mahāyāna gibt es in den *sechs Pāramitās* – also den Handlungsanweisungen für einen Bodhisattva – durchaus vergleichbare *positive* Normen: Freigebigkeit, moralisches Verhalten, Geduld, Ausdauer, Meditation und Weisheit. Die Weisheit erscheint in den sechs Pāramitās eher als Resultat der anderen Eigenschaften. Doch auch den Edlen Achtfachen Pfad darf man nicht linear denken; er kehrt gleichsam immer wieder zum Anfang zurück.

Ich breche die Skizze der im Rahmen des Buddhismus zu entdeckenden *normativen Ethik* hier vorläufig ab; einige Punkte werde ich später nochmals aufgreifen. Um diese Morallehre anzuerkennen, muss man Glauben oder Vertrauen in die drei Juwelen (Buddha, Dharma und Sangha) haben. Dieses Vertrauen ist Voraussetzung, um das Heilsziel zu erreichen. Von diesem Vertrauen leitet sich auch die Anerkennung der *ethischen Normen* ab, wie sie in den verschiedenen buddhistischen Schulen dargestellt werden. Für einen Moslem oder einen Atheisten ist das ebenso wenig ein Argument, solch eine Ethik anzunehmen, wie der Hinweis eines Christen, seine Morallehre sei eben in der Bibel offenbart worden. Aus dieser Perspektive scheint eine *säkulare* Ethik aus dem Geist des Buddhismus auf den ersten Blick genauso unmöglich wie eine säkulare Ethik auf der Grundlage des Alten Testaments oder der Scharia.

Nun gibt es im Buddhismus zweifellos diese Vorstellung: Man fasst *Vertrauen* zum Buddha, zur Lehre, zu Lehrern und Freunden im Dharma – *und dann* praktiziert man die ethischen Normen, wie die Tradition sie formuliert. Das Vertrauen ist also eine zunächst nicht rational zu begründende Voraussetzung, um den Pfad überhaupt betreten zu können. Reines Denken genügt nicht, denn »das weise Nachdenken hat eine es ernährende Bedingung, ist nicht ohne solche Bedingung. Und was ist die ernährende Bedingung des weisen Nachdenkens? ›Das Vertrauen‹, hätte man zu antworten.« (AN 10.62) Allerdings gibt es hier eine Rückkopplung, ein *feedback*: Wenn man den Pfad des Dharma beschreitet, dann *stärkt* man zugleich das Vertrauen. Hier ist das *Vertrauen* in die buddhistische Lehre eine sich schrittweise *verstärkende* Größe: Vertrauen führt zu ethischem Handeln, das ethisch begründete Handeln führt zu Erfahrungen, die das, was man zunächst nur gleichsam als *Hypothese* angenommen hat, schließlich bestätigen. Deshalb vergleicht der Buddha seine Lehre mit dem Ozean: »Wie das Weltmeer nur einen Geschmack hat, den Geschmack des Salzes, so hat diese meine Heilslehre und Disziplin nur einen Geschmack, den Geschmack der Erlösung.« (Udāna V, 5) Insofern unterscheidet sich das Vertrauen im Buddhismus auf den ersten Blick vom Glauben in theistischen Systemen. Dort wird gerade auch das Festhalten am Glauben *wider* gegenteilige Erfahrungen als hohe Tugend gepriesen – man vergleiche Gottes Forderung an Abraham, seinen eigenen Sohn zu töten, ohne einen Grund außer den des Gehorsams anzuerkennen, oder das Schicksal von Hiob in der Bibel. Im Theismus gilt ein *blinder* Glaube durchaus als Tugend; das Vertrauen im Buddhismus macht dagegen *sehend*: »der mittlere Pfad, der sehend und wissend macht« (SN 56.11); »Komm und schau!« (MN 7)

Doch der Hinweis, dass die Buddhalehre gleichsam einen *experimentellen* Charakter besitzt, dass man in jeder Phase des Weges, der spirituellen Praxis jeweils Erfahrungen macht, die diesen Weg bestätigen, ist für die Begründung einer säkularen Ethik nicht ausreichend. Auch gläubige Christen oder Moslems werden berichten, dass sie in ihrem Leben »Gotteserfahrungen« gemacht haben, d. h. bestimmte Erlebnisse in dem Sinn deuten, es habe sich darin Gottes Wille offenbart. Und die Mystiker aller theistischen Religionen sprechen *unmittelbar* von einer Gotteserfahrung. Gemeinsam ist allen Erfahrungen, auch jenen eines Praktizierenden des Dharma, der rein subjektive Charakter: Das, *was* man hier erfährt, ist nicht mitteilbar *als* Erfahrung. Worte bleiben immer nur Versicherungen, man habe dies oder jenes erlebt. Um anderen plausibel zu machen, dass und weshalb man bestimmte Werte im Rahmen der buddhistischen Ethik (*śīla*) befolgen soll, bedarf es zunächst der *Entscheidung*. Und diese Entscheidung enthält immer ein bestimmtes Maß an Vertrauen auch ohne Einsicht.

Ein wichtiger Pluspunkt für die buddhistische Ethik ist hierbei allerdings, dass sie keine formale Konversion zum Buddhismus erforderlich macht. Man kann einfach bestimmte Elemente übernehmen und praktizieren, ohne »Buddhist« zu werden. Das wird besonders deutlich an der Praxis der *Achtsamkeit* – ursprünglich ein Glied des Edlen Achtfachen Pfades –, die sich ohne formalen Bezug auf den Buddha immer größerer Beliebtheit erfreut. Doch auch das kann kein formal entscheidendes Kriterium sein. Denn auch eine zeitweise Übernahme der christlichen Lebenspraxis in einem Kloster für gestresste Menschen wird immer beliebter, ohne dass diese Menschen deswegen formal getauft sein müssten. Es scheint also: In der Problematik der

Begründung einer säkularen, also nicht für das jeweilige Heilsziel instrumentalisierten Ethik gibt es keinen *grundlegenden* Unterschied zwischen Buddhismus und anderen Religionen. Es *scheint* so zu sein. Denn *eine* wichtige Differenz ist erkennbar, wenn wir ein Lehrstück aus dem Pali-Kanon, die Rede an die Kālāmer, etwas genauer untersuchen.

3.2 Die Rede an die Kālāmer als säkulares Modell

Der Grundstein für eine säkulare Ethik ist neben ihrer *normativen* Form als Element des Heilspfades durchaus schon im frühen Buddhismus gelegt. Was die *formale* Begründungsmethode anlangt, so gibt es neben der Aufforderung, der Lehre des Buddha zu vertrauen und Zuflucht zu nehmen, noch einen anderen Strang an Argumenten, der sich besonders klar in der Rede ausdrückt, die der Buddha an die Volksgruppe der Kālāmer gerichtet hat:

> »Geht, Kālāmer, (1) nicht nach Hörensagen, nicht nach Überlieferungen, nicht nach Tagesmeinungen, (2) nicht nach der Autorität heiliger Schriften, (3) nicht nach bloßen Vernunftgründen und logischen Schlüssen, (4) nicht nach erdachten Theorien und bevorzugten Meinungen, (5) nicht nach dem Eindruck persönlicher Vorzüge, nicht nach der Autorität eines Meisters! (6) Wenn ihr aber, Kālāmer, *selber erkennt*: ›Diese Dinge sind unheilsam, sind verwerflich, werden von Verständigen getadelt,

und, wenn ausgeführt und unternommen, führen sie zu Unheil und Leiden‹, dann o Kālāmer, möget ihr sie aufgeben.« (AN 3.66)[96]

Es lohnt, diese Rede etwas genauer zu analysieren. Ich habe zur Gruppierung der darin entwickelten Gedanken eine Nummerierung eingeführt, die ich hier etwas näher untersuche. Formal kann man die negativen, abweisenden Hinweise des Buddha zugleich als Argumente dafür lesen, weshalb man einer bestimmten Lehre, einer bestimmten Moral *nicht* folgen sollte. In fünf Hinweisen sagt der Buddha, was eine Morallehre gerade *nicht* hinreichend begründet, um in der Schlussfolgerung (6) dann eine positive Bestimmung für eine Moralbegründung zu liefern. Betrachten wir das etwas genauer.

Die Gruppe (1) der Kālāmer-Rede bezieht sich auf das, was in der Öffentlichkeit an vermeintlichen Argumenten zirkuliert: Hörensagen (Gerüchte), Überlieferungen (verbreitete Narrative) und Tagesmeinungen. »Tagesmeinungen« heißen in der griechischen Philosophie *dóxa*, also – häufig unbegründete – Meinungen. Nun ist zwar auch eine *wahre Aussage* eine Meinung. Doch sie bedarf der Begründung und dazu einer gewissen Erfahrung. Nāgārjuna setzt sich im letzten, dem 27. Kapitel seines *Mūlamadhyamaka-Kārikā* (MMK) ausführlich mit vorläufigen oder falschen Meinungen auseinander. Solche Meinungen sind durchaus auch vermeintlich tiefere, metaphysische Überzeugungen (wie: »Die Welt ist ewig«, »Die Welt wurde von Gott geschaffen« usw.). Meinungen *trennen* die Menschen von der Wahrheit, von einer richtigen Einsicht. Deshalb sieht man es in allen Schulen des Buddhismus als wichtige Aufgabe an, *bloße Meinungen* (also im Sinn der Kālāmer-Rede: Hörensagen, Überlieferungen, Tagesmeinungen) zu entlarven. Der Buddha selbst hatte gesagt:

> »Meinungen zu haben geziemt sich nicht für einen Vollendeten.« (MN 72)

Was Nāgārjuna im 27. Kapitel seines MMK systematisch entfaltet, darf als eine ausführliche Darlegung dieses Satzes gelten.

Aus dieser Zurückweisung durch den Buddha im Punkt (1) ergibt sich aber nicht nur ein *negatives* Resultat – nämlich nicht dem Gerede, den Meinungen (der PR, der Propaganda, den Medienlügen, den Gerüchten im Internet usw.) zu folgen. Sondern implizit sagt der Buddha dadurch auch: Man kann die *bloße* Meinung (gr. *dóxa*; Sanskrit *dṛṣṭi*) durchaus in ihrer irreführenden Gestalt *erkennen*. Es ist nicht so, wie die griechischen Skeptiker sagten, dass man einer Meinung nur eine andere entgegenstellen, also nicht *hinter* das bloße Meinen vordringen kann. In unserer Zeit hat z. B. der Soziologe Niklas Luhmann gesagt, dass man in den Medien nur jeweils eine Gegenmeinung platzieren kann. So etwas wie »Wahrheit« sei darin unmöglich. Der Buddha war anderer Auffassung – wie übrigens auch Platon, Aristoteles und viele Schulen der abendländischen Philosophie.[97] Das, was man mit Aristoteles »sittliche Erkenntnis« nennen kann, was im Buddhismus *konventionelle Wahrheit* heißt, ist nicht beliebige Meinung. Die konventionelle Wahrheit mag wie immer vorläufig sein; sie ist gleichwohl eine *Wahrheit.*[98] Anders gesagt: Es ist für das alltägliche Leben eine *säkulare Ethik* möglich.

Betrachten wir die Aussage (2): »Geht nicht nach der Autorität heiliger Schriften«. Was der Buddha hier in seiner Ablehnung *eigentlich* sagt ist: Auch »heilige Schriften« sind bloße

Meinungen. Man mag sie glauben. Für die Ethik haben sie keine Gültigkeit. Das heißt, der Buddha formuliert hier nichts weniger als den Grundsatz einer *säkularen Ethik*. Auch Aussagen aus heiligen Schriften sind im Konzert vieler Religionen und Glaubenslehren – in einer globalen Welt ist das Normalität geworden – nur Meinungen, die auf einem je besonderen *Glauben* beruhen. Der Buddha sagt an anderer Stelle:

> »Wegen der Lust an Meinungen, wegen des Hanges und der Sucht, der Bindung, Befangenheit und Leidenschaft dabei, deswegen streiten die Menschen.« (AN 2.38)

Meinungen sind immer strittig. Hier zu sagen, eine Meinung beruhe auf einer »heiligen Schrift«, ist keine Lösung, weil es eben *viele* heilige Schriften und viele Kommentare dazu gibt – weshalb alle Gruppen, die sich auf irgendeinen Text als verbindlich (»heilig«) berufen, häufig untereinander in Streit geraten. Streit aber führt zu keiner verbindenden Moral.

In der dritten Zurückweisung (3) *differenziert* der Buddha. Er weist hier nicht, wie bei einer bloßen Meinung usw., *unmittelbar* und *absolut* zurück. Er relativiert: »Geht nicht nach *bloßen* Vernunftgründen und logischen Schlüssen.« Das heißt: Vernunftgründe oder logische Ableitungen werden nicht *prinzipiell* verworfen. Sie *allein* reichen aber nicht aus, um eine moralische Überzeugung herzustellen. Das ist ein Gedanke, den Kant (vgl. Kapitel 2.4) so ausgedrückt hat: Die Moral lässt sich zwar vernünftig begründen. Doch nicht alle Menschen werden in ihren Handlungen *nur* durch die Vernunft gelenkt. Deshalb reichen im Allgemeinen *bloße Vernunftgründe* nicht aus. Kant empfiehlt zusätzlich eine moralische Erziehung, d. h. eine Herausbildung von positiven Gewohnheiten. Im Buddhismus geschieht dies durch Achtsamkeitsübungen, Geistestraining, Meditationspraxis und Rituale (die es übrigens in allen Traditionen gibt). Die Vernunft ist, so können wir die Aussage des Buddha übersetzen, eine *notwendige*, aber keine *hinreichende* Bedingung zur Begründung einer säkularen Ethik.

Im Teil (4) weist der Buddha *ohne Einschränkung* »bloß erdachte Theorien oder bevorzugte Meinungen« zurück. Der Hinweis auf »bevorzugte Meinungen« scheint nur eine Wiederholung des unter (1) Gesagten. Doch man kann dies durchaus anders interpretieren. Was sind »erdachte Theorien«? Eine Theorie ist zunächst *mehr* als eine bloße Meinung. Theorien sind immerhin schon geordnete Gedanken, systematisiert und logisch formuliert. Man kann über Theorien also in einen Diskurs eintreten – während man eine *bloße Meinung* oder Glaubensüberzeugung nicht mit guten Gründen abweisen kann.[99]

Was ist eigentlich eine *Meinung* genau? Das deutsche Wort gibt einen wichtigen Hinweis: Eine Meinung ist etwas, das *ich* habe und festhalte. Wer eine Meinung hat, der *ver*-meint nicht einfach etwas, er baut mit der Meinung auch so etwas wie ein Ich-Territorium auf. Es ist gerade nicht so, dass ein Ich schlechthin existiert und dann – gleichsam nebenbei oder zufällig – auch noch Meinungen hat. Das Ich *besteht* nur darin, ein Komplex von Meinungen über sich selbst und die Welt zu sein. Kein Ich mehr zu reproduzieren und erleuchtet zu sein ist dasselbe. *Deshalb* sagt der Buddha, dass er keine Meinungen hat und es sich für einen Erleuchteten »nicht geziemt, Meinungen zu haben«. *Deshalb* beschließt Nāgārjuna seine systematische Darstellung der buddhistischen Philosophie im letzten Kapitel mit der Zurückweisung aller Meinungen.

Wenn man eine *Theorie* formuliert, dann macht man immerhin schon einen Schritt über das eigene Meinen, das eigene Ich hinaus. Denn philosophische oder wissenschaftliche Theorien müssen sich der Kritik aussetzen, müssen ihre Aussagen verteidigen und begründen. Eine Theorie ist also schon der Form nach *mehr* als eine bloße Meinung. Wenn man sich nun eine Theorie nur »ausdenkt«, so ist sie *vor* einer vernünftigen Überprüfung durch andere, vor einer rationalen Diskussion eben noch nicht frei von unklaren Überzeugungen, bloßen Vermutungen oder Spekulationen. Das gilt übrigens auch dann, wenn viele Menschen derselben *ungeprüften* Theorie anhängen. In der Esoterik, in Internet-Foren, in Spartenzeitschriften und verschiedensten Organisationen finden sich solche Theorien in Hülle und Fülle. Ihre Anhänger bemerken nicht die dunklen Stellen, die blinden Flecken. Eine Theorie zu verteidigen, die nicht oder nur ungenügend kritisch überprüft wurde, die nur deshalb verteidigt wird, weil viele andere es auch tun, nennt man in der Wissenschaftstheorie *Paradigma*. Ein Paradigma ist also eine aufgestellte Theorie, die als Meinung festgehalten wird, sich aber gleichwohl einer wirklich kritischen Prüfung nur ungenügend ausgesetzt hat. *Deshalb* fügt der Buddha hier nach der Zurückweisung »erdachter Theorien« noch hinzu: »oder bevorzugter Meinungen«. Erdachte Theorien, die einzeln oder von Gruppen nur als Meinungen (Paradigmata) festgehalten werden, *verweigern* sich faktisch einer Kritik und bleiben letztlich ungeprüft. Genau deshalb sind sie zur Begründung der Ethik untauglich.

Der Punkt (5) in der Kālāmer-Rede scheint zwischen den verschiedenen buddhistischen Traditionen durchaus strittig. Im Mahāyāna und Zen, vor allem aber im Tantrismus spielt der Lehrer – scheinbar *gegen* die hier aufgestellte Forderung – eine zentrale Rolle. Übertragungen im Tantrismus *beruhen* gerade auf der Autorität eines Meisters. Die *Autorität* eines Lehrers, getrennt von dem, was er tatsächlich zeigt oder erklärt, ist allerdings bedeutungslos. Der Sinn dieser Aussage wird im letzten Punkt (6) noch deutlich werden.

Den Punkten (1) bis (5), die in unterschiedlichem Grad einen verneinenden Charakter haben, folgt nun die *positive* Aufforderung, das vorgeschlagene Maß für eine säkulare Ethik:

> (6) »Wenn ihr aber *selber erkennt*: ›Diese Dinge sind unheilsam, sind verwerflich, werden von Verständigen getadelt, und, wenn ausgeführt und unternommen, führen sie zu Unheil und Leiden‹, dann möget ihr sie aufgeben.«

Was wird hier gesagt? Erstens ist hier jeder zur eigenen Erkenntnis aufgefordert. Ethische Regeln müssen *selber erkannt* werden. Diese Regeln haben aber zweitens einen *negativen* Charakter. Sie zielen auf das *Leiden*, auf Frustration und unbefriedigende Erfahrungen. Diese negativen Erfahrungen werden durch Ursachen hervorgerufen. Mit der Beseitigung der Ursachen mindert sich auch diese negative Erfahrung. Das bedeutet: Eine säkulare Ethik im Verständnis des Buddha zielt nicht auf ein *positives* Ziel wie das Glück, das Gute, das Nützliche usw. Die Moral hat die Aufgabe, *Negatives*, also Leiderfahrungen zu *mindern*. Was immer dieses Leiden vermindert oder ganz verhindert – die zugehörigen Ursachen braucht nicht jeder selbst zu erforschen oder zu entdecken. Auch wer krank ist, nimmt den Rat eines Arztes an und vertraut ihm. »Selber erkennen« heißt also nicht, *alles wissen zu müssen*. Der Buddha verweist hier ausdrücklich auf den Rat der Verständigen, der Erfahrenen, der *Lehrer*. Doch das, was die Verständigen als Lehrer sagen und vorschlagen, erlangt erst dadurch ethische Bedeutung, dass jeder selbst den *Sinn* und die *Wirksamkeit* dieser Vorschläge überprüft und erkennt.

Damit wird zweierlei gesagt: Einmal muss die Bedeutung moralischer Aussagen wenigstens prinzipiell einsichtig und erkennbar sein. Man darf hier nicht an ein höheres, gewöhnlichen Menschen *unerreichbares* Wissen appellieren. Zum anderen muss sich dieses Wissen bei jedem auch als *Erfahrung* verwirklichen. Eine bloß intellektuell durchschaute Moral bleibt wirkungslos. Hier greifen die Punkte (1) bis (5): Wer etwas nur vom Hörensagen kennt, aus Gewohnheit tut, auf Schriften vertraut, nur eine Handlung ausführt, weil sie von einer *Autorität* empfohlen worden ist, der hat nicht wirklich *selber erkannt*. Zu dieser Erkenntnis gehören zweifellos *auch* Vernunftgründe oder logische Überlegungen. Doch diese allein reichen nicht aus, solange man sich dann den Sinn einer moralischen Regel, eines moralischen Verhaltens nicht *zu eigen* gemacht hat. Moralische Regeln sind nur dann gültig, wenn sie tatsächlich jeweils auch verwirklicht werden. Sie bloß zu *lehren* oder ihre Geltung nur zu behaupten – als Lippenbekenntnis – ist völlig wertlos.

Die Kālāmer-Rede enthält also ein ganzes Programm für eine säkulare Ethik. Sie fordert auf zu einer Verbindung von Theorie und Praxis – wobei die Praxis jeweils jeder selbst zu erproben und zu erfüllen hat. Nur so wird das, was eine ethische Regel behauptet, auch tatsächlich verwirklicht werden. Vergleicht man die Kālāmer-Rede mit den oben dargestellten ethischen Systemen im Westen, so wird die Differenz deutlich. Wer nur Handlungen nach ihrem Ergebnis, ihrem Nutzen bewertet, der besitzt weder eine tiefere Einsicht in den Sinn der Moral, denn der Nutzen oder auch das abstrakte Glück (Eudämonismus) ist gerade nicht begründbar als positives Ziel. Eine utilitaristische Deutung, gleichgültig, ob man auf die Regel, die Handlung oder das Ergebnis abzielt, ist wie eine nachträgliche Buchführung des Handelns, die einfach Ertrag und Kosten saldiert. Eine *Erkenntnis* ist hier ebenso wenig erforderlich wie eine Verwirklichung bestimmter Handlungsweisen. Handelt man dagegen aus *bloßer Pflicht* – unabhängig von der wirklichen Einsicht –, so hat man nicht *selber* erkannt. Und selbst wenn man z. B. den kategorischen Imperativ als sinnvoll durchschaut und darauf ein pflichtgemäßes Handeln gründet, so *verkörpert* man die Moral noch nicht. Sie bleibt einem äußerlich und wird so nur zu einem zweiten, formellen Ich.

Ein bloßer Glaube an eine Offenbarung wie in den theistischen Traditionen ist ohnehin durch die Kālāmer-Rede ausgeschlossen; der Buddha sagt das ausdrücklich. Der Glaube – auch milder gedeutet als Vertrauen – genügt nicht, wenn nicht die eigene Erkenntnis hinzukommt. Und der Appell an eine übervernünftige Weisheit Gottes – oder auch eines großen Meisters –, die gewöhnlichen Menschen unzugänglich bleibt, ist für eine säkulare Ethik untragbar. Dass all das, was der Buddha abweist und wozu er auffordert, stillschweigend die *Freiheit* zum Handeln voraussetzt, die sowohl bei Kant wie in der existentialistischen Ethik in den Mittelpunkt gerückt wird, ergibt sich aus der Form der Rede selbst. Der Buddha redet allerdings von der Freiheit nicht so, als wäre sie eine bestimmte Entität. Sie äußert sich nur jeweils konkret in den Entscheidungen der Menschen. Als *formales Ziel* einer säkularen Ethik kann man sagen, dass die eigene Einsicht und ihre Verwirklichung dasselbe bedeutet, was seit Aristoteles als *Tugend* auf vernünftiger Grundlage definiert wurde. Insofern gilt: »Buddhistische Ethik ist erweckte Tugend.«[100]

3.3 Säkulare Ethik aus dem Geist der buddhistischen Philosophie

3.3.1 Überblick

Bislang habe ich ausgeführt, welchen Zugang es zur Ethik im Buddhismus gibt – im Unterschied zu anderen religiösen oder säkularen Traditionen. Nun wende ich mich systematischer dem *Inhalt* der buddhistischen Ethik zu. Damit ergibt sich auch die Frage, welche Denkformen sich im Buddhismus überhaupt für eine *säkulare* Ethik eignen. Diese Frage lässt sich nur beantworten, wenn wir einen genaueren Blick auf die formalen Aspekte der buddhistischen Lehre werfen: auf die buddhistische Philosophie. Was sagt diese Philosophie über den Menschen und seine Stellung in der Welt aus? Dass der Buddha in seiner Lehre über Mensch und Welt auf Sachverhalte abzielt, die für jeden prinzipiell als Erfahrung zugänglich sind, das hat sich in seiner Rede an die Kālāmer gezeigt. Gleichwohl gehe ich auch auf Aussagen ein, die über den Bereich einer säkularen Ethik hinausweisen. Einmal zur Abgrenzung – gleichsam mit dem Warnschild für Gesprächspartner, die nicht aus dem Buddhismus kommen: Hier verlassen wir den Bereich, der unmittelbar an Alltagserfahrungen in seinen Überlegungen anknüpft. Zum anderen versuche ich dennoch, auch die transzendenten Aspekte der buddhistischen Lehre vor dem Hintergrund der westlichen Tradition und den Wissenschaften so darzustellen, dass eine gemeinsame Gesprächsbasis gefunden werden kann.

Eine ganz besondere Rolle spielt dabei die Lehre vom Karma. Meine Darstellung setzt sich hier gleichsam zwischen alle Stühle: Ich werde sehr kritisch auf innere Widersprüche einiger tradierter Karmavorstellungen hinweisen und sie als für die Begründung der säkularen Ethik unhaltbar darstellen. Andererseits möchte ich – mit Blick auf den Zugang der westlichen Wissenschaften – zeigen, dass sich wesentliche Elemente der Karmalehre durchaus einsichtig rekonstruieren lassen. Hierdurch wird sich unmittelbar auch ein Anknüpfungspunkt an die aristotelische Tugendlehre ergeben: in der Rolle, die *Gewohnheiten* für die Moral spielen. Beide Positionen werden in der buddhistischen Überlieferung oft abgelehnt: Zum einen betrachtet man die Karmalehre gelegentlich sogar als das *Herzstück* der buddhistischen Ethik. So betont Nyānatiloka, dass

> »Karma niemals etwas anderes bezeichnet als eben moralisches oder immoralisches Wirken.«[101]

Zum anderen betrachtet man das Karma als »unerkennbar«. Nur ein Buddha könne das durchschauen, weshalb man hier zu *glauben* habe. Beide Positionen sind, so will mir scheinen, einseitige Extreme, kein *mittlerer Weg*. Man kann einerseits aus der buddhistischen Philosophie gänzlich ohne Bezug auf die Karmalehre säkular-ethische Konsequenzen ziehen. Andererseits lässt sich die Karmalehre so darstellen, dass sie durchaus in wichtigen Teilen *rational* einsichtig und damit *auch* – wenn auch nicht ausschließlich – für eine säkulare Ethik hilfreich ist.

Der Buddhismus ist, wie der Dalai Lama immer wieder betont, eine *Wissenschaft des Geistes.* Diese Wissenschaft kennt auch logische Überlegung, Hypothesen und Erfahrungen, die sie bestätigen. Doch anders als in den westlichen Wissenschaften, gibt es für diese Erfahrungen andere Voraussetzungen: Nicht jeder verfügt darüber, und man kann sie nicht unmittelbar machen. Anders als Laborergebnisse oder bei der Feldforschung, sind diese Erfahrungen nicht *massenhaft* zu erzeugen – was sie aber nicht weniger glaubhaft macht. Ich werde dieses Problem noch genauer darstellen (vgl. Kapitel 3.4). Zunächst ein kleiner Überblick über verschiedene Fragestellungen im Rahmen der überlieferten buddhistischen Philosophie.

Man kann innerhalb der buddhistischen Traditionen mehrere Typen von Philosophie unterscheiden. Der frühe Buddhismus hat eine ausführliche Psychologie, eine Erklärung der Faktoren des Geistes, der Welt usw. entwickelt und in ein System gebracht (*Abhidharma*). Auch hiervon gibt es wiederum verschiedene Versionen. Im zweiten Jahrhundert hat *Nāgārjuna* gemeinsam mit dem entstehenden »Großen Fahrzeug« (Mahāyāna) auf der Grundlage von neu entdeckten Schriften (Sutren) dieses frühbuddhistische System des Abhidharma teilweise kritisiert und daraus die Lehre von der *Leerheit* (*śūnyatā*) entwickelt. Sie wurde für alle späteren Schulen so etwas wie die geistige Grundlage, ungeachtet bleibender oder neu auftauchender Differenzen. Der südliche Buddhismus (Theravāda) betrachtet weiterhin den Abhidharma als das letzte Wort des Buddha und lehnt das Mahāyāna und Nāgārjuna ab. In einer Modifikation der Lehre von Nāgārjuna und seinen Schülern entwickelten ausgehend von damals neu aufgetauchten Sutren Vaśubandhu und sein Bruder Asanga ein philosophisches System, das man als *idealistisch* bezeichnen kann: die Nur-Geist-Schule (*Cittamātra*). Wiederum auf dieser Grundlage formulierten im vierten bis siebten Jahrhundert *Dignāga* und *Dharmakīrti* eine besondere Philosophie der Zeitlichkeit aller Phänomene. Sie begründeten auch die systematische Form einer buddhistischen Logik. In Indien bildete die Darstellung von Śāntarakṣita im achten Jahrhundert eine Synthese der Mahāyāna-Systeme, indem er Nāgārjunas Mādhyamaka mit den Lehren der Cittamātrins zusammenführte.

Durch den Einfall des Islam in Indien, die Zerstörung der großen religiösen Zentren wie Nālandā, das damals größte Kloster weltweit, verschwand der Buddhismus aus Indien. Doch einige Lehrer emigrierten in den Norden nach Tibet, so dass das Ende des Buddhismus in Indien zugleich die Geburtsstunde des tibetischen Buddhismus wurde. Die Schule des Cha'an (China), in Japan zu Zen geworden – beide Begriffe sind eine Übersetzung von *dhyāna* = Meditation –, knüpft überwiegend an die Nur-Geist-Schule an, hat aber auch einige Aspekte des Mādhyamaka weiterentwickelt. Diese historische Abhängigkeit führte in Tibet zu einer seltsamen Situation: Ein im siebten Jahrhundert lebender Kommentator von Nāgārjunas Werk – Candrakīrti – wurde in Tibet erst spät in der neuen Übersetzungsschule bekannt. Die Schule der Alten (frühe Übersetzungslinie), die *Nyingmapas*, bezogen sich vorwiegend auf die eigentlich spätere, abschließende Synthese des Mādhyamaka von Śāntarakṣita und seiner Schüler (z. B. Kamalashila). Die neueren tibetischen Linien (Sakya, Kagyü, Gelugpa) entdeckten die Kommentare von Candrakīrti erst später und stellten sie deshalb höher als die indische Synthese des Śāntarakṣita. Man nennt die Interpretation von Candrakīrti auch *Prasangika-Mādhyamaka*. Es ist in der tibetischen Tradition eine weitgehend, wenn auch nicht ausschließlich anerkannte Grundlage für die meisten Systeme.

Ein wichtiger Unterschied ergibt sich noch durch die auch in Indien erst später aufgetauchten *tantrischen Schriften*. Die meisten dieser Texte beziehen sich auf Fragen der spirituellen Praxis. Sie benötigen eine direkte Unterweisung durch einen Lehrer und sind hier für unsere Fragestellung auszuklammern. Eine wichtige Ausnahme sind fünf Bücher, die der Legende nach vom künftigen Buddha Maitreya in einem anderen Bereich (Tushita-Himmel) verfasst und später von Asanga entdeckt wurden. Das wichtigste Tantra darunter, in einer philosophischen Perspektive, ist das *Uttara-Tantra*, auch *Ratnagotravibhāga*[102] genannt. Darin findet sich die Lehre von der *Buddhanatur*. Eine durchaus verwandte Auffassung ist in Tibet schon in der alten Schule des Bön entwickelt worden, die Lehre vom ursprünglichen Zustand des Geistes, die *Dzogchen-Lehre*. Sie wurde später in den Buddhismus integriert und gilt als zentrale Philosophie der Nyingpmapas, der Schule der Älteren. In der sogenannten *Rimé*-Bewegung des 19. Jahrhunderts haben Lehrer aller vier Schulen versucht, die unterschiedlichen Schulbildungen in einer Art »buddhistischen Ökumene«[103] zu versöhnen. In der Gegenwart bemüht sich vor allem der Dalai Lama darum und betont die tiefen Gemeinsamkeiten der verschiedenen Schulen.

Ich möchte mich hier überwiegend auf das Mādhyamaka, die von Nāgārjuna begründete Lehre beziehen, die in Darstellungsform und Inhalt am ehesten der Präsentation westlicher Philosophie nahesteht. Man hat seine Philosophie und Darstellung auch oft mit westlichen Philosophen verglichen – von Hegel bis Wittgenstein. Das spielt hier in der Frage nach der Begründung einer säkularen Ethik aber keine Rolle. Nāgārjuna hat neben seiner Hauptschrift (MMK) in kleineren Schriften sowohl seine Theorie von der Leerheit erläutert wie auch zu ethischen Fragen Stellung bezogen. Seine Auffassung entspricht ganz der des Mahāyāna. Diese Ethik des Mahāyāna wurde wohl am eindringlichsten in einem relativ kleinen Büchlein von Śantideva, dem *Bodhicaryāvatāra* dargestellt. Hierbei handelt es sich weitgehend um eine *normative* Ethik, die die Handlungsweise eines Bodhisattvas aufzeigt und das *Mitgefühl* und den Erleuchtungsgeist (*bodhicitta*) selbst zur zentralen Praxis macht. Ansätze zu einer *säkularen Moralbegründung* finden sich darin allerdings nur in Andeutungen, ebenso in der Schrift *Ratnāvalī* von Nāgārjuna, die zahlreiche *normativ-moralische* Vorschläge enthält. Da solche Schriften im Mahāyāna wie vergleichbare Texte bei den Theravādins über *śīla* die Ethik als ein Mittel zur Erreichung eines spirituellen Zieles begreifen, deshalb die *Zuflucht* zu den drei Juwelen (Buddha, Dharma, Sangha) *voraussetzen*, werde ich diese Gedanken hier nicht mehr weiter verfolgen.

3.3.2 Die Relativität aller Phänomene

Im Folgenden will ich nun das zentrale Argument für die Grundlegung einer säkularen, aus dem Geist des Buddhismus inspirierten Ethik entfalten. Um mögliche Fehldeutungen zu vermeiden – gerade aus einer abendländischen Perspektive –, gilt es zunächst einige Begriffe zu klären. Der Buddhismus wird immer wieder durch das Wort »Kausalität« charakterisiert. An die Stelle von göttlichen Strafen setze der Buddha eine schlichte Kausalität, eine Beziehung von Ursache und Wirkung. Ich werde dieser Frage im nächsten Abschnitt anhand der *Karmatheorie* genauer nachgehen. Hier möchte ich zunächst an eine zentrale Aussage in allen buddhistischen Schulen erinnern, auch wenn deren *Interpretation* durchaus unterschiedlich ausfällt. Bereits im Abhidharma, besonders aber im Mādhyamaka spielt ein Begriff eine grundlegende, eine zentrale Rolle: *pratītyasamutpāda*.

Meist wird dieses Sanskritwort mit »abhängiges Entstehen« übersetzt. Auch die Theravādins verwenden die ähnliche Übersetzung »Bedingte Entstehung« für das entsprechende Paliwort *paticcasamuppāda* – so Nyānatiloka in seinem bekannten *Buddhistischen Wörterbuch*.[104] Nyānatiloka erläutert diesen Begriff so: *Paticcasamuppāda* bezeichnet »die Lehre von der Bedingtheit aller das sog. *individuelle Dasein* ausmachenden körperlichen und geistigen Phänomene.«[105] Doch in der Einschränkung auf das »individuelle Dasein« liegt bereits – aus der Perspektive von Nāgārjuna – eine unzulässige Vereinfachung.

Sehen wir also näher hin. Was ist eine »Be-Dingung«? Ein Ding kann nur durch ein anderes Ding *be-dingt* werden. Bei »Ding« denkt man – Nyānatiloka schreibt das unmittelbar – an eine *vereinzelte Entität.* Doch die Kernaussage von *pratītyasamutpāda* besteht gerade darin, dass es so etwas wie ein »individuelles Ding« gar nicht gibt. »Die durch Ichloses entstandene Körperlichkeit – wie sollte sie ein Ich sein?« (SN 22.20) Und da *allgemeine Sachverhalte* individuelle nur umfassen, gibt es demgemäß auch keine *allgemeinen Wesenheiten* – abendländisch »Ideen« genannt. Platon hatte postuliert, dass die sinnlich erscheinenden Dinge von unsichtbaren, »inneren« Ideen geformt oder gesteuert werden. Die »Tisch*heit*« macht erst den einzelnen Tisch zu einem *Tisch*. Doch es ist eine wesentliche Aussage von *pratītyasamutpāda*, dass es etwas Allgemeines an einem Einzelnen schon deshalb nicht geben kann, weil es eine für sich existierende Einzelheit, ein Individuum (Ich, Seele, Atom etc.), gar nicht gibt. Das ist exakt die Lehre des Buddha, der das Selbst aller Dinge und Lebewesen als fundamentale Täuschung bezeichnet hat (*An-Ātman-Lehre*). Allgemeinheit, damit Einheit der Vielheit, und Einzelheit sind *Extreme*, sind Illusionen. Das ist eine Kerneinsicht der buddhistischen Philosophie: Einheit (Identität) ebenso wie Vielheit (der Einzelheiten) kann nicht isoliert gedacht werden:

> »Was viele Teile hat, ist nicht eines. Und doch gibt es nichts, was keine Teile hat. Da es das Eine nicht gibt, gibt es auch das Viele nicht.«[106]

Wenn man also das Wort »bedingt« verwendet, so denkt man stillschweigend immer mit, dass ein für sich bestehendes Ding ein anderes Ding irgendwie anrührt, so wie eine Billardkugel eine andere anstößt. Doch gerade das hat Nāgārjuna als fundamentale Täuschung bezeichnet. Man verwendet zur Übersetzung von *pratītyasamutpāda* auch den Begriff »abhängiges Entstehen«; im Englischen *dependent arising*. Doch auch hier schleichen sich unbrauchbare Vorstellungen ein. Beispiel: Ein Bild hängt an einem Nagel – bei diesem Gedanken sind »Bild« und »Nagel« durchaus als unabhängige Wesenheiten gedacht. Der Nagel existiert auch ohne Bild, und das Bild kann auch auf einem Tisch liegen. Die *Beziehung* bei einer *abhängigen* Entstehung wird implizit immer als Relation zwischen zwei je für sich bestehenden, also zunächst unabhängigen Dingen gedacht. Die im Buddhismus gebrauchten Beispiele sind oftmals auch eher verwirrend. So sagt man, dass der Lotos abhängig von dem ihn nährenden Schlamm auf dem Wasser wächst – als Bild dafür, dass die schöne, leuchtende Seite auch eine dunkle Rückseite besitzt. Doch Lotosblüte und Schlamm sind durchaus zwei verschiedene Entitäten. Man kann sie trennen, die Blüte pflücken, und beide – Schlamm und Blüte – bleiben danach durchaus noch als Dinge für eine Weile bestehen. Etwas anders ist es beim Verhältnis von

Samen und Pflanze. Die Pflanze ist bedingt durch den Samen. Ohne Samen im Boden, keine Pflanze. Doch der Samen *als Samen* besteht durchaus auch *neben* der fertigen Pflanze; die Pflanze bringt ja wieder gleichen Samen hervor. Hier ist also etwas anderes gemeint als das bloße Nebeneinander und die räumliche oder zeitliche Verbindung zwischen zwei klar definierten Dingen. Man kann eine Pflanze genau beschreiben, ohne dabei auf die Eigenschaften des Samens zurückzugreifen. Und man kann einen Samen – die genetische Information – völlig unabhängig davon beschreiben und verändern, was diese Information als Genotyp dann im Phänotyp hervorbringt, nämlich die fertige Pflanze.

Eine dritte Fehlinterpretation, eng mit der eben genannten einer »Abhängigkeit« verbunden, ist die Deutung von *pratītyasamutpāda* als *Kausalität.* Eine Sache ist die Ursache einer anderen Sache. Alle Dinge, so der Gedanke, sind damit letztlich aus *Ursachen* hervorgegangen. Das gilt auch dann, wenn man für die Ursachen – auch das ist eine Interpretation von *pratītyasamutpāda* – noch Wechselbeziehungen einfügt. Georg Simmel hat die sozialen Phänomene vielfach durch *Wechselwirkungen* erklärt. Schopenhauer meinte dagegen, dass mit dem Wort Wechselwirkung eigentlich nichts erklärt wird: Es ist nur eine *umgekehrte Kausalität.*[107] Das kann man durch den kybernetischen Begriff des *feedback* erläutern: Ein Thermostat regelt die Temperatur einer Heizung. Wird es kühl, dreht er auf; wird es zu warm, schließt er das Ventil. Temperatur und Ventil stehen über den Thermostat also in einer *Wechselwirkung*, einer *Feedback-Beziehung.* Gleichwohl sind Heizung und Thermostat durchaus verschiedene, auch für sich bestehende Dinge. Ihre Beziehung, ihre Wechselwirkung, ist keine *innere* Notwendigkeit. Viele Soziologen und Philosophen sehen im *Feedback* auch das Modell für soziale Beziehungen, damit letztlich auch das Modell für *moralische* Regeln. Man muss diesen Gedanken klar aussprechen und verwerfen, um die Besonderheit der buddhistischen Philosophie von *pratītyasamutpāda* wirklich zu verstehen.

Es ist besser, *pratītyasamutpāda* als »gegenseitige Abhängigkeit« zu übersetzen. Doch dieser Begriff muss genau erläutert werden. Glücklicherweise gibt es von Nāgārjuna selbst eindeutige Hinweise, auch Beispiele, die die wirkliche Bedeutung von *pratītyasamutpāda*, der universellen Relativität aller Phänomene (Dinge und Gedanken), erläutern. Ich führe einige Stellen aus seinem Werk an, ehe ich sie noch genauer erläutere und daraus *ethische* Konsequenzen ziehe. Zunächst ein charakteristisches Beispiel:

> »Wenn der Sohn vom Vater produziert wird, und wenn dieser Vater auch von eben diesem Sohn produziert wird, sage mir: Wer von beiden produziert hier wen?«[108]
>
> »Ein Vater ist nicht ein Sohn, ein Sohn ist nicht ein Vater. Keiner von beiden existiert außer in Korrelation zum anderen. Auch sind sie nicht (nebeneinander und nur) simultan. Dasselbe gilt für die zwölf Glieder des abhängigen Entstehens (*pratītyasamutpāda*).«[109]

Nāgārjuna sieht also in der konkreten Beziehung zwischen Vater und Sohn ein *Modell* für das, was er durch den Begriff *pratītyasamutpāda* allgemein bezeichnet. Was ist hier die Besonderheit? In gewisser Weise ist der Vater *die Ursache* des Sohnes. Hier herrscht durchaus dieselbe Beziehung wie zwischen Samen und fertiger Pflanze. Es gibt also innerhalb von *pratītyasamutpāda* das, was man mit »Kausalität« bezeichnet, durchaus als einen *Aspekt*. Doch kann man *pratītyasamutpāda* nicht auf Kausalität reduzieren. Inwiefern kann Nāgārjuna sagen, dass der Sohn auch den Vater »produziert«? Nicht auf dem kausalen Wege der Zeugung. Aber ein Vater *ist* nur Vater, wenn er ein Kind hat. Ohne Kind ist er ein Mann, ein Engländer, ein Ingenieur oder ein kranker Mensch – nicht aber ein »Vater«. Was macht ihn zum Vater? Dies, dass er ein Kind hat. Und was macht ein Kind zu einem Kind? Dies, dass es einen Vater hat (wenigstens im biologischen Sinn). Es sind auch nicht zwei unabhängige Dinge/Begriffe, die nur äußerlich zusammentreffen und zeitlich synchronisiert sind – wie Synchronschwimmer oder die Musiker in einem Orchester. Vater und Kind sind also *zirkuläre*, gegenseitig voneinander abhängige Begriffe. Um »Vater« zu *denken*, muss man »Kind« jeweils mitdenken. In der europäischen Philosophie wird solch ein Verhältnis gelegentlich »dialektisch« genannt. Doch dieser Begriff bringt nur noch mehr Unklarheit hervor, weil bei Dialektik immer das *Umschlagen* eines Begriffs in einen anderen mitgedacht wird. Der *Begriff* Vater kann aber nicht in »Sohn« umschlagen. Es bleibt eine zirkuläre Relation, worin beide – Vater und Sohn – jeweils eine unterschiedene, aber sehr wohl wechselseitig definierte Rolle spielen. Es handelt sich um eine besondere Form von *Relativität*.

Hier geht es aber nicht nur um *Begriffe*. Das Verhältnis von Vater und Sohn ist durchaus *auch* ein *wirkliches*, ein soziales Verhältnis. Der grundlegende Begriff *pratītyasamutpāda* kann also nicht exklusiv entweder auf das Denken *oder* die Wirklichkeit bezogen werden. Das, was darin gedacht wird, beschreibt die Relativität und Zirkularität aller wirklichen und gedachten Phänomene *zugleich*.

Nāgārjuna weist diese Zirkularität und Relativität sowohl an Phänomenen wie an philosophischen Grundbegriffen nach. Ein zentrales Beispiel – das wird uns noch im Abschnitt über Karma beschäftigen – ist das Verhältnis von Tat und Täter. Nāgārjuna sagt ausdrücklich, dass dieses Verhältnis für das Verständnis seiner ganzen Lehre fundamental ist. Man kann »Tat« nicht anders denken als das, was ein *Täter* eben tut. Doch wer ist ein Täter? Jemand, der eine bestimmte Tat vollbringt. Der Täter muss etwas *tun*, um »Täter« zu sein. Und die Tat muss, um »Tat« zu sein, von jemand, von einem Täter, vollbracht werden. Deshalb sagt Nāgārjuna:

> »Vielmehr entwickelt sich der Täter abhängig von der Tat und die Tat abhängig von diesem Täter. Eine andere Begründung für deren Existenz sehen wir nicht.
> Eben durch diese Ablehnung (aller Konzepte) von Täter und Tat ist auch das (begriffliche) ›ergreifen‹ (*upādāna*) zu verstehen. Durch ›Tat und Täter‹ soll man (auch alle) übrigen seienden Dingen (als gegenseitig abhängige) erkennen.« (MMK 8.11–12)[110]

Hier gelangen wir zum Herz der buddhistischen Philosophie. Ein Täter ist durchaus etwas Wirkliches. Doch sieht man einem Menschen nicht an, ob er ein »Täter« ist. Ein Pianist, der einen Kaffee trinkt, ist *als Pianist* (= Täter) nicht erkennbar. Erst wenn er Klavier spielt, wird er zum Pianisten. Die Wirklichkeit erscheint also nur im Rahmen von bestimmten Begriffen (*conceptus*, deshalb auch gerne mit »Konzepte« übersetzt). Weder sind die Dinge von sich her das, als was sie uns erscheinen. Noch sind sie es nicht. Ohne unseren Körper, die Augen, das Gehirn usw. könnten wir einen Baum nicht *als* Baum sehen. Und Kinder müssen diesen Begriff »Baum« erst schrittweise *zusammen mit ihrer Erfahrung* erlernen. Zweifellos aber erscheint vor unseren Augen ein wirklicher Baum, den wir genau von einem Traum oder einem Baum auf der Kinoleinwand unterscheiden können. Begriffe und Wirklichkeit sind also *untrennbar*.

Die Vorstellung, es gäbe so etwas wie eine fertige Wirklichkeit, zu der unsere Begriffe nur *hinzukommen*, ist ein irrender Gedanke. Man hing diesem Gedanken in der Physik für lange Zeit an. Doch spätestens die Quantenphysik hat offenbart, dass das, was man beobachtet, nicht unabhängig vom Instrumentarium der Beobachtung existiert. Ob wir Lichtpartikel oder Strahlen beobachten, hängt ab vom Versuchsaufbau. Alle Dinge, alle Phänomene erscheinen nur immer *relativ* zu einer Beobachtungssituation. Es gibt »da draußen« weder Elektronen noch Photonen oder einen abstrakten Raum. All dies gibt es nur relativ zu unserer Beobachtung, zum Beobachter, zur Messung. Erst – um zu Nāgārjuna zurückzukehren – die Tat der Beobachtung bringt das Resultat des Tuns *und den Täter* simultan hervor. Im Buddhismus nennt man das, was ich hier mit einer (besonderen) Beobachtung im Rahmen von Begriffen, Messkonzepten usw. beschrieben habe: *das Ergreifen*. Wenn wir die Dinge durch Gedanken *begreifen* – durch Wörter –, dann *er-greifen* wir sie. Mehr noch. Indem jemand auf bestimmte Weise denkt und damit etwas ergreift, *wird* er von dem, was er ergreift selbst ergriffen; wird zu dem, was da ergriffen ist. Die Tat des Greifens macht den Täter: das Kochen den Koch, das Fahren den Autofahrer, das Schreiben den Autor und das Schießen den Soldaten. Dieses Ergreifen ist also immer *zugleich* etwas Wirkliches und etwas Gedachtes.

Die Cittamātra-Schule hat die geistige Seite dieses gegenseitigen Verhältnisses betont, der frühe Buddhismus die materielle oder sinnliche Seite. Tatsächlich sind beide Seiten aber untrennbar. Ich kann nur *Bäume* wahrnehmen, wenn ich über den Begriff »Baum« verfüge – als Wort und als Erfahrung. Auch Tiere haben insofern in ihrer Erfahrung Begriffe realisiert. Auch ein Vogel oder ein Käfer hat eine bestimmte Vorstellung von »Baum«, zu dem er sich nestbauend oder krabbelnd verhält. Vögel können ja schließlich Bäume vom Gras oder von einem Bach unterscheiden. Unterschiede sind aber stets auch Begriffe.

Wir haben also eine irrige Vorstellung von uns selber, wenn wir glauben, es gäbe so etwas wie eine personale Substanz (Ich), zu der dann dies oder das noch hinzukäme. Zwar sind alle Dinge die wir denken, wahrnehmen oder tun, in einer endlosen Kette der Erfahrungen verbunden. Doch diese Erfahrungen sind nicht wie Wäschestücke, die an einer Ich-Leine aufgehängt sind. Der Buddha sagt: Solch eine Leine gibt es nicht. Es gibt nur die endlose Abhängigkeit der Phänomene voneinander – Gedanken *und* Dinge. Der Begriff *pratītyasamutpāda* wird auch erläutert durch zwölf (in einigen Sutren sind es auch nur acht, zehn oder auch einmal mehr als zwölf) »Kettenglieder«. Man interpretiert diese Kettenglieder zur Erläuterung der Abhängigkeit, der Relativität immer wieder fälschlich *kausal* oder als bloße *Bedingung*. Keines dieser Kettenglieder besteht eben für sich. Jedes ist vom anderen gar nicht verschieden, aber eben auch nicht mit ihm identisch – wie Vater und Sohn. Ich möchte diese spezifische, aus dem Abhidharma stammende Lehre hier nicht vertiefen.[111]

Wichtig ist es festzuhalten, dass wir es hier mit einem *Prozess* zu tun haben, der so fundamental ist, dass ihn alle nachträglichen Erklärungen als »Kausalität«, »Wechselwirkung«, »kognitives Ergreifen« oder »Bedingungsverhältnis« schon voraussetzen.

Jedes Element in diesem Prozess, das wir herausgreifen und festhalten wollen – sei es ein Gedanke oder ein Ding –, erweist sich als untrennbar mit einem Netz anderer Gedanken und Dinge verbunden. Nur durch jeweils die relativ zu einem Phänomen artikulierten anderen Phänomene erhält etwas Bedeutung, »ist« es wirklich. Wirklich ist nur, was wirkt – und alle Wirkungen sind *Relationen* = Relativität. Ein kleines Beispiel: Betrachten wir eine Haselnuss und einen Kieselstein. Wenn wir beides mit dem Finger tasten, scheinen sie gleich: harte, kugelähnliche Dinge. Wenn wir hineinbeißen, bemerken wir den Unterschied relativ zu unseren Zähnen. Und relativ zu einem Hammer oder einer Säure verschwindet auch dieser Unterschied und verwandelt Haselnuss und Kiesel in Staub oder in Flüssigkeit. In einen Hochofen geworfen verwandeln sich beide in Feuer. Das, was ein Ding also für uns ist, hängt ab von den Handlungen, auf die es bezogen bleibt. Und Handlungen sind immer begleitet oder gelenkt von Gedanken.

Das, was wir *Wirklichkeit* nennen, kann also gar nicht vom menschlichen Handeln getrennt werden – Handlungen wie ergreifen, beobachten, verändern usw. Handlungen sind aber stets auch *bewusste* Prozesse. Also »ist« die Welt nicht geistig, aber sie erscheint nur in einem Geist.[112] Die Dinge bestehen *weder* aus einer materiellen noch aus einer geistigen »Substanz«. Was immer wir Geist oder Materie nennen, das sind nur *Extreme* oder Pole einer Relativität. Doch Relationen setzten ihre Pole nicht voraus, sie bringen sie überhaupt erst hervor. Vater und Sohn *erwachsen* aus der Relation »Vaterschaft«. Sie sind nicht vor der Relation schon »da«. Ebenso ist ein Elektronenstrahl im Doppelspaltexperiment nicht schon *vor der Messung* da. Er wird in der Messung zusammen mit dem Versuchsaufbau hervorgebracht. Und die Messgeräte sind nur *Mess*geräte, wenn sie etwas messen – wie der Täter erst existiert, wenn die Tat vollbracht wird.

Die *Extreme* in solchen Relationen (Vater–Sohn, Tat–Täter, Messgerät–Gemessenes, Subjekt–Objekt usw.) werden gleichsam in diesen Relationen nur als relativer Schein geboren. Sie bestehen nicht für sich selbst, *sind* nicht für sich selbst (Sanskrit *svabhāva*). Aber sie sind auch nicht *nichts*: Es gibt ja in der Relation den Vater und den Sohn, die Tat und den Täter usw. Dass die Extreme aber als *selbständige* Wesenheiten erscheinen, ist eine fundamentale Täuschung. Das Wort »Natur« hat nur Sinn, wenn wir genau sagen, was wir damit meinen: Bäume, Planeten, Elektronen usw. Doch diese Dinge, diese Entitäten, existieren nur, wenn wir uns tätig zu ihnen verhalten (sie beobachten, messen etc.). Die Natur hat also gerade keine – wie der buddhistische Ausdruck dafür lautet – »Selbstnatur«. Dinge oder Phänomene bestehen nur in Relationen – wirklich und begrifflich –, nur aus und in *pratītyasamutpāda*. Die buddhistische Philosophie nennt also das Ergreifen von Extremen eine Täuschung. Deshalb ist sie *mittlerer Weg*. Das heißt gerade nicht: Mittelmaß, Vermeiden einer klaren Aussage oder Wischiwaschi. Ganz im Gegenteil. In einem sehr präzisen Sinn *gibt es nur* so etwas wie »Mitte« – nämlich Relationen. Alles andere sind illusionäre Fixierungen – wie mit sich selbst identische Dinge oder das eigene Ich.

Noch ein letztes Argument als Voraussetzung für den Übergang zu einer *Ethik*: Wenn alle Phänomene voneinander auf zirkuläre Weise abhängen, wenn dies sowohl geistige und körperliche, innere und äußere, subjektive und objektive Phänomene umfasst, dann ergibt sich Folgendes: Da wir die Welt immer auch sinnlich *erleiden*, sind auch *alle unsere Emotionen, Gefühle und Stimmungen abhängig* von der übrigen Welt und den besonderen Formen dieser Abhängigkeit. Die gegenseitige Abhängigkeit ist keine bloß nüchtern kausale Beziehung, auch keine bloß logische oder abstrakt-geistige, sie ist als Wirklichkeit eine *gefühlte* Relation. Wir stehen zum ganzen Kosmos auch in einer *emotionalen* Beziehung. Wir *fühlen* die Dinge, andere Lebewesen, die Sterne oder Naturerscheinungen. Eben weil wir von diesen Phänomenen auch *innerlich* nicht getrennt sind. Was man in den Spiegelneuronen für die Neurowissenschaften bezüglich sozialer Verhältnisse entdeckt hat, das ist für Künstler aller Jahrhunderte eine Selbstverständlichkeit: Nicht nur andere Menschen, auch Landschaften, Formen, Farben usw. haben einen »emotionalen Ton«. Das, was wir Ästhetik nennen, drückt diese innere Abhängigkeit vom gesamten Kosmos aus. Die *Schönheit* der Dinge – oder ihre Hässlichkeit – ist der allgemeine Name für diese *innere* Beziehung zur ganzen Welt, zu allen anderen Lebewesen.

Auch rein geistige Phänomene haben einen tiefen emotionalen Gehalt. Wenn ein vermeintlich nüchtern denkender Mathematiker von einer Gleichung sagt, sie sei »schön«, so ist das keine bloß äußerliche Betrachtung. Gerade das Gefühl für die Einfachheit und Schönheit von Gedanken hat Wissenschaftler und Philosophen oft dazu geführt, durch diesen ästhetischen Blick Einsichten und Erkenntnisse zu gewinnen. In der Musik ist der Zusammenhang zwischen abstrakten Strukturen, die man auch notieren kann und die noch im Mittelalter wie mathematische Aussagen behandelt wurden – Intervalle sind ja immer auch Zahlenverhältnisse –, unmittelbar zu erkennen. Sobald Musik aber erklingt, erweckt sie Emotionen. Es war ein großer Irrtum der Aufklärungsphilosophie, das Denken und die geistige Erkenntnis als völlig frei von Gefühlen und Emotionen vorzustellen. Unser Geist ist immer auch in dem Sinne verkörpert, dass seine Inhalte untrennbar mit allen Formen des Kosmos und der Menschenwelt verbunden sind. Francis H. Bradley sagt sinngemäß: Das Ganze der Welt kann man nur fühlend als das Ganze erkennen.[113] Die Welt ist offenbar in einem Offenen, das viele Farben von Gefühlen und kognitiven Formen enthält.

Dies, dass die Extreme nicht für sich, dass sie stets nur relativ bestehen, bedeutet, dass alle als *selbständig* gedeuteten Phänomene gerade *keine* Substanz oder Dauer besitzen. Sie sind *leer* an solch einer Dauer oder leer an einer Selbstnatur. Das ist die Kernaussage von Nāgārjuna, der deshalb die Relativität der gegenseitigen Abhängigkeit (*pratītyasamutpāda*) und die Leerheit (*śūnyatā*) als nur der Benennung nach verschieden bezeichnet.

> »Was immer in gegenseitiger Abhängigkeit (*pratītyasamutpāda*) entsteht, das wird erklärt als Leerheit (*śūnyatā*). Und dies, gegenseitig abhängig zu sein, ist der Mittlere Weg.« (MMK 24.18)[114]

Die bloßen *Begriffe* Leerheit und Relativität, *śūnyatā* und *pratītyasamutpāda* sind zwar verschieden. *Pratītyasamutpāda* umfasst aber alle Phänomene, die man in ihrem täuschenden Charakter alltäglich als selbständig *ver-meint* (zum Mein oder Ich macht durch Ergreifen). Man nennt die darin erkennbaren relativen Aussagen auch *relative Wahrheit*. Es ist eine Wahrheit, die durchaus – wenn Denken und Handeln in Harmonie sind – eine *Wirklichkeit* ausdrückt. Allerdings nur eine relative, weil je abhängig vom Beobachter, den Begriffen, in denen die Wirklichkeit *ergriffen* und auch festgehalten wird. Doch all die darin liegenden Täuschungen sind nur Schein in einem absoluten Sinn. Es sind Erscheinungen in einer Offenheit, die selbst nicht erscheint (eben weil sie leer ist an Phänomenen und diese nur einräumt). Diese Offenheit besitzt eine kognitive und emotionale Qualität, sie ist dem Raum verwandt, der alle Dinge zulässt, ohne selbst zu erscheinen. Als *innere* Erfahrung entspricht sie der menschlichen Freiheit; als äußere erscheint sie im Zufall. Der Zufall ist das objektive Zeichen für die Offenheit, in der die Welt erkannt wird. Die menschliche Freiheit ist deren subjektive Erscheinung.

Es gibt also durchaus auch ohne spirituelle Perspektive einen Zugang zur »Leerheit«. Sie ist real und rational erfassbar in zirkulären Beziehungen (wie zwischen Messgerät und Elementarteilchen; auch in sozialen Phänomenen[115]), sie ist subjektiv präsent in der menschlichen Freiheit und der Offenheit für Neues, in der Kreativität. Als Grundstimmung kann sie in der *Achtsamkeit* erfahren und erkannt werden. Es mag sein, dass nur ein Buddha die vollständige Bedeutung der Leerheit erfassen kann. Und Buddhas sind ziemlich selten. Dennoch halte ich mit Nāgārjuna daran fest, dass sich auch in der *relativen Wahrheit* des Alltags und der menschlichen Konventionen die Offenheit, die Leerheit, zeigt – dies gelegentlich sogar unmittelbar, nämlich in allen *Ent-Täuschungen*, wenn das Festhalten von Entitäten misslingt: Beim Tod von lieben Menschen, bei einem Crash an den Börsen, der vermeintliches Geldvermögen über Nacht in Nichts verwandelt, auch beim höchst vergänglichen glücklichen Augenblick. Nāgārjuna sagt:

> »Ohne Bezug auf die relative Wahrheit kann die absolute Wahrheit nicht erkannt werden.« (MMK 24.10)

Das gilt deshalb, weil die relative Wahrheit (*pratītyasamutpāda*) eben doch eine *Wahrheit* ist, und jede Wahrheit offenbart das Offene, wenn auch in einer kontaminierten Weise. Doch dies ist die *spirituelle* Konsequenz aus der buddhistischen Philosophie; im letzten Abschnitt kehre ich zu diesem Gedanken zurück. Hier möchte ich mich zunächst nur den *ethischen* Schlussfolgerungen zuwenden.

3.3.3 Mitgefühl als ethische Wahrheit

Im vorherigen Abschnitt habe ich versucht, den Kern der Philosophie des Mittleren Weges, das Mādhyamaka, zu skizzieren. Die buddhistische Analyse geht also davon aus, dass Phänomene, damit auch Lebewesen und ihre Umwelt, nicht einfach in einer Wechselwirkung stehen, sondern zugleich auf *innere* Weise verbunden sind. Man kann streng genommen kein Element herausgreifen und isolieren. Es stellt sich also gar nicht die in der abendländischen Ethik formulierte Grundfrage, wie getrennt gedachte Individuen in einen sozialen, damit auch *moralischen* Zusammenhang gelangen können. Alle Lebewesen, alle Menschen sind miteinander unauflöslich verbunden. Mehr noch, ihre *innere* Verbundenheit geht ihrer äußeren Trennung *voraus*, da die Verkörperung und der Ich-Gedanke ein *Produkt* des Handelns (*karma*) sind. Es ist nur eine *Illusion*, dass Menschen als je ein getrenntes Ich existieren, das erst *später*, nachträglich, zu einem anderen Ich – einem Du oder Wir – in Beziehung tritt.

Der menschliche Körper wird aus einer Vielfalt von Lebewesen (Pflanzen und Tiere, z. B. auch Mikroben in der Verdauung) allein durch die Nahrung aufgebaut; unsere Gedanken bewegen sich in der Sprache, die niemand für sich erfunden hat; wir sind von unserer Geburt an von anderen Menschen abhängig, von ihrer Arbeit, ihren Diensten, ihren Produkten. Nur sehr wenige Menschen ziehen sich aus der Gesellschaft völlig in die Natureinsamkeit zurück. Doch auch darin sind sie dann völlig von dem abhängig, was die Natur ihnen bietet. Und ihr Bewusstsein, die Sprache, die Gedanken bringen sie aus der Gesellschaft mit. Auf die Fiktion eines Robinson Crusoe habe ich schon hingewiesen. Der Buddha hat allerdings empfohlen, sich immer wieder in die Einsamkeit zu begeben zur Meditation – denn gerade in der Trennung von der Gesellschaft wird einem die Abhängigkeit von ihr bewusst.

Es ist also eine unhaltbare Vorstellung in der Moralwissenschaft, von isolierten Individuen auszugehen, die *zunächst* vereinzelt existieren, um *nachträglich* miteinander Verträge für eine Gesellschaft, einen Staat mit moralischen Regeln zu beschließen (*contrat social* nach Rousseau oder der Urzustand nach John Rawls sowie die Tauschgesellschaft der Ökonomen usw.). Alternativ ging man nach Thomas Hobbes von einem ungeordneten Haufen miteinander kämpfender Egoisten aus (*bellum omnium contra omnes*), der nur durch einen äußeren Gewaltherrscher, *Leviathan* genannt, bezähmt werden kann.

Die aus der buddhistischen Philosophie gewonnene Vorstellung ist eine andere: Die Menschen sind je schon miteinander und mit der umgebenden Natur verbunden – auf innerste Weise, bis hinein in ihre Sprache, aber auch ihre Emotionen. Die kulturellen Formen, nicht zuletzt die Wirtschaft *zeigen* unmittelbar, dass alle Lebensprozesse miteinander verknüpft sind. Die Vorstellung, es gäbe *zuerst* isolierte Individuen, die erst *nachträglich* miteinander über Verträge oder das Geld oder Gesetze verbunden werden, ist eine völlig leere Projektion. Die gegenseitige Abhängigkeit ist keine philosophische Theorie, sondern in vielen Formen alltägliche Erfahrung.

Der Gedanke einer ursprünglichen *Trennung* von Individuen, die erst *nachträglich* rechtlich, moralisch oder ökonomisch verbunden werden müssten, ist eine tiefe Illusion über den wirklichen Zustand der Menschen. Wie kommt diese Illusion zustande? Sie ist ein Produkt des *Ich-Gedankens*. Die Analyse des Buddha, der im Festhalten eines Egos die fundamentale Täuschung der Menschen und die Quelle für alles Leiden sieht, lässt sich unmittelbar einsehen, wenn wir sie mit der *erfahrbaren* gegenseitigen Abhängigkeit konfrontieren. Es stellt sich eben nicht die Frage, wie man eine in viele »Iche« geteilte Gesellschaft zu einer moralischen Einheit führt, wie man den Egoismus durch Regeln bändigt. Vielmehr gilt es zu erkennen, dass die Teilung der Gesellschaft in viele unabhängige Individuen eine äußere Illusion darstellt, die aus der *Ich-Illusion* erwächst. Das Ich ist keine Substanz und es ist leer – es kann deshalb kein Ausgangspunkt für eine Morallehre sein. Eine Lehre, die also den *wahren* Zustand der Menschen zum Ausdruck bringt, ist einfach die Anerkennung der Wirklichkeit gegenseitiger Abhängigkeit. Wir sind im Denken, körperlich und in unseren Emotionen voneinander abhängig.

Der einzige moralische Gedanke, der diese Tatsache korrekt zum Ausdruck bringt, ist daher das *Mitgefühl*. Das Mitfühlen mit anderen, auch mit Phänomenen in der Natur, ist der ursprüngliche, der natürliche Zustand des Menschseins, sogar der Tiere. Für ethische Tugenden sind wir »vom Augenblick unserer Geburt an« veranlagt, sagt Aristoteles.[116] Das Mitgefühl ist allerdings nicht immer und sofort *rein* da. Es wird verschüttet durch eine Fülle irriger Gedanken über uns selbst und die Welt – jene

Gedanken, die Nāgārjuna in seiner Mādhyamaka-Philosophie einer grundlegenden Kritik unterworfen hat. *Eine säkulare Ethik aus dem Geist des Buddhismus ist eine Ethik des Mitgefühls als Ausdruck der ursprünglichen menschlichen Situation gegenseitiger Abhängigkeit.*

Es ist richtig, dass im frühen Buddhismus, der zunächst die individuelle Befreiung jedes Einzelnen betont, auch die Ethik nur die Rolle einer individuellen Tugendethik spielt. Man handelt moralisch, um das Ziel der Befreiung zu erreichen. Doch auch in den Schriften des frühen Buddhismus (im Pali-Kanon) hat der Buddha immer wieder die Übung der umfassenden Liebe, des umfassenden Mitgefühls auch für die individuelle Praxis empfohlen. Nāgārjuna liefert für diese ethische Haltung den ausführlichen philosophischen Kommentar. Für das Mahāyāna, das Große Fahrzeug gilt als *spirituelle Praxis* das Mitgefühl zentral als Weg zur individuellen Vollkommenheit (Bodhisattva-Pfad). Doch hier kommt der wichtige Gedanke hinzu, dass ein Bodhisattva auf die eigene vollständige Befreiung (*nirvāna*) verzichtet, um anderen Wesen zu helfen. Das Mitgefühl wird hier durchaus auch zum Mittel für das allgemeine Ziel der Befreiung der Wesen. Doch spirituelle Zielsetzung und soziale Praxis sind dabei gar nicht zu trennen. Denn die praktizierte Selbstlosigkeit eines Bodhisattvas versucht nur, sich selbst zu retten, indem er andere rettet. Hier ist die Rettung, die spirituelle Erlösung, gar nicht mehr von einer nur säkular zu beschreibenden Handlungsweise zu trennen. Wer anderen zur Einsicht in die gegenseitige Abhängigkeit aller Phänomene verhilft und daraus das Mitgefühl als einzig *angemessenes* Handeln vernünftig ableiten kann, dessen Praxis ist sowohl säkular-ethisch, wie sie zugleich spirituellen Zielen dient.[117]

Hier ist die Situation im Buddhismus durchaus dieselbe wie im Christentum: Wenn Christen den Dienst am Nächsten deshalb ausüben, weil sie in jedem Menschen *Jesus* erkennen, so lässt sich die säkular-ethische Praxis gar nicht von der spirituellen Motivation trennen. Der Unterschied liegt in der Begründung: In jedem Menschen, im Nächsten, jeweils *Jesus* zu sehen, das lässt sich nicht säkular für jemand begründen, der kein gläubiger Christ ist. Doch die gegenseitige Abhängigkeit aller Phänomene, ihre äußere und innere, emotionale Verbindung, ist eine vom Glauben völlig unabhängige Tatsache. Sie kann durch Einsicht von jedem selbst erkannt werden – ganz nach der Aufforderung der Kālāmer-Rede. Man kann das Mitgefühl also als die jede Handlung vervollkommnende *Tugend* ansehen, die der *Wahrheit* der gegenseitigen Abhängigkeit aller Phänomene als Moral genau entspricht. Weder ein einzelnes Nutzenkalkül noch individuelles Glücksstreben, noch eine bloß »vernünftig« eingesehene Pflichterfüllung können diese Tatsache, können *pratītyasamutpāda* auf adäquate Weise ausdrücken.

Mitgefühl und gegenseitige Abhängigkeit stehen sich nicht – im Sinn von Hume – wie Sollen und Sein, eine Moral und eine wertfreie Tatsache gegenüber. Es gibt überhaupt keine wertfreien Tatsachen. Insofern verbirgt jede Wissenschaft in ihrem Rahmen, ihren Axiomen und ihrer Praxis eine *implizite* Ethik, die aus ihrer Einbettung in die Gesellschaft und die Natur erwächst. Sein und Sollen sind im Buddhismus also nicht zwei prinzipiell getrennte Welten, zwei getrennte Kategorien. Sie entsprechen eher der aristotelisch-mittelalterlichen Vorstellung, dass alles, was ist, auch einen moralischen Wert besitzt. Nur führt man im Buddhismus diese Untrennbarkeit von Tatsache und Wert nicht darauf zurück, dass Natur und Moral aus einer göttlichen Schöpfung hervorgegangen sind, sondern aus der exakten Analyse der Relativität aller Phänomene. Der Buddhismus kann hier deshalb auch nicht zu einer ernsthaften, d. h. auch selbstkritischen Wissenschaft in Widerspruch geraten. Im Gegenteil, gerade der Weg der Naturwissenschaften hat sich im 20. Jahrhundert immer mehr dem angenähert, was in *pratītyasamutpāda* vom Buddha als Beschreibung der Wirklichkeit ausgesagt worden ist.

Das Mitgefühl ist der *natürliche* Zustand der Menschen. Das, was im Buddhismus die drei Geistesgifte heißt – Gier, Hass, Ich-Illusion –, ist eine *Beschränkung*, eine *Trübung* des ursprünglichen Gewahrseins, das um die Allverbundenheit aller Wesen weiß. Sich dieser Allverbundenheit bewusst zu sein, darin die je eigene Natur (= Buddhanatur) zu erkennen, führt zu einer Handlungsweise, die aus freier Entscheidung ebenso altruistisch wie gewaltfrei ist. Wenn ich vom Nächsten gar nicht durch eine Ich-Grenze getrennt bin, wenn allein die gemeinsame Sprache auf die innere Verbundenheit unseres Geistes verweist, dann ist auch jede Lüge ein absurder Selbstbetrug. Wer andere schädigt, schädigt sich selbst – auch wenn ihm die Ich-Illusion etwas anderes vorgaukelt. Und da alle Menschen auf äußere, körperliche wie innere, geistige und emotionale Weise verbunden sind, weil das Ich kein selbständiges Sein hat, sondern nur einen illusionären Pol darstellt, deshalb gibt es auch zwischen den Menschen keine *prinzipielle* Verschiedenheit. Sie *sind* nicht in einem natürlichen oder geistigen Sinn »gleich«; das zu behaupten wäre absurd. Aber sie sind kraft ihrer inneren und äußeren Verbundenheit nicht als absolut verschieden zu behandeln – in einem moralischen Sinn. Es gibt keine über natürliche, geistige, also offenkundige Unterschiede hinausgehende qualitative Verschiedenheit. Vielmehr sind alle Menschen darin gleich, ihre Illusionen zu *erleiden*, ihre Abhängigkeit zu *erleiden*. Gerade dies, *todsicher* vergänglich, abhängig, also ein Wesen zu sein, das auf vielfältige Weise sein Leben *erleidet*, macht die Menschen gleich. Es gibt zweifellos Unterschiede: Männer und Frauen, Kleine und Große, Dicke und Dünne, Kluge und weniger Kluge. Doch das sind nur unterschiedliche Kristalle in einem unauflöslichen Netz sozialer und natürlicher Beziehungen. Im Buddhismus erkennt man deshalb auch keinen wirklich qualitativen Unterschied zwischen Menschen und anderen Lebewesen. Alle Lebewesen erleiden ihr Leben, sind abhängig voneinander und von uns, wie wir von ihnen. Sie haben durchaus kognitive Fähigkeiten und besitzen mehr oder weniger entfaltete Formen von Bewusstsein. Dass wir Tiere anders behandeln als andere Menschen, dafür gibt es jedenfalls keinen objektiven Grund, der solch einen Unterschied begründen würde. Die Gewaltfreiheit, *ahimsā*, gilt auch bezüglich der Tiere. Auch für sie gilt: »Du sollst nicht töten.«

Geht man vom Mitgefühl als der moralischen Urform für alle anderen moralischen Formen aus, so kann man zwar die Kant'sche Forderung nach einer Universalisierbarkeit aller moralischen Regeln umstandslos akzeptieren. Doch ist diese Universalisierbarkeit nicht etwas *Nachträgliches*, sondern nur ein nachrangiger Begriff zur gegenseitigen Abhängigkeit. Rein formal können auch ein völliger Unsinn, eine Ideologie zu moralischen Regeln führen, die zwar niemand schaden und insofern universalisierbar sind, ethisch aber keinen Inhalt haben. Die gegenseitige Abhängigkeit ist deshalb die nicht nur grundlegendere, sondern auch die fruchtbarere Begründung der Ethik. Was bereits verbunden ist, braucht nicht erst durch eine Norm äußerlich, getragen von der Einsicht, verbunden zu werden. Kant war ja – wie dargestellt – darin durchaus nicht einfach ein Vernunftfundamentalist. Er wies darauf hin, dass man das, was man nur unvollkommen oder gar nicht vernünftig einsieht, durchaus auch als Gewohnheit anerziehen kann. Und er verweist dabei auf die Rolle des moralischen *Gefühls*, das hier gleichsam in Dienst genommen werden kann. Doch das, was im Mitgefühl ausgedrückt ist, fügt nicht eine besondere moralische Empfindung, einen besonderen *moral sense* äußerlich hinzu. Das moralische Gefühl ist nur ein anderer Name für das, was in der gegenseitigen Abhängigkeit immer auch *gefühlt* wird – mag es nun moralisch oder ästhetisch in Erscheinung treten. Im moralischen Sinn wird den Menschen die gegenseitige Abhängigkeit als *Empfindung* bewusst. Der moralische Sinn ist die empfundene gegenseitige Abhängigkeit, deren reine Form das *Mitgefühl* darstellt.

3.3.4 Widersprüche in der traditionellen Karmalehre[118]

Ich habe bislang bewusst das ausgeklammert, was von vielen als das Herzstück der buddhistischen Ethik im Unterschied etwa zu theistischen oder säkularen Ethiken betrachtet wird: Karma und Wiedergeburt. Obgleich gerade die Karmalehre und die Lehre von der Reinkarnation als allgemein buddhistisch gelten dürfen, finden sich hier – bei aller scheinbaren Übereinstimmung auf den ersten Blick – tiefe Differenzen. Diese Differenzen und Interpretationsunsicherheiten müssen ausgesprochen werden, wenn man diese Gedanken in einem *säkularen* Rahmen diskutieren möchte. Ich werde nachfolgend durchaus einen Unterschied zu den meisten buddhistischen Traditionen formulieren, in denen gemeinhin gesagt wird: Karma sei eine reine Glaubensfrage; man könne das nicht rational beweisen, sondern müsse auf das Wort des Buddha vertrauen. Bei der Frage der Wiedergeburt ist die Situation gespalten: Zu viele Zeugnisse und Erfahrungen sprechen dafür. Auch Nahtoderfahrungen haben immer wieder auf die Reinkarnation als *private* Tatsache hingewiesen. Dass es sich hier allerdings nicht – wie bei physikalischen Messungen – um eine im herkömmlich wissenschaftlichen Sinn *objektivierbare* Erfahrung handelt, steht außer Frage. Doch auch Zahnschmerzen sind als subjektive Erfahrung nie objektivierbar. Die Schmerzforschung ist jeweils auf subjektive Zeugnisse angewiesen, vor allem im Fall von Schmerzen ohne erkennbare Ursache. Sollte man deshalb über Schmerzen nicht vernünftig sprechen und sie als allgemeine Erfahrung behandeln können?

Bei Reinkarnationserfahrungen steht die Sache allerdings noch etwas anders: Sie weisen offensichtlich auf etwas hin, das im Rahmen der letztlich materialistischen Psychologie der Neurowissenschaften schlechterdings nicht erklärt werden kann. Mögen auch Schmerzen nie – als subjektive Erfahrungen – objektive Gegenstände sein (auch ein buntes Bild des Gehirns ist nur ein Zeichen, kein empfundener Schmerz). Ihre Existenz gefährdet aber nicht das materialistisch-wissenschaftliche Weltbild und kann deshalb in den Katalog der Schulmedizin problemlos aufgenommen werden. Nahtodberichte und Reinkarnationserinnerungen bringen dagegen das Fundament der gesamten wissenschaftlichen Zunft, den Mainstream der wissenschaftlichen Moderne, zu Fall. Wenn es Reinkarnation gibt, dann sind die von der Physik beschriebenen Phänomene nicht die *letzte* und *einzige* Grundlage für alle Erscheinungen. Dann befindet sich die Moderne in ihrer materialistischen Wissenschaftstheorie, in ihrem Reduktionismus auf einem fundamentalen Holzweg. Deshalb *muss* die herrschende Wissenschaft solche Erfahrungen als »subjektive Projektion« oder »Illusion« abtun und ihre Massenhaftigkeit auf eine menschliche Disposition zur Wirklichkeitsverleugnung zurückführen. Was natürlich seinerseits keine Erklärung, sondern nur eine Ausflucht ist. Richtig bleibt aber auch: Für eine Diskussion um die Begründung einer *säkularen* Ethik können solche Erfahrungen (Nahtod- und Reinkarnationserfahrungen) nicht als Axiome, Prinzipien oder Argumente verwendet werden. Sie treffen nur auf einen Teil der Bevölkerung zu und werden von den abrahamitischen Religionen aus prinzipiellen Gründen – was die Reinkarnation anlangt – abgelehnt. Hier gehen Theologie und wissenschaftlicher Materialismus Hand in Hand.

Die unbedingte Geltung der *Karmalehre* ist in jüngerer Zeit auch von Buddhisten in Frage gestellt worden. Bekannt und vielfach diskutiert wurde die These von Stephen Batchelor, dass man den Buddhismus gänzlich von der Karmalehre befreien müsse; sie sei ein eher vorbuddhistisches Relikt und mit dem wissenschaftlichen Geist der Moderne unvereinbar. Der Hauptgrund dafür ist die damit scheinbar untrennbar verbundene Lehre von der Reinkarnation. Batchelor nimmt hier einen pragmatischen bis agnostischen Standpunkt ein. Dabei betont auch gerade er die Vorstellung eines inneren Zusammenhangs zwischen Karmalehre, Wiedergeburt und buddhistischer Ethik:

> »Der Buddha befand die bestehende indische Wiedergeburtslehre für ausreichend als Basis seiner ethischen und befreienden Lehre. Im späteren, religiösen Buddhismus galt, dass ein Leugnen der Wiedergeburtslehre jegliches Gefühl von sittlicher Verantwortung und damit die Gesellschaft insgesamt untergraben würde.«[119]

Ich sehe auch hier die Lösung des Problems darin, die stillschweigend auf die Karmalehre projizierten Vorurteile zunächst zu beseitigen. Die Frage ist also nicht: »Gibt es« so etwas wie »Karma und Wiedergeburt« – als wären das zwei aus sich selbst existierende Wesenheiten, die nur einen strafenden und belohnenden Gott ersetzen würden. Die Frage lautet vielmehr: Was kann man sich dabei überhaupt denken?

Ich beziehe mich zunächst ausschließlich auf die frühbuddhistische Überlieferung, die gerade in dieser Frage vielfach – z. B. von tibetischen Schulen[120] – auch vom Mahāyāna ohne große Änderungen aus dem Abhidharma übernommen wurde. Es ist für eine Diskussion im Kontext einer rationalen Ethikbegründung zuallererst zwischen Karma und Wiedergeburt, die gewöhnlich gleichgesetzt werden, zu unterscheiden:

> »Wer die Zitate über das Kamma betrachtet, findet, dass von einer Wiedergeburt nicht die Rede ist. Diese Idee muss sich wohl aus anderen Voraussetzungen herauskristallisiert und an das Kamma geheftet haben.«[121]

Es war mit der Karmalehre (Pali *Kamma*) also nicht primär eine Erklärung der Wiedergeburt beabsichtigt. Die Karmalehre fungiert von Anfang an im Hinduismus als eine *spirituelle Moraltheorie*. Dennoch kann, wenn man die Karmalehre auch als Lehre von der *Gerechtigkeit* deutet, diese Theorie gar nicht vom Wiedergeburtsgedanken getrennt werden: Zu viele offenkundig im moralischen Sinn höchst frevelhaft lebende Menschen haben in ihrem Leben trotz gewaltiger Untaten keine erkennbare »Strafe« durch spätere Lebensumstände erfahren. Wenn ein reich gewordener Ausbeuter, gar Mörder sehr alt wird und sehr lange gesund lebt, um am Ende nur das zu erleiden, was jeder beim Sterben erleiden muss, dann wird das niemand als *gerecht* empfinden. Nur wenn er in einem späteren Leben – irdisch oder in einer Hölle, so die tradierte Vorstellung – ein seinen Taten entsprechendes Leiden erfährt, stellt sich eine Vorstellung von Gerechtigkeit ein. Wenigstens auf den ersten Blick.

Bevor ich diesen Fragen hinsichtlich einer säkulare Ethik genauer nachgehe, möchte ich auf eine sozusagen rein »innerbuddhistische« Schwierigkeit hinweisen. Mit Blick auf die Moraltheorie taucht hier im Pali-Kanon eine später übernommene Vorstellung auf, die in Widerspruch zu anderen Aussagen des Buddha steht: Zum einen sagt der Buddha immer wieder, dass Befreiung auf Einsicht beruht und diese Einsicht von jedem selbst gewonnen werden muss. Er habe, sagt der Buddha am Ende seines Lebens, nichts in der »geschlossenen Faust« (DN 16) zurückbehalten; alles habe er gelehrt. Der Buddha beschreibt seine Lehre immer wieder als klar ersichtlich, klar verständlich – verbunden mit der Aufforderung: »Komm und schau!« (MN 7) Folglich ist der Buddha jemand, der »die Lehre gezeigt hat, die klar ersichtlich ist und zeitlos.« (Snp 1138) Dem steht aber der auch von Mahāyāna-Schulen übernommene Gedanke gegenüber, dass es in der Buddhalehre Teile gibt, die *nicht* klar ersichtlich und gar nicht *denkbar* sind. Man nennt sie die vier »Undenkbarkeiten« oder »Unfasslichkeiten«. Das sind:

1. der Machtbereich eines Buddha (*buddha-visaya*),
2. der Bereich der Vertiefung (einschließlich der magischen Kräfte) (*jhāna-visaya*),
3. der Bereich der Karmawirkung (*kamma-visaya*) und die

4. Erklärung der Weltentstehung (*lokacintā*), eines absoluten ersten Anfangs.[122]

Das, was die Natur eines Buddha (*tathāgatagarbha*) ausmacht, ist nicht etwas, das sich *aussprechen*, sondern nur erfahren, besser »sein« lässt – dann aber nur von einem Erleuchteten. Wenn man diese Buddhanatur in der je eigenen spirituellen Praxis (der Meditation, auch »Vertiefung« genannt) verwirklicht, so lässt sich keine Grenze mehr angeben. Meist verwenden die Schriften später, nachgerade im Tantrismus und in den Schriften der dritten Drehung des Dharma-Rades, das Bild des *Raumes*: Der reine Raum hat keine Grenzen, umfasst gleichwohl alle Phänomene. Der vierte Punkt ist ebenfalls in diesem Kontext plausibel zu machen: Der Anfang der Welt, damit auch allen Denkens ist nicht *denkbar*. Der Buddha spricht auch von *Samsāra* auf diese Weise, wenn er sagt: Ein Anfang von *Samsāra* sei »unausdenkbar« (SN 15.3). Alles, was *ist*, ist immer auch ein *Etwas*, also etwas Erkanntes, wenigstens etwas Erkennbares. Von einem unerkennbaren Etwas könnte man gar nicht sagen, *was* es ist. Es gibt keine ungeformte Materie. Denkt man sie als aus kleinsten Teilchen bestehend, so *unterscheiden* sich diese Teilchen, sind damit *etwas* und somit prinzipiell erkennbar. Eine Form ist immer auch ein *geistiges* Prinzip, was man dann sofort zugesteht, wenn man sagt, dass man zur Erklärung der kleinsten Materiebausteine, aber auch der Bausteine des Lebendigen (Genom) den Begriff »In-*Form*-ation« benötigt. Also ist der Anfang aller Dinge – *big bang* – immer schon *auch* eine Form, eine *Denk-Form*. Wenn aber das Denken damit dem Anfang schon inhärent ist, dann kann man nicht einen Anfang des Denkens denken wollen. Wir sind – denkend – immer schon mittendrin in einer Welt der Formen und des Denkens. Deshalb – so interpretiere ich den Satz des Buddha – ist jeglicher absolute Anfang aller Dinge und allen Denkens »unausdenkbar«. Der dritte Punkt der genannten Undenkbarkeiten ist nicht so einfach zu erläutern, also in einer säkularen Sprache zu rekonstruieren. Es scheint hier tatsächlich so zu sein, dass man die Karmalehre nur glauben oder nicht glauben kann. Hier scheint der Buddha selbst eine Grenze zu ziehen und zu sagen: Das Karma kann nur ein Buddha erkennen. Es ist für gewöhnliche Schüler, zu schweigen von Menschen außerhalb des Buddhismus, »undenkbar«, also nicht Teil eines vernünftigen Diskurses.

Ich beabsichtige nun nicht, mit den Schriftgelehrten des Buddhismus, den Buddhologen, in ein Streitgespräch darüber einzutreten, ob sich hier der Buddha selbst widersprochen hat, ob die entsprechenden Texte authentisch tradiert sind oder ob es sich vielleicht nicht doch um eine spätere Zutat von Schülern handelt, die die Buddhalehre nicht mehr klar verstanden haben. Zweifellos gibt es auch im Mahāyāna und gerade im Tantrismus die Vorstellung, dass nur ein »lebendiger Buddha«, ein qualifizierter Lehrer über die Erkenntnis der letzten Geheimnisse verfüge, auf die man als Schüler zunächst einfach vertrauen müsse, bis man irgendwann selbst erleuchtet werde. Doch all dies kann hier in einer Diskussion um eine *säkulare* Ethik keinen Platz finden, was immer man darüber denken mag. Ich folge hier vielmehr der Erkenntnis- und Begründungsmethode von *Nāgārjuna*, der viele Aussagen des Abhidharma, die im Theravāda-System wie Glaubenssätze gelehrt werden, rational durchdacht, kritisiert und widerlegt hat. An diesen kritischen Geist, also an die Buddhalehre *als kritische Lehre*, knüpfe ich an. Der Dalai Lama sagt:

»Nur auf der Basis einer kritischen Beschäftigung mit dem Dharma entwickeln wir ein Vertrauen, das von Weisheit getragen wird und mit Erkenntnis einhergeht.«[123]

Es ist deshalb unerlässlich, den *genauen Bedeutungsinhalt* gerade auch des Karmagedankens klar darzustellen und auf seine Denkbarkeit zu überprüfen.

»Karma« bedeutet Tat oder Handlung. Diese Vorstellung ist eng verbunden mit der Vorstellung von Ursache und Wirkung. In seiner schlichten, gelegentlich im Hinduismus, aber auch in buddhistischen Kreisen – zu schweigen von der Esoterik – verwendeten Bedeutung besagt der Gedanke: Jede Tat hat als Ursache eine Wirkung. Nun wird das niemand bestreiten. Menschen handeln ja, *um* eine Wirkung zu erzielen. In der Handlungstheorie unterscheidet man allerdings zwischen beabsichtigten und unbeabsichtigten Folgen, auch Nebenfolgen genannt. Nicht nur das, was im Zweck, im Ziel beabsichtigt wurde, wird erreicht. Es gibt stets auch Nebenfolgen. Wilhelm Wundt spricht von einer »Heteronomie der Zwecke«. Man könnte sagen, dass sich die Karmalehre auf solche *Nebenfolgen* bezieht. Doch anders als in der westlichen Handlungstheorie ist hier nicht von *objektiven* Nebenfolgen die Rede, sondern von subjektiven, *moralisch* zu wertenden Wirkungen. Und als Kriterium für die moralische Qualität einer Handlung zieht der Buddha nicht eine *tatsächliche* Wirkung heran, sondern die *Motivation* oder den *Willen* (*cetanā*) zur Handlung.

»Es ist die Absicht, die ich *kamma* nenne.« (AN 6.63)[124]

Gerade bei dieser Aussage besteht die Gefahr einer Fehldeutung. Die Absicht *allein* ist noch keine Handlung. Die Absicht ist nur ein *Aspekt* jeder Handlung, d. h. das, was eine Handlung zur Handlung macht: das *Bewusstsein*. Wenn man allerdings eine Handlungsabsicht mit einem festen Willensentschluss verbindet, so wirkt sie sich auf das Bewusstsein, die Erinnerung, die innere Erfahrung schon ganz so aus wie der tatsächlich körperlich durchgeführte Akt. Eine reine Vorstellung, ein Gedanke, hat Wirkungen – auch körperliche. Ein bloßes *Verhalten* – ein Reflex, eine unbewusste Gewohnheit – dagegen erfolgt automatisch, nicht aus einer bewussten Entscheidung. Hier liegt also gar kein *Handeln* vor, kein *Karma* (= Handlung). Nun hat sich aber später dieser Begriff in eine *neben* dem tatsächlichen Handeln scheinbar selbständige Substanz »Karma« verwandelt, die irgendwo aufgespeichert und losgelöst von dem früheren Bewusstsein und der tatsächlichen Handlung ein Eigenleben führt. Und exakt hier beginnt der Irrweg der Karmatheorie.[125]

Denn: Was ist eine *moralische* Wirkung, also eine moralische *Kausalität*? Wie löst sich das »Karma« vom tatsächlichen Handeln und seinem bewussten Aspekt ab? Hier taucht eine durchaus auch in theistischen Denksystemen verbreitete Vorstellung auf: die der *Schuld*. Das Wort »Ursache« stammt im Griechischen ab vom Begriff »Schuld« (*aitia*): Die Ursache *verschuldet* die Wirkung. Das ist keine materielle Kausalität – wie: eine Billardkugel stößt eine andere an. Hier wird mit einer Verschuldung *gerechnet*. Jede Handlung habe, so diese Theorie, einen moralischen Schatten. Dieser Schatten bleibt unabhängig von materiellen oder anderen objektiven Prozessen *erhalten* – eben »das Karma« genannt. Bei späteren Handlungen formt dieses Karma die Handlungsumstände. Der Handelnde erntet also in der Zukunft den Lohn für den Grad der Tugendhaftigkeit seines Handelns.

Es gibt in diversen Belehrungen die buntesten Bilder und vermeintlich moralischen Kausalitäten, die ich als Ausgeburt einer sehr lebhaften Phantasie nicht näher kommentiere. Sie sind durchaus den theistischen Vorstellungen von Himmel und Hölle analog: Der Böse erntet in der Hölle furchtbare Strafen für seine Tat, der Gute wird im Himmel belohnt durch Seligkeit. Zahlreiche Werke der Malerei bebildern diese wahlweise lustvollen oder sadistischen Phantasien – durchaus ebenso in der buddhistischen Kunst, etwa auf einigen Thangkas, buddhistischen Rollbildern, auf denen der Höllenbereich, den es in der buddhistischen Überlieferung ebenso wie diverse Himmel gibt, dargestellt wird. Die buddhistische Vorstellung ist insofern wenigstens, was das Verhältnis von Schuld und Sühne angeht, dem Alltagsverstand ein wenig näher, als es darin keine *ewige* Strafe, aber auch keinen ewigen Lohn gibt. Jede Wiedergeburt in einer Hölle endet; ebenso die im Himmel.

Aus diesen reich bebilderten Vorstellungen kann man im philosophischen Sinn *einen* Kerngedanken herauslesen: Wie in der Natur gilt auch karmisch *actio* = *reactio*, Wirkung = Gegenwirkung. In der Physik wird dies durch diverse Erhaltungssätze, etwa der Energie, erklärt. Physikalische Prozesse haben ein genaues Maß durch die darin enthaltene Energie, die in der Gegenwirkung exakt erhalten bleibt. In der *Karmalehre* ist aber von einer *moralischen* Kausalität die Rede. Die Tat und ihre Vergeltung stehen zueinander in einem bestimmten Maßverhältnis. Kleine Vergehen führen angeblich zu kleinen Strafen, oft unmittelbar und noch in diesem Leben. Große Vergehen führen zu großen Strafen, meist in einer der buddhistischen Höllen. So die tradierte Lehre. Aus einer säkular-philosophischen Perspektive kann man hier keinen äußeren Unterschied zu theistischen Vorstellungen eines belohnenden und strafenden Gottes erkennen. Wenn in theistischen Systemen Gott jede Tat dem moralischen Gehalt entsprechend (der durch die Gebote definiert wird) belohnt oder bestraft, so übernimmt das im Buddhismus das Karma; auch hier sind die »karmischen Vergehen« sehr genau definiert und in den Schriften aufgeführt.

Damit ist die Frage also nicht abweisbar: Was ist karmische Gerechtigkeit? Genauer, was ist das richtige *moralische Maß* für eine Tat? In verschiedenen Moralsystemen oder Religionen werden Taten nun aber höchst unterschiedlich moralisch bewertet, auch die Motivation allen Tuns. Muss man also unterstellen, dass genau die im Abhidharma aufgeführten Taten und ihr karmischer Inhalt, wie er eben nur im Rahmen des Buddhismus anerkannt wird, das rechte Maß für *die* »Gerechtigkeit« sind? Wäre dies wahr, dann wäre eine säkulare Ethik definitiv unmöglich. Wir stünden hier vor demselben Problem wie in theistischen Systemen: Man muss zuvor glauben, um etwas sagen zu können.

Was also ist Gerechtigkeit? Viele Varianten der Karmalehre – auch im Hinduismus – sprechen vom Karma wie von einem Naturgesetz, das man genauso wenig ändern kann.

> »Nicht in den Lüften, nicht in Meeresmitte,
> Nicht in den Bergesklüften sich versteckend,
> Nicht findet sich ein Ort auf dieser Erde,
> Wo weilend man der bösen Tat entginge.«[126]

Das Karma wirkt also unerbittlich. Man kann ihm nicht entgehen. Wie dieses Karmagesetz auf diese Weise naiv als Quasinaturgesetz gedeutet wird, dazu nur ein Beispiel aus dem Theravāda-Buddhismus:

> »Handlungen gemäß dem Dhamma lassen für jedes Individuum, das sie ausführt, eine größere Fülle an materiellem Reichtum erwarten, entweder in diesem oder im nächsten Leben. Das geschieht nach der Theravāda-Sichtweise in Übereinstimmung mit dem Gesetz des *kamma* – ein Gesetz, das die Wirklichkeit strukturiert, so dass Handlungen gemäß dem Dhamma oder wider den Dhamma immer eine vorhersehbare Wirkung haben. Sie determinieren die zukünftige Position in der ›sozio-kosmischen‹ Hierarchie, die die gewöhnliche *samsārische* Realität ausmachen.«[127]

Wenn solche Aussagen über Karma von einem *Menschen* ausgesprochen werden, so wecken sie entweder die Gier – auch beim sogenannten »Karmakapitalismus«[128] –, oder sie enthalten eine schlichte Drohung, wie die Drohung mit Höllenstrafen im Christentum. Das Karmagesetz wird hier *instrumentell* verstanden und verwandelt sich *ethisch* in das genaue Gegenteil einer moralischen Vorstellung. Was könnte man auf die kritische Frage »Warum soll ich solch eine seltsame Theorie *glauben*?« vernünftig entgegnen? Wie könnte man einen Gesprächspartner dazu führen, dass er gemäß der Kālāmer-Rede *selber erkennt*? Die Antwort ist einfach: Es gibt keine vernünftige Begründung, nur den Appell an einen Glauben. Damit hat man sich aus einer rationalen Diskussion aber verabschiedet.

Die Sache ist nun aber nicht ganz so hoffnungslos, als stünden sich hier einfach Glaube und Nichtglaube unversöhnlich gegenüber. Denn der Anhänger dieser Karmatheorie muss immerhin Folgendes erklären können: *Was ist die gerechte Strafe für »eine böse Tat«?* Nur wenn es dafür ein *Maß* gibt, das die Tat und ihre Wirkung *moralisch* vergleichbar macht, kann man auch von *Gerechtigkeit* sprechen. Gibt es solch ein Maß nicht, dann ist die Karmalehre keine Lehre, sondern einfach der ideologische Begriff für Zufall und Willkür. Die Antwort auf diese Frage nach dem richtigen Maß zum moralischen, gerechten Vergleich von karmischer Ursache und karmischer Wirkung ist aber schlicht und enttäuschend: Solch ein Maß gibt es nicht und kann es nicht geben. Wohl aber gibt es, wie bezüglich der göttlichen Strafen, einen ganzen Wald wildwuchernder Phantasien bei Lehrern, wenn sie heiße und kalte Höllen sowie diverse Himmel unterscheiden und in einer karmischen Buchführung zu definierten Untaten in Beziehung setzen – durchaus im Einklang mit traditionellen Schriften.[129] Psychologisch kann man hier aber unschwer von »Projektionen« sprechen.

Wenn das *Motiv* den Grad der karmischen Verursachung bestimmt, wenn Motive aber *subjektive* Einstellungen sind, wie kann dann eine subjektive Einstellung – z. B. die Gier nach Gold bei einem Diebstahl – in ein Verhältnis z. B. zur Armut oder zur körperlichen Versehrtheit in einem späteren Leben gesetzt werden – wie dies häufig als Beispiel angeführt wird? Wie arm *genau* muss jemand in welchen künftigen Umständen werden, damit die Gier nach Gold und der Diebstahl in diesem Leben wirklich karmisch ausgeglichen werden? Welche Krankheit *genau* ist die Antwort auf die Geldgier? Welches körperliche Gebrechen im künftigen Leben ist *exakt* der Preis für ein karmisches Vergehen? Oder sind doch die Höllenstrafen, wie sie im Abendland z. B. von Pieter Brueghel dem Jüngeren unter christlichen Vorzeichen in allen grausigen Details dargestellt worden sind, die angemessene Strafe? Gibt es einen karmischen, mitleidlosen Katalog für die Folterer in den Höllen? Und schaffen sich diese Folterer – das wird durchaus ernsthaft in einigen Klöstern diskutiert – dann nicht selbst negatives Karma? Oder gilt das Karmagesetz für die Folterer in der Hölle nicht? Gibt es hier eine Ausnahme vom Karmagesetz, gerade damit es erfüllt werden kann? Eine Antwort auf diese Fragen erübrigt sich. Man erkennt unschwer die intellektuelle Quelle: Es ist dies ein emotional getrübtes, unklares Denken. *Nur aus Verblendung* kann man sich denkend in solchen Unfug verstricken. Rein sachlich gesprochen: Solch eine »Gerechtigkeit« durch Qualen oder Freuden ist schon deshalb nicht möglich, weil Gier oder auch eine positive Motivation wie Mitgefühl *gar kein Maß* besitzt. Wenn es aber kein Maß gibt, dann gibt es keine Gerechtigkeit. *Jede* Vergeltung wäre dann einfach nur Zufall oder (wenn man sie als göttliche Strafe deutet) Willkür.

Da Handlungen *und* Motive aber – das war eine Grundeinsicht aus der buddhistischen Philosophie der gegenseitigen Abhängigkeit – vernetzt, also gar nicht zu trennen sind, da ferner die Umstände, in denen man die karmische Frucht erntet, ebenso vernetzt sind mit zahllosen anderen Phänomenen, kann man die *Einzelheit* oder *Individualität* einer Tat überhaupt nicht erkennen, feststellen oder messen. Man kann – das ist hier das entscheidende Argument – den Aspekt »Tat« gar nicht vom »Täter« ablösen. Dies ist die bereits dargestellte zentrale Einsicht des Mādhyamaka von Nāgārjuna (MMK, 8. Kapitel), der aber darin nur die Auffassung des Buddha wiederholt und vertieft. Das Karma ist die Tat eines Täters und untrennbar mit ihm verbunden.

»Durch die Tat ist man ein Bauer,
durch die Tat ein Handwerksmann.
Durch die Tat ist man ein Händler,
durch die Tat wird Diener man.
Durch die Tat ist man ein Räuber,
durch die Tat ein Krieger.« (Snp 651)

Man ist nur Bauer, Handwerker oder Händler, falls und solange man pflügt, Tischlerarbeiten verrichtet oder an der Börse handelt. Diese Taten sind eben die Taten eines jeweiligen Täters, von ihm motiviert, mit ihm verbunden. Ein Händler an der Börse ist nur Händler, wenn er mit Wertpapieren handelt. Sitzt er bei Starbucks und trinkt Kaffee, so ist er nicht mehr Wertpapierhändler, sondern Kaffeetrinker. Es gibt kein *Ego* hinter diesen Taten, das sie trägt oder hervorbringt. Und auch die Motivation des Täters ist untrennbar von dem, was er *aktuell* tut. Die Motivation *formt* ja gerade die Tat zur Tat. Die Vorstellung, auf irgendeine magische, nicht verstehbare Weise würde sich die Tat als Karma vom Täter ablösen und in einer der sinnlichen Erfahrung und dem Bewusstsein nicht zugänglichen Weise aufbewahrt, um dann irgendwann wie ein Samenkorn zu reifen – all das sind im strengen Sinn gar keine denkbaren Gedanken. Es sind zwar Wörter und Sätze; sie sind aber nicht vernünftig einsehbar, haben also keine Bedeutung. Die Karmalehre, die mit solchen Gedanken arbeitet, ist deshalb schlicht sinnlos. Und eine sinnlose Lehre ist überhaupt keine Lehre.

Man findet in der Darstellung der Karmalehre oft noch einen weiteren Gedanken, der eine tatsächliche Wahrheit – die der Unvergänglichkeit des reinen Bewusstseins – in eine allerdings unhaltbare Form bringt. Die Argumentation ist: Das Bewusstsein ist völlig rein. Es besitzt keinerlei materiellen oder sinnlich erfassbaren Inhalt. Solche Inhalte kommen immer nur als Verunreinigung *hinzu*. Folglich kann das reine Bewusstsein nicht eine unreine Ursache haben – wie die Materie, das Gehirn oder eine andere physische Eigenschaft. Und folglich kann das reine Bewusstsein nicht durch die Geburt eines Körpers entstehen und mit dessen Tod enden. Dieser Gedanke – ich werde ihn später noch einmal aufgreifen – ist im Kern vertretbar, wenn man ihn erläutert und ergänzt. Doch dieser Gedanke wird mit einer *unhaltbaren* Vorstellung verbunden und so zum Gegenteil dessen, was er eigentlich meint. Geshe Rabten – ich wähle seine Aussagen hier nur als besonders charakteristisches Beispiel – sagt:

> »Relativ gesprochen, ist der Geist vollkommen leer von Materie oder physischer Form, deswegen heißt es, er sei ›klar‹. Trotz dieser Klarheit ist er flüchtig, denn anders als beständige Phänomene, wie z. B. leerer Raum, befindet er sich in ständigem Wandel; er ändert sich von Augenblick zu Augenblick.«[130]

Der Geist mag leer sein an *physischen* Inhalten. Wenn sich der Geist aber ändert und flüchtig ist, dann ändern sich *geistige* Formen, z. B. die Zahlen beim Zählen. Wenn der Geist *völlig rein* ist, dann ist er leer an jeglicher Form, auch leer an geistigen Formen. Folglich kann ein leerer Geist auch nicht flüchtig sein, denn was flüchtig ist, das *verändert* sich. Etwas *völlig* Reines ist frei von allen Unterschieden. Genau das heißt »rein« oder »klar«. Was sich von Augenblick zu Augenblick ändert, sind Bewusstseins*inhalte*, aber nicht die Offenheit des reinen Bewusstseins. Veränderung heißt *anders* werden. Wenn etwas aber *anders* wird, dann muss es zuvor *etwas* sein. Ein Etwas besitzt eine Form, hat

Grenzen, denn es unterscheidet sich von anderen Entitäten und ist deshalb vergänglich. Ein vergänglicher Geist kann also nicht völlig rein sein, und ein völlig reiner Geist kann nicht vergänglich sein. Das Problem wird sich dann klären, wenn noch gezeigt werden kann, dass das reine Bewusstsein und die *Zeitlichkeit* gleich ursprünglich sind. Wie die Zeit nicht vergeht, weil sie nicht ihrerseits der Zeit unterliegt, so auch das Bewusstsein nicht, das – übrigens auch nach der Lehre von Aristoteles und Kant – untrennbar mit der Zeit verbunden ist.

Geshe Rabten geht sogar im Einklang mit dem Abhidharma davon aus, dass der Geist eine *individuelle Form* besitzt. Es gebe einen *individuellen Bewusstseinsstrom*. Hier gerät das Nachdenken in einen logischen Zirkel: Das, was die scheinbare Individualität ausmacht, was ein Individuum definiert und von anderen Individuen unterscheidet, sind gerade die karmischen Spuren im Bewusstsein, aus denen das Ego handelnd sich in jeder neuen Situation als neue Illusion definiert. Diese *Trübungen* des Bewusstseins (*āśraya*) sind aber das Gegenteil eines *reinen* Geistes. Sie tragen die Spuren der Beziehung zum festgehaltenen und ergriffenen Körper an sich. Wenn man nun die Kontinuität des Geistes gerade durch seine *Reinheit* erklärt, die keine Beziehung zur Materie eingehen kann, um so mit der Kontinuität des reinen Geistes auch eine Kontinuität des Karmas erklären zu wollen, dann hat man sein eigenes Argument ausgehebelt. Denn das, was das Geisteskontinuum *begründen* soll, die Reinheit, kann gerade keinen Bezug zur Verkörperung und der damit verbundenen Individualität haben.

Der reine Geist kann also kein Karma »transportieren«, ohne aufzuhören, *rein* zu sein. Folglich gibt es keinen *individuellen* Bewusstseinsstrom über die Verkörperung hinaus. Um *individuell* zu sein, muss er sich von anderen individuellen Bewusstseinsströmen – von denen er zudem hermetisch getrennt wäre – *unterscheiden*. Wiederum gilt: Was geschieden ist von anderem, ist nicht frei von Unterschieden, also nicht rein. Ist das individuelle Bewusstsein aber nicht rein, so kann man nicht argumentieren, dass der Geist sich fortsetzt, *weil* er »rein« sei. Hier herrscht also eine große innere Verwirrung im Denken. Es gibt überhaupt nur einen Strom sich rasch ablösender Bewusstseins*inhalte*, die mit den Erfahrungen des Körpers verbunden sind. Die Klarheit des reinen Bewusstseins »strömt« aber nicht und ist nicht individuell. Wenn es so etwas überhaupt gibt, dann besteht das Karma auf seiner Beziehung zum Körper, aus den Trübungen des Ergreifens also. Doch weshalb sollte *dieses* Karma dann nicht mit dem Körper sterben?

Diese Schwierigkeit wird an einem weiteren Zitat von Geshe Rabten noch deutlicher:

> »Jede Person hat ihren eigenen ganz spezifischen Geist, der im eigenen Wesen und nicht außerhalb des Wesens existiert.«[131]

Was ist ein »*eigenes* Wesen«? In buddhistischer Terminologie: eine Selbstnatur, ein *svabhāva*. Der »eigene, ganz spezifische« Geist des individuellen Bewusstseinsstroms wird also von einem »Wesen« getragen, in dem er »existiert«. Geshe Rabten nennt das Geistige, die erkennende Natur (*cognition*) sogar ausdrücklich »ein substanzielles Phänomen«.[132] In den *Upanishaden* nannte man dieses Wesen Ātman. Der Buddha hat aber das Nicht-Ich, *An-Ātman* gelehrt. Es gibt also, nimmt man Geshe Rabtens Satz wörtlich, doch so etwas wie *eine Person*, die etwas *hat* – nämlich einen eigenen, spezifischen, nur ihr zukommenden »Geist«. Tatsächlich wurde diese Auffassung von einer Schule im Frühbuddhismus auch genau so vertreten, der Schule des *Pudgalavāda*. Sie vertrat die Auffassung, dass es doch so etwas wie eine personale Substanz gebe. Dieser Gedanke wurde von allen anderen buddhistischen Schulen abgelehnt, nachdrücklich im Mādhyamaka[133], auf das sich Geshe Rabten im Übrigen beruft. Dennoch kehrt bei ihm ein *personaler Geist* wieder. Zugleich soll dieser Geist aber *völlig leer* sein, also auch leer an einer Substanz und einem Ich-Kern. Denn das ist nichts weniger als das Herzstück der Buddhalehre. Die Verwirrung ist hier komplett. Man landet wieder bei der von Platon entwickelten, von *Descartes* erneuerten dualen Vorstellung einer völligen Trennung von Geist und Materie, die Geshe Rabten mit erstaunlicher Naivität auch exakt so vertritt:

> »Was passiert eigentlich, wenn sich Körper und Geist getrennt haben? Der Körper wird zu einem Leichnam, den man verbrennen oder begraben kann. Der Geist existiert weiter. Er wird sich mit einem neuen Körper verbinden.«[134]

Hier wird der Geist wieder zur substanziellen *Seele*, wie in der griechischen Philosophie, etwa bei Platon. Die Seele wandert, trennt sich vom Körper, ist – das ist der nur dem Namen nach buddhistische Aspekt dabei – karmisch verunreinigt und kehrt wieder zur Läuterung zurück. Dass das Bewusstsein leer und damit unbefleckt ist, dass die Buddhanatur in allen Wesen in dieser Reinheit präsent ist, wird vergessen.

Stephen Batchelor analysiert diese Dualität von Körper und Geist kritisch, wenn er sagt (der indirekte Bezug auf seinen Lehrer Geshe Rabten schimmert durch):

> »Doch damit eine Wiedergeburt möglich ist, muss etwas den Tod des Körpers und Gehirns überleben. Um den physischen Tod zu überleben, muss ›etwas‹ nicht nur von nichtphysischer Natur sein, sondern auch noch fähig sein, ›Samen‹ vorher begangener moralischer Handlungen (Karma) aufzubewahren, die in zukünftigen Leben ›reifen‹ werden. (...) Wie kann solch ein nichtmaterieller Geist jemals in Verbindung mit einem materiellen Körper treten? Dadurch, dass er nicht materiell ist, kann er nicht gesehen, gehört, gerochen, geschmeckt oder *berührt* werden. Wenn er unberührbar ist, wie kann er dann ›berührt‹ werden oder irgendeinen Kontakt mit dem Gehirn haben?«[135]

Die Fragen, die Batchelor stellt, führen konsequent zu einer *immanenten* Kritik dieser Version der Karmalehre. Batchelor macht aber gar nicht erst den Versuch, einen anderen, inneren Sinn dieser Lehre aufdecken zu wollen. Er misst sie an Neurowissenschaft und Biologie, ohne das Potenzial der buddhistischen Philosophie zu nutzen, *ihrerseits* die stillschweigend metaphysischen Voraussetzungen dieser Wissenschaften zu durchleuchten, um so zu einem wirklich kritischen Dialog zu gelangen.

Die Karmalehre in ihrer tradierten und ursprünglichen Form ist komplex, schwierig, teils unsinnig. Doch wegen der darin liegenden Unklarheiten die ganze Lehre *ad absurdum* zu führen wäre ein Fehler:

> »Wenn die Dinge also komplex und schwierig werden, sollten wir uns davor hüten, das Kind mit dem Bade auszuschütten.«[136]

Man braucht hierzu nur das klar auszusprechen, was die buddhistische Theorie des Bewusstseins besagt: Wenn das Ich eine Illusion ist, dann *kann* das Bewusstsein in seiner eigentlichen, leeren und reinen Natur gar nicht *individuell* existieren. Es ist nicht als Substanz vorstellbar, nicht stofflich. Ein »feinstoffliches« Bewusstsein wäre immer noch ein *stoffliches* Bewusstsein, das als Stoff neben anderem Stoff, der gewöhnlichen Materie, bestünde. Auch ein feiner Stoff ist ein Objekt für ein Subjekt. Doch Subjekt und Objekt stehen sich nicht wie zwei *Stoffe* – ein feinstofflicher neben einem grobstofflichen – gegenüber. Diese Frage erfordert eine völlig andere Antwort.

Alles, was am Bewusstsein eine individuelle Natur hat, ist das, was sich in den karmischen Spuren findet, die ich noch genauer als *Gewohnheitsmuster* darstellen werde. Es wird sich im letzten Kapitel zeigen, dass gerade die *Nicht-Individualität* des Bewusstseins die wesentliche Grundlage zur rationalen Erklärung von Wiedergeburt und Tod bildet. Der Tod ist keine mechanische Trennung zweier Substanzen – Geist und Körper –, die zuvor irgendwie (wie eigentlich?) zusammenklebten. Der Tod ist eine völlige Verwandlung aller Bedeutungen, auch jener von Zeit und Raum. Im Tod stirbt auch mit den Bewusstseinsinhalten deren *Zeitlichkeit*. Nur von außen stirbt man *in der Zeit*. Als eigene Erfahrung stirbt mit dem Tod auch die Zeit selbst.

Ein individueller Bewusstseinsstrom wäre wie ein zerbrochener Spiegel: Er hat selbst einige Formen und Konturen, weshalb gerade dadurch seine reine Natur – die darin besteht, alles ohne Unterscheidung zu spiegeln – verloren ginge. Die Vorstellung eines individuellen Bewusstseinsstroms hebt zentrale Elemente der buddhistischen Erkenntnis von der Leerheit des Ichs, von der Nicht-Identität aller Phänomene auf. Ein Bewusstseinsstrom kann nur *individuell* sein, wenn er auf irgendeine Weise *mit sich identisch* ist. Das nötigt zu dem Gedanken, dass er ein dauerhaftes Element enthält – das im Hinduismus und der Advaita-Vedanta-Philosophie Ātman genannt wird. Der Buddha hat diesen Gedanken abgelehnt. Dieser Rückfall in die vorbuddhistische Philosophie erwächst aus dem Bedürfnis, den Transport des je individuell definierten Karmas irgendwie zu erklären. Die logischen Konsequenzen dieses – leider sehr weit verbreiteten Versuchs – zeigen aber, dass hier ein Kernstück der buddhistischen Philosophie zur Rettung einer kaum durchdachten Karmatheorie geopfert wird.

Die Unhaltbarkeit der traditionellen Karmalehre wird in der von Nāgārjuna formulierten Kritik besonders deutlich. Wenn man Tat und Täter nicht logisch oder faktisch, gedanklich oder wirklich trennen kann (so wenig man die Eigenschaft Mutter zu sein, von der Eigenschaft »ein Kind zu haben oder gehabt zu haben« gedanklich oder tatsächlich trennen kann), dann gibt es keine vom Täter getrennte Tat (Karma). Die Tat *erschafft* den Täter. Endet die Tat, so endet der Täter. Mit jeder Tat wird der Täter *als der Täter dieser Tat* geboren, und mit jedem Tat-Ende *stirbt* der Täter und wird in einer neuen Tat wiedergeboren. Das ist gerade der Witz am Kontinuum der Ich-Illusion, die nur dadurch lebt, dass sie sich immer wieder neu aufbaut:

> »Der Geist erschafft sich selbst, in jedem Augenblick.«[137]

Das Subjekt als Geist und das Objekt der Tat kann man nicht trennen. Es gibt keine Ich-Substanz als Träger aller Taten. Das ergibt überhaupt keinen Sinn. Was also sollte als *Individuum* wiedergeboren werden und die Früchte der Tat ernten?

Es kommt im sozialen Kontext noch ein weiterer Widerspruch hinzu. Und dieser Widerspruch ist nach meiner Auffassung der Todesstoß für die tradierte, naive Karmalehre. Wenn ich heute erleben muss, dass mir jemand etwas Böses antut (was auch immer), dann besagt die Karmalehre: Das ist die Frucht für eine böse Tat, die ich irgendwann früher verübt habe. Nehmen wir das einmal zum Zweck des Arguments als These an: Das, was ich heute von einem bösen Täter als karmische Wirkung erfahre, ist mein gereiftes Karma. Hier erfüllt sich nur das Karmagesetz. Wenn das aber wahr ist, dann kann der Täter, der mir *heute* etwas Böses antut, gar nicht böse handeln. Er ist ja nur ein Instrument des Karmagesetzes, ein Erfüllungsgehilfe. Er selbst handelt also objektiv gar nicht böse – wie immer boshaft seine Motivation auch war. Durch seine böse Tat, die er mir *heute* antut, erfüllt er nur das Karmagesetz. Ich stelle hier gar nicht erst die Frage, ob es *gut* ist, in Erfüllung des Karmagesetzes *böse* zu handeln (eine Frage, die die Absurdität dieser Lehre auf andere Weise zeigt). Da er nur das Quasinaturgesetz des Karmas *erfüllt*, ist seine Motivation – selbst wenn sie böse ist – *gesetzmäßig* erzwungen. Nur wenn er mir gegenüber *heute* böse handelt, werde ich für meine böse Tat *in der Vergangenheit* ja auch gerecht bestraft. Er *muss* böse handeln, um mein Karma zu erfüllen. Gilt das Karmagesetz, dann muss seine böse Motivation vom Karma diktiert sein. Er steht also als Täter einer *heute* bösen Tat unter einer völligen Determination. Folglich *handelt* er gar nicht böse, weil er sein *Motiv* nicht frei wählen kann. Falls vorhanden, wäre seine boshafte Motivation nur eine subjektive Täuschung, eine vom Karmagesetz erzeugte notwendige Illusion. Das Karma zwingt ihn dazu. Seine Handlung erscheint nur *mir* böse, als Vergeltung meiner früheren bösen Tat.

Man kann die Absurdität dieses Gedankens noch etwas weiter treiben: Wenn ich heute die böse Tat durch jemand erlebe, der nur das Karmagesetz erfüllt, weil ich in einem früheren Leben selbst eine böse Tat ausgeführt habe, so gilt offenbar: *Auch ich* war in einem früheren Leben offenbar durch meine Tat nur der Erfüllungsgehilfe des Karmagesetzes, habe dann nur meinen »Karma-Job« erledigt. Denn wem auch immer ich etwas angetan haben mag, es ist nach der Absicht des Karmas geschehen. Es gibt, das besagt die tradierte Karmavorstellung, nicht so etwas wie »karmafreie« Handlungen oder Zeiträume ohne Geltung des Karmagesetzes. Ich bringe aber nicht nur Karma im Handeln hervor, die Handlungsumstände, die Erlebnisse *sind* bereits reifendes Karmas. Folglich war meine Tat auch nicht frei motiviert, sondern nur instrumentell im Verhältnis zum Karma. Dann gilt aber: Ich kann mir gar kein *negatives* Karma geschaffen haben, da – ungeachtet meiner Motivation – meine Tat nicht frei war, sondern diktiert von einem anonymen Gesetz des Karmas. Wenn ich mir aber im früheren Leben damit gar kein negatives Karma schaffen konnte, wie kann ich dann in diesem Leben dem Karmagesetz unterliegen? Wie kann dann die böse Tat des anderen an mir in diesem Leben die Erfüllung des Karmagesetzes sein?

Das ist nun nicht etwa eine von mir polemisch zugespitzte Übertreibung, sondern eine logisch notwendige Konsequenz der Karmalehre *im sozialen Kontext*. Und sie wird auch durchaus *genauso* traditionell gelehrt. Ein Beispiel aus der Biografie von Padmasambhava:

> »Der Lotus-Geborene warf einen kleinen Stein mit solcher Kraft gegen die Fliege (auf der Stirn eines Kindes), dass dieser nicht nur die Fliege tötete, sondern in des Kindes Gehirn drang und die Fliege mit sich riss. Beide, Fliege und Kind, starben. Mit diesem Verbrechen beladen, erklärte der Lotus-Geborene, er sei

in einem früheren Leben ein Zeitgenosse der Kurtisane gewesen, bekannt als Gautama. Padma Tsalag, der Geliebte der Kurtisane, habe sie in einem Anfall von Eifersucht ermordet, als er von ihrem eigenen Dienstmädchen ihren heimlichen Umgang mit einem Rivalen, einem Kaufmann namens Hari, erfahren hatte. Fälschlich hätte dann Padma Tsalag Gautama des Mordes beschuldigt und dieser sei getötet worden. Da die Fliege (die Reinkarnation von) Padma Tsalag und des Königs Sohn die Kurtisane waren, wurde der Lotus-Geborene *vom Karma zu dieser Tat gezwungen*. Er sagte: *Wäre es nicht nach der Absicht des Karma geschehen*, der kleine Stein hätte nicht Fliege und Kind töten können.«[138]

Karma wird hier zur blanken Ausrede für Mord und offenbart nur die Unsinnigkeit dieser Vorstellung. Wenn Karma, wie der Buddha sagt, gerade in der *Motivation* besteht, so gibt es keine »vom Karma erzwungene Tat«. Ist Karma die freie Motivation, dann kann das Karma auch niemand *karmisch* zwingen.

Es gibt sogar die – allerdings auch innerhalb des Buddhismus durchaus umstrittene – Vorstellung eines *nationalen Karmas*. Brian Ruhe zitiert zustimmend Chögyam Trungpa:

»Es gibt ein nationales Karma, das sich jenseits des individuellen Karmas fortsetzt.«[138]

Karma ist nach dem Buddhawort *Motivation*, also *Absicht beim Handeln*. Hier wäre schon zu fragen: Was soll das sein, eine *nationale* Absicht? Nur sie würde Karma erzeugen. Welches Karma wäre für einen Asylbewerber aus Afrika gültig – das afrikanisch-nationale Karma der Herkunft? Das Karma der italienischen

Zwischenstation? Oder das deutsche Karma im Zielland? Welches Karma würde in Deutschland wirken – für das Deutschland in den Grenzen von 1914, 1940, 1945 oder 1990? Und welches Karma gilt für multinationale Konzerne und ihre Mitarbeiter und CEOs? Es genügt, auf solche Beispiele hinzuweisen, um unschwer zu erkennen, wie albern und gedankenlos diese Vorstellung ist.

Das wird an daran geknüpften Schlussfolgerungen noch deutlicher. Brian Ruhe verteidigt mit dem Argument eines »nationalen Karmas« den Abwurf der Atombombe auf Hiroshima als heilsamen, weil karmisch bedingten Akt. Auch die US-Soldaten im Vietnamkrieg sollten sich keine Gewissensbisse für ihr Töten machen. Ruhe sagt zu den Soldaten, die dort diesen »killing job« ausführten: »Du hast einfach den für dich vorgesehenen Job getan, wie jener Typ, der in der Küche seine Pflicht erfüllte.«[140] Und wer diesen »Job des Tötens« verweigerte, handelte der dann *wider* das nationale Karma, vielleicht aber aus freier Motivation? In solch verquerer Logik war der Abwurf der ersten Atombombe für Brian Ruhe nichts weniger als ein großes Verdienst der USA: »The Virtue of Hiroshima.«[141]

Was Padmasambhava von einem Biografen im 17. Jahrhundert in den Mund gelegt worden ist, das wiederholt Ruhe hier mit aller zynischen Konsequenz und behauptet sogar, seine Interpretation sei die *ursprüngliche Lehre des Buddha*. Wenn man angesichts solcher individuellen und nationalen Wirkungen des »Karmagesetzes« verwirrt sei, so Ruhe, solle man einfach das Nachdenken einstellen. Der Buddha habe ja schon davor gewarnt, dass wir das Karma ohnehin nicht verstehen können. Ein Verstehen sei »unmöglich aufgrund der Komplexität des karmischen Prozesses«[142]. Der behauptete karmische Prozess ist aber überhaupt nicht »komplex«, er ist *undenkbar*. Ferner verstrickt man sich in einen weiteren Widerspruch: Wenn man sich darauf beruft, dass irgendeine Handlung wie das Töten eines (oder sehr vieler) Menschen *karmisch* bedingt gewesen sei, dann behauptet man ja, das Wirken des Karmagesetzes *doch* zu *verstehen*. Dies widerspricht gerade der *gleichzeitig* behaupteten Unmöglichkeit, dieses Gesetz erkennen zu können. Sich derart in Widersprüche zu verwickeln – von der moralischen Qualität dieser Aussagen einmal ganz abgesehen –, ist nur ein Ausdruck dafür, nicht klar gedacht zu haben.

Wenn sich aber das Karmagesetz, angewandt auf viele Menschen, nicht nur auf ein Individuum, selbst aufhebt, dann ist es höchste Zeit, die Rede von solch einem »Gesetz« und den daran geknüpften moralischen Aussagen einzustellen. Denn eines ist gewiss: Ein Buddha, der das Karma vollständig erkannt hat, hat sicher keine logischen Widersprüche gelehrt, sondern im Gegenteil aufgefordert, alle Aussagen selbst zu überprüfen. Das funktioniert aber nicht ohne Logik. Dennoch kommt auch Autoren wie Brian Ruhe durchaus ein Verdienst zu: Indem sie von der *inneren Logik* des Gedankens an das Karma als Quasinaturgesetz zu bitteren Konsequenzen und zu absurden Schlussfolgerungen getrieben werden, helfen sie, die so gedeutete Karmatheorie selbst als undenkbar zu durchschauen und als Täuschung loszulassen. Gerade hier ist es unabdingbar, *selber zu erkennen*.

Es ist also unschwer zu sehen, dass die Karmatheorie in der tradierten Form überhaupt nicht *denkbar* ist. Es ist nur eine verwirrte, nicht klar durchdachte Vorstellung, die sich als schlechte Denkgewohnheit in der buddhistischen Tradition eingeschlichen hat. Karma als vom wirklichen Handeln losgelöster »Schatten«, der als spätere Ursache wirkt und damit auch das Handeln *anderer* determinieren muss, um zu *wirken*, ist nicht »unerkennbar«, sondern in sich widersprüchlich, also undenkbar. Das ist ein großer Unterschied. Diese Karmatheorie kann also gar nicht das besagen, was sie scheinbar besagt, weil sie sich selber aufhebt. Wenn man definiert, dass Karma auf freier Motivation beruht, zugleich aber sagen muss, dass dasselbe Karma mich zu Handlungen nötigt, um sich als Gesetz *an anderen zu erfüllen*, dann gilt vom Karma: »Es ist« *und* »Es ist nicht« zugleich. Wie aber mit solchen Urteilsformen zu verfahren ist, das hat Nāgārjuna ausführlich gezeigt. Denn man erkennt darin ihre Leerheit:

> »Wer die Leerheit (*śūnyatā*) der Phänomene versteht, aber an das Gesetz vom Karma und seine Resultate glaubt, ist seltsamer als seltsam, erstaunlicher als erstaunlich.«[143]

Vielleicht hat auch die frühe Sangha die genannten Widersprüche gespürt und deshalb dem Buddha den Gedanken in den Mund gelegt, dass man über das Karmagesetz nicht nachdenken solle. Ein Nachdenken über Karma führe nur in den Wahnsinn (vgl. AN 4.77). Es führt nur in den Wahnsinn, wenn man sich nicht selber einen Gedanken und eigene Erkenntnis zutraut, wenn man an solch ein Gesetz nur *glaubt*, das gar nicht vernünftig gedacht werden kann. Ganz so, als wollte man verzweifelt an quadratische Kreise glauben. Der Buddha hat schließlich das aus dem Hinduismus oder von den Jains übernommene Karmagesetz fundamental *kritisiert*, indem er gesagt hat: Nicht die Tat, sondern die Motivation ist »karmisch« relevant. Ich werde, daran anknüpfend, jedenfalls versuchen, einen widerspruchsfreien Gehalt der Karmatheorie in den Abschnitten 3.3.4 und 3.4.3 näher zu entwickeln.

Ein Punkt sei noch ergänzt, eine Vermutung, die sich allerdings auf eine gründliche Untersuchung stützt.[144] Das Vordringen des Geldverkehrs, der Geldverwendung und damit der *Rechnung* in Geld hat zur schrittweisen Herausbildung eines neuen Subjekttypus, den ich das »Geldsubjekt« genannt habe, geführt. Das Geldsubjekt tritt der Welt durch eine Geldbrille entgegen. Es versucht, alle Dinge und Handlungen für die Märkte in rechenbare Einheiten, in ökonomische Werte zu verwandeln. Jedes Ding gilt nur so viel, wie sein Preis ausmacht, wie es in *Geld gilt*. Wer eine Ware verkauft, schuldet dem Käufer die Lieferung, während der Käufer die entsprechend vereinbarte Geldsumme schuldet. Im Geldverkehr auf den Märkten, durch Kauf und Verkauf, noch viel mehr durch den Kredit, entstehen also unaufhörlich alltäglich neue Schuldverhältnisse, die auch immer wieder getilgt werden. Da diese Schuldverhältnisse immer freiwillig, aus freier Motivation *zwischen Menschen* vereinbart sind, entwickelt sich dafür ein *Rechtssystem*. Dann, wenn eine Schuld nicht beglichen wird, *richtet* das Gesetz und der Schuldige wird bestraft: Er muss für seine Schuld büßen (bezahlen oder geht im schlimmsten Fall sogar in Schuldsklaverei). Ein Richter, der das im Geldverkehr entstandene Schuldverhältnis abwägt, handelt *gerecht*. Als Maß kann er das Geld verwenden. Diese in Griechenland wohl seit dem 7. Jahrhundert v. u. Z. auftauchende neue soziale Praxis und die dazu gehörigen Denkformen wurden nun nicht zuerst im Sinn einer *wissenschaftlichen Theorie* beschrieben und erkannt. Zu nah ist die Alltagspraxis des Kaufens und Verkaufens. Dennoch ist auffällig, dass in Griechenland in dieser Zeit Philosophien auftauchen, die das »Verschulden aller Dinge« ins Zentrum rücken – so etwa im Spruch des Anaximander:

> »Anfang und Ursprung der seienden Dinge ist das *Apeiron.* Woraus aber das Entstehen der seienden Dinge, in das hinein geschieht das Vergehen, nach ihrer Schuldigkeit. Denn sie zahlen einander gerechte Strafe und Buße für ihre Ungerechtigkeit nach der Anordnung der Zeit.« (Übersetzung nach Diels, leicht verändert)

Anaximander war ein griechischer Zeitgenosse des Buddha. Zahlreiche Aussagen der frühen griechischen Philosophie drehen sich um dieselbe Frage von Schuld und Sühne – ganz so wie in der Karmalehre. Anaximander kennt ein Gemeinsames, worin Schuld und Sühne ihr Maß finden: Er nennt dies das *Apeiron*, das Grenzenlose. Es ist eine Qualität, an der alle Dinge Anteil haben und die den Dingen ein Maß verleiht, selbst aber grenzenlos ist. Man kann darin unschwer die Eigenschaften des *Geldes* erkennen: Das Geld erlaubt es, Schuld und Sühne, Leistung und Bezahlung *zu vergleichen*, indem man in einer leeren, abstrakten Einheit *rechnet*. Überträgt man diese Denkfigur auf das Moralische, so *fehlt* aber solch ein Maß, und man erhält nur den Gedanken einer abstrakten »Gerechtigkeit«, worin Schuld und Sühne einander entsprechen. In den abrahamitischen Traditionen tritt an die Stelle des *Apeiron* ein richtender Gott; im Hinduismus heißt diese abstrakte Instanz »Karma«. Während im Geld ein Maß für Gerechtigkeit vorliegt, das gewöhnlich, d. h. beim alltäglichen Kauf und Verkauf, rein objektiv problemlos funktioniert, muss dann, wenn eine freiwillig zugestandene Leistung (Ware oder Geld) nicht erbracht wird, ein *Richter* das Gesetz von Schuld und Tilgung durchsetzen.

Während das anonyme Wirken der Geldrechnung eine abstrakte, gleichsam naturwissenschaftliche Kausalität als Idee hervorgebracht hat – später wirklich geworden in den Naturwissenschaften, moralisch wirklich in der Karmatheorie –, wird der gerechte Richter in der Denkform eines gerechten Gottes aus dieser sozialen Praxis abstrahiert. Während also Geld und Richter jeweils reale, konkrete Formen sind, führt ihre moralische Verallgemeinerung zu zwei leeren, projizierten Begriffen, deren Inhalt – konsequent durchdacht – zu vielerlei Widersprüchen führt. Im Buddhismus wird ein richtendes Subjekt (Gott) kritisiert und als nicht denkbar abgelehnt. Man behielt aber das anonyme Wirken der monetären Gerechtigkeit als Karmagesetz bei. Erst Nāgārjuna hat dann in seiner immanenten Kritik durch die Aufdeckung der Zirkularität von Tat und Täter auch diese Eierschalen vergangener Denksysteme abgestreift. Auch hat er die Idee vom Karma als einer Art »Schuldschein« ausdrücklich kritisiert (MMK 17.12–33). Es gibt immer wieder Lehrer, die ungeniert die Karmatheorie in ihrer ganz trivialen Form verkünden, dann innerlich umschalten und über die Leerheit von Tat und Täter im Geist des Mādhyamaka sprechen. Man kann solch ein Nebeneinander von sich widersprechenden Denksystemen in einem *spirituellen* Rahmen, der sich nicht diskursiv rechtfertigen muss, nachsichtig beurteilen. Für die Begründung einer *säkularen Ethik* ist das unannehmbar. Hier darf die Kritik nicht »in der hohlen Faust« gehalten werden, aus Furcht, man würde der Tradition Schaden zufügen. Nāgārjuna ist hierin ein bleibendes Vorbild.

3.3.5 Karma als säkulare Lehre

Wenn man »Karma« nicht als eine Entität betrachtet, die sich auf unerkennbare Weise von der Tat ablöst, die Zeit überdauert, um dann irgendwann später als »Reifungsprozess« Erfahrungen oder Situationen hervorzubringen, die die entstandene »karmische Schuld« ausgleichen, so braucht der Begriff des »Karma« keineswegs aufgegeben zu werden. Man muss sich nur einerseits an Nāgārjunas Lehre von der Untrennbarkeit von Tat und Täter erinnern; andererseits ist die Struktur des menschlichen Handelns noch etwas genauer zu beschreiben. Eine Handlung ist – wie gesagt – im Unterschied zu einem bloß unbewussten Verhalten stets durch ein vorausgehendes, begleitend-kontrollierendes Bewusstsein charakterisierbar. Wer handelt, weiß, wenigstens in den Grundzügen, was er tut. Im Bewusstsein ist also das *Motiv* der Handlung zu suchen, auch Handlungsziel oder Handlungszweck genannt. Gewöhnlich setzt man Handlungsziel und Handlungsresultat zueinander in Beziehung. Wird das Handlungsziel verwirklicht, so ist die Handlung gelungen. Das Gelingen kennt natürlich ebenso wie das Bewusstsein des Zieles viele Stufen der Bewusstheit und Vollkommenheit.

Allgemein ausgedrückt kann man beim Handeln *Zweck* und *Mittel* unterscheiden. In der Ethik ist immer wieder diskutiert worden, ob ein bestimmtes Mittel allein durch den Zweck gerechtfertigt wird – »der Zweck heiligt die Mittel« –, oder ob die Mittelverwendung selbst einen Wert darstellt. Ein wichtiger Aspekt des säkularen Kerns der Karmalehre lässt sich nun einfach in die Aussage übersetzen, dass Mittel nie neutral oder durch den Zweck gerechtfertigt sind. Man kann den buddhistischen Standpunkt kaum besser als durch einen Satz des jungen Karl Marx wiedergeben:

> »Aber ein Zweck, der unheiliger Mittel bedarf, ist kein heiliger Zweck.«[145]

Die Motivation, ein bestimmtes Ziel zu erreichen, umfasst immer auch die Wirkung der Mittel. Die Todesstrafe ist z. B. in dieser Analyse nicht deshalb falsch, weil sie nicht *effektiv* ist – also künftige schwere Straftaten nicht wirklich verhindert. Sie ist auch nicht (im utilitaristischen Sinn) umgekehrt erlaubt, weil andere, nicht-tödliche Strafen für die Gesellschaft höhere Kosten verursachen. Die Todesstrafe ist überhaupt kein ethisch zu rechtfertigendes Mittel, weil das *Töten als Tat* moralisch verwerflich ist. Denn: Das Töten kann nie universalisiert werden, ohne die menschliche Gesellschaft überhaupt zu gefährden – vom *Mitgefühl* auch für einen Täter ganz zu schweigen.

Dieses Argument lässt sich also sowohl auf der Grundlage der Kant'schen Ethik wie durch die buddhistische Mitgefühlsethik begründen: Der andere ist nie nur ein Mittel für einen fremden Zweck, sondern ist ein Lebewesen, mit dem man durch Mitgefühl verbunden bleibt. Mittel sind also nie neutral. Doch das *Karma* zielt noch auf einen anderen Aspekt, nicht nur darauf, dass neben dem Zweck auch das Mittel im Motiv einzubeziehen ist, wenn man eine Handlung moralisch beurteilt. Ein zweiter Aspekt ist die Rolle des Bewusstseins. Wer eine Handlung ausführt, aktualisiert eine bestimmte Folge von Handlungsschritten. Formalisierte Handlungen legen zuvor diese Handlungsschritte durch genaue Vorschriften fest. Das griechische Wort für »Vor-Schrift« lautet: Programm (*prógramma*, von *grámma* = schreiben). Handlungen werden also als Prozess geformt durch ein *Handlungsprogramm*. Das kann nur eine einfache Bewegung sein (wie ein Gruß), es können ganz komplexe Handlungsverläufe sein wie ein Klavierstück auf Noten oder ein Kochrezept. Das Handlungsprogramm ist die *Form* der Handlung. Die Elemente des Handlungsprogramms sind *bewusst*. Man kann eine Handlung bewusst verlangsamen oder überhaupt stoppen, Schritte verändern usw. All dies geschieht durch das *Bewusstsein* hindurch.[146]

Handlungen werden also durch das Bewusstsein und die darin artikulierte Motivation geformt und als bestimmte Handlungsmuster ausgeführt. Wenn man nun bestimmte Aktivitäten oft wiederholt, so lässt sich folgendes Phänomen beobachten: Handlungsmuster werden immer flüssiger, immer leichter. Es bilden sich *Gewohnheiten* (»Fertigkeiten«). Gewohnheiten benötigen schrittweise immer weniger bewusste Kontrolle. Die Achtsamkeit als Handlungskontrolle tritt zurück. Wer das Schreiben auf einer Tastatur erlernt, bewegt seine Finger sehr bewusst und langsam, mit vielen Fehlern. Nach längerer Übung werden diese Bewegungen flüssiger, immer mehr automatisiert und schrittweise unbewusst. Sie können schließlich ganz automatisch ablaufen: Man konzentriert sich völlig auf den zu schreibenden Text, nicht mehr auf die Fingerbewegung. Dasselbe gilt für das Autofahren, das Kochen oder beliebige andere Alltagstätigkeiten. Handlungsprogramme werden so mehr und mehr zu unbewusst ausgeführten Mustern. Hier geht die bewusste Handlung in Routine, schließlich in ein automatisiertes Verhalten über.

Diese unbewusst gewordenen Handlungsgewohnheiten sind nun exakt das, was man auch als *karmische Muster* bezeichnet (*saṃskāra*). Diese Muster können tatsächlich automatisch, ohne bewusste Kontrolle wirken. Man kann sie auch erlernen und nachahmen – jeder Auszubildende macht genau das: Er ahmt bestimmte Operationen so lange nach, bis sie »selbstverständlich« und »automatisch« werden. Unbewusst gewordene Gewohnheitsmuster kann man auf den ersten Blick nicht mehr von angeborenen Reflexen unterscheiden. Die unbewusst gewordenen Gewohnheitsmuster sind das verbindende Glied auch zu den Tieren. Wer vorwiegend aus Gewohnheit handelt, der *verhält* sich eigentlich nur. Das Bewusstsein tritt als Kontrollinstanz zurück und überlässt die Bewegungen unbewussten Verhaltensweisen. Im Unterschied zu angeborenen Reflexen können aber Gewohnheitsmuster wieder *bewusst* gemacht werden. Das spielt für kreative Prozesse eine sehr große Rolle.[147]

Die Summe aller erlernten und eingeübten Gewohnheitsmuster, die unbewusst geworden sind und unsere Handlungen mehr und mehr bestimmen – das ist es, was sich als das *Karma* des Handelns bezeichnen lässt. Gewohnheiten sind, so sagen wir auch, *selbstverständlich*. Wir verstehen unser Selbst von unseren Fertigkeiten und Gewohnheiten her. Das Bewusstsein ist durchzogen von Gewohnheiten des Sprechens, von unbewussten Denkmustern. Unsere Handlungen sind durchsetzt mit unbewussten Reaktionen. Kurz: Der Komplex der Gewohnheiten bestimmt unseren Charakter, unser *Selbstbild*. Wir werden täglich immer wieder in und aus unseren Gewohnheiten neu geboren; der Komplex der Gewohnheiten formt damit auch das *Ich*.

Wenn Gewohnheiten in bestimmten Situationen nicht mehr funktionieren, werden sie uns wieder bewusst. Wenn man nach einem Unfall plötzlich nur noch mit einer Krücke gehen kann, bemerkt man, wie sehr das Gehen eine Gewohnheit geworden war. Wir sind gehende, hantierende, sprechende, denkende Wesen – und all diese Handlungen sind durchsetzt mit Gewohnheiten, die wir wiederholen. Oft reagieren wir auf bestimmte Reize wie Tiere: Wir antworten sofort mit einem *Gewohnheitsmuster*. Auch das, *was* wir an einer Situation *wahrnehmen*, beruht auf vielfältigen Gewohnheiten des Denkens.

Gewohnheiten sind in dieser karmischen Funktion weder gut noch böse; sie sind moralisch zunächst neutral zu beurteilen.

Hier lässt sich unmittelbar der innere Zusammenhang zwischen der aristotelischen Tugendlehre und der Karmalehre erkennen, die in der ursprünglichen Bedeutung des Wortes »Ethik« vereinigt sind: »Charakter« (ἦθος) und »Gewohnheit« (ἔθος); vgl. Kapitel 2.2. Die karmischen Gewohnheiten, die unbewusst gewordenen Bewegungsmuster (*saṃskāra*), formen den Charakter und die Fertigkeiten eines Menschen. Sie sind aber veränderbar; sie sind nicht angeboren bzw. genetisch oder neurologisch bedingt, sondern können *bewusst* geformt werden. Deshalb sagen Aristoteles und die buddhistische Ethik dasselbe: Man muss moralische Tugenden *erlernen*. Das, was man als vernünftig erkannt hat – sagt auch Kant –, lässt sich in einen *Habitus*, eine Gewohnheit, verwandeln. Moralische Gewohnheiten sind erlernbar. Also können wir das Karma unserer Handlungen *verändern und gestalten*. Die Frage ist nur, ob wir dies bewusst motiviert machen oder die Entstehung von Gewohnheiten dem Zufall, der Situation oder schlicht auch der Nachahmung überlassen. Die Gewohnheiten, also die karmischen Muster, sind kein fremdes Gesetz, sondern das, was sich in unseren Handlungen als Automatismus festsetzt. Hier gilt auch der Satz von Cicero: *Consuetudo quasi altera natura*, Gewohnheit ist quasi eine zweite Natur. Gewohnheiten sind keine *wirkliche* Natur. Naturgesetze kann man definitionsgemäß nicht ändern – sonst würden sie nicht *gelten*. Dennoch besitzen Gewohnheiten eine Eigenschaft, die sie »quasi in eine zweite Natur« verwandeln. Gewohnheiten, also karmische Muster, gelten so lange, wie sie nicht erkannt und dadurch ins Bewusstsein gehoben werden. Bewusst gemacht, lassen sie sich verändern oder aufheben. Den berühmten »Kniereflex« können wir nicht durch Übung verändern; er ist angeboren, gehört zu den Naturgesetzen unseres Körpers. Er ist nicht »karmisch«. Die Reaktion auf andere Menschen, Rechtschreibfehler oder das Rauchen können wir durch eine bewusste Entscheidung, durch Achtsamkeit verändern.

Gewiss – leicht ist das nicht. Denn Gewohnheiten haben eine große Macht. Sie üben diese Macht aber nur aus, weil wir sie uns nicht *bewusst* gemacht haben. Es ist das *Nichtwissen*, das *Nichtachten*, das *Unbewusste*, das den Gewohnheiten – damit dem Karma – Macht verleiht. Sie *beruhen* auf Unachtsamkeit (*avidyā*). Das Karma, so interpretiert, kann durch *Achtsamkeit* modifiziert und auch ganz aufgehoben werden. Unser Leben ist auf weiten Strecken vor allem bestimmt durch *Unachtsamkeit*. Sie begründet hier alles andere. In der traditionellen Darstellung der bedingten Entstehung (*pratītyasamutpāda*) bildet deshalb die Unachtsamkeit, das verminderte Wissen, die Grundlage aller Handlungen, die nicht in der Helle des Bewusstseins vollzogen werden, sondern von karmischen Mustern (*samskāra*) bestimmt sind. Die Bewegungsmuster sind das »Material«, aus dem sich das Ich-Territorium als alltägliches Erlebnis bildet, das gegen andere durch Übergriffe (Gier) und Abwehr (Hass) verteidigt wird. Gier und Hass sind die emotional aufgeladenen Gewohnheiten, die das alltägliche Bewusstsein aus dem Vorrat an unbewussten Mustern dominieren – solange eine Übung der Achtsamkeit dem nicht einen Riegel vorschiebt.

Diese Bewegungsmuster sind tatsächlich von einer jeweiligen Person und ihrer Tat auch *abtrennbar*. Wie man eine Violine spielt, wie man eine Schrittfolge zur Lösung einer quadratischen Gleichung vollzieht, wie man ein Auto startet – all dies sind erlernbare Handlungsmuster, die nicht an eine besondere Person gebunden sind. Menschen mit gleichen Berufen verfügen über eine Fülle gleicher Bewegungsmuster, die sie oft fast automatisch ausführen. In diesem Sinn kann sich das Karma, interpretiert als Gewohnheitsmuster, also wirklich vom Handelnden ablösen. Es ist aber immer nur wirklich, wenn es auch tatsächlich ausgeführt wird. Ein Buch ist tot. Erst das Bewegungsmuster des Lesens verwandelt die Buchstaben in verständliche Sprache. Erst die *Tat* macht hier den *Täter*, das Lesen den Leser, das Autofahren den Fahrer, das Kochen den Koch und das Rechnen den Mathematiker. Wie Nāgārjuna sagt: Man kann die Tat nicht vom Täter lösen. Der Täter ist keine Substanz *hinter* der Tat, sondern nur in der Tat *wirklich*. Es gibt kein Ich hinter dem Sprechen, Kochen, Rechnen und Autofahren, wohl aber situativ ein Sprach-, Koch-, Rechen- und Autorfahrtego. Wer z. B. das Autofahrtego entdecken will, braucht sich nur daran zu erinnern, wie man auf einer Autobahn reagiert, wenn ein anderes Auto nah auffährt, bremst oder drängelt. Sofort erheben Gier (nach freier Fahrt) und Zorn (auf den Drängler) ihr Haupt. Das Karma schafft also tatsächlich den Täter, führt zu dessen Wiedergeburt in immer neuen Situationen.

So rekonstruiert, lässt sich der Karmabegriff unschwer im Rahmen einer säkularen Ethik verwenden. Mehr noch, er ist hier sogar geeignet, den Begriff der Tugend als einer zwar vom Verstand ausgehenden Einsicht und Motivation, schließlich aber doch als Gewohnheit erlernten Fertigkeit und *Vollkommenheit* des Handelns verständlich zu machen. Die Lehre des Buddha, ihre Interpretation durch Nāgārjuna und die abendländische Tugendethik, wie sie anschließend an Aristoteles formuliert werden kann, geben sich im Karmabegriff gleichsam harmonisch die Hände. Die Moral lässt sich hier als eine Summe von – teils unbewusst gewordenen – Gewohnheiten definieren. Die *Ethik* ist die bewusste Reflexion solcher Gewohnheitsmuster und die

Überprüfung daraufhin, ob sie als Regeln verallgemeinert werden können, um Leiden in der Gesellschaft zu mindern. Die *Achtsamkeit* auf moralische Regeln bildet die Grundlage einer reflektierten Ethik. Wer auf die gegenseitige Abhängigkeit seines Handelns achtet, *achtet* darin auch die anderen, nimmt sie »in die Acht«.[148] Achtsamkeit wird hier zum Mitgefühl. Eine bloße Tradition von Regeln – auch wenn sie bewusst angewendet werden –, besitzt zwar formal den Charakter einer Moral. Sie regelt das Handeln von Menschen. Doch wenn solch einer Moral das *Mitgefühl* als moralische Grundlage fehlt, dann ist aus einer buddhistischen oder tugendethischen Perspektive eine Regel moralisch *falsch*. Auch die Mafia kennt Regeln, aber keine Ethik.

Man kann im Geist einer säkular-buddhistischen Ethik noch spezifischer argumentieren: Wenn man erkannt hat, dass Tat und Täter immer zugleich geboren werden, dass es hinter den menschlichen Handlungen des Körpers und des Geistes kein bleibendes Ich als Substanz gibt, dann lässt sich die *buddhistische Ethik* auch systematisch als *Kritik des Egos* definieren. Wer vorwiegend durch unbewusste Gewohnheitsmuster handelt, wer also in verschiedenen Situation immer oder doch überwiegend durch routinierte Muster reagiert, der wird die Situation immer wieder auch verfehlen, wird Entscheidungen zum eigenen Nachteil und zum Nachteil anderer treffen. Er verpasst, mit den frühen Sophisten gesagt, den *Kairos* der Situation. Aus einer Fülle von wiederholten karmischen Mustern bildet sich so ein illusionäres Ego-Territorium von Gewohnheiten, die verteidigt werden. Dieses Ego-Territorium, das sich auf karmische Muster gründet, beruht auf einem verdunkelten Bewusstsein. Verteidigt man dann dieses Ego-Territorium durch blinde Reaktionsmuster, unbewusste Gewohnheiten, dann wird man immer mehr durch Unachtsamkeit und, darauf gegründet, immer wieder durch Gier und bloßen Hass bestimmt. Man reflektiert ja nicht mehr bewusst in bestimmten Situationen, sondern man *verhält sich nur*. Die untrennbare Verbindung mit allen anderen Phänomenen, bezogen auf die eigene Wahrnehmung und die eigenen Gefühle, all dies wird dann nur noch nach »erwünscht« und »unerwünscht« sortiert. Nicht mehr das Bewusstsein regiert, sondern eben Begierden und Aggressionen.

Unbewusste karmische Muster, die Bildung eines Ego-Territoriums und ein Zugriff auf die Welt durch blinde Leidenschaften (Gier und Hass) führen also zu einer Entfremdung von der lebendigen Erfahrung gegenseitiger Abhängigkeit. Sie lassen das natürliche Mitgefühl stumpf werden und verwandeln die Handlungen in *egoistische*. Eine säkulare Ethik hat deshalb immer auch die Kritik der Egoprozesse zur Aufgabe. Diese Kritik kann sich auf die Erkenntnis der karmischen Gewohnheitsbildung stützen und findet darin eine Erklärung, wie und weshalb die vielfältigen Gewohnheiten in der menschlichen Gesellschaft sich immer wieder von der lebendigen Erfahrung ganzer Situationen ablösen. Sie ersetzen die bewusste Erfahrung durch illusionäre Gebilde und produzieren so überflüssiges Leiden. Wenn dann solche Gewohnheitsmuster noch sozial nachgeahmt werden, wechselseitig sozusagen in *Resonanz* geraten und sich so verstärken, kehrt sich die gegenseitige Abhängigkeit ins Negative um und transformiert die Gesellschaft in einen blinden Prozess. Die Welt des Geldes, die Politik und Interessenkämpfe bieten dafür reiches Anschauungsmaterial.

Durch diese Erkenntnis verwandelt sich die analytische Form einer sich aus dem Geist der buddhistischen Philosophie speisenden Morallehre schließlich in eine *normative Ethik*, in einen Vorschlag zur Erziehung von *heilsamen* Gewohnheiten am Muster des Mitgefühls für alle Lebensbereiche. Die Weckung der Achtsamkeit auf alle erdenklichen Gewohnheitsmuster ist hierbei der Universalschlüssel für eine ethisch geführte Praxis. Hierauf können dann die Bereichsethiken bauen: Eine buddhistische Wirtschafts- und eine ökologische Ethik, die Ethik der Erziehung und Bildung, die Ethik der Menschenrechte, ethische Fragen der Gesundheit, die Tierethik usw. Diese Bereichsethiken hier auch nur zu umreißen würde allerdings den Rahmen dieses Buches völlig sprengen.[149]

3.3.6 Ethik und Weltveränderung

Bei dem hier skizzierten Übergang von der analytischen zu einer normativen Ethik, wie ich sie aus dem Geist der buddhistischen Philosophie zuletzt darzustellen versucht habe, drängt sich eine zentrale Frage auf: Ist die Lehre des Buddha eigentlich eine Lehre zur *Verbesserung der Welt*? Mit »Welt« ist hier die Lebenswelt der Menschen in einer natürlichen Umwelt gemeint – nicht der ganze Kosmos. Dass sich die Welt unaufhörlich verändert, dass sie vergänglich ist, daran besteht kein Zweifel. Diese Einsicht ist gerade ein zentrales Motiv der buddhistischen Lehre. Wahr ist auch, dass diese Veränderungen letztlich *todsicher* erlitten werden. Das Ziel im ursprünglichen Buddhismus ist deshalb gar nicht *auf die Welt* gerichtet, sondern darauf, diese Welt möglichst bald hinter sich zu lassen. Wenn man die Ethik nur als eine Art Hilfe auf dem Weg zur Erlösung *von der Welt* betrachtet, dann gibt es keine prinzipielle Verbesserung der Welt. Viele buddhistische Praktizierende sehen in der Ethik keine *innerweltliche* Aufgabe. Betrachtet man als Heilsziel auch nur die je *individu-*

elle Befreiung aus *Samsāra* und fügt den Gedanken des Buddha hinzu, dass *Samsāra* schon seit anfangsloser Zeit, ohne absehbares Ende besteht, dann erscheinen alle relativen Ziele, die man *in der Welt* zu ihrer Verbesserung verfolgt, nur als ein eitles, überflüssiges Bestreben. Letztes Ziel bleibt immer die Befreiung *von der Welt*, also *von Samsāra*. Der Versuch, *Samsāra* verbessern zu wollen, scheint von diesem Standpunkt aus völlig vergeblich. Das wird von buddhistischen Lehrern unterschiedlicher Schulen, im Großen wie im Kleinen Fahrzeug, auch durchaus so ausgedrückt. Der Zen-Meister Dogen sagt:

> »Oft versuchen die Menschen ihre Umstände zu ändern, obwohl dies natürlich nicht möglich ist. Gib solche nutzlosen Tätigkeiten auf und entwickle ein klares Verständnis für den Weg.«[150]

Ein »klares Verständnis für den Weg« – das soll heißen, für den Weg der Befreiung *aus den Lebensumständen*, nicht deren Verbesserung. Die Welt ist eigentlich kein Objekt des wirklichen Interesses. Man betrachtet sie nur als Fessel, meint auch Bhikkhu Kassapa:

> »Die Welt ist für den Buddhisten nur eine Durchgangsstation, an der er nicht festhält. Darum ist das Schicksal der Welt für ihn keine existentielle Kernfrage. Er weiß, dass er in jedem Falle sterben muss und die Folgen seiner Taten allein zu tragen hat, darum ist ihm *in der Hauptsache an seinem eigenen Wirken* gelegen.«[151]

Eine Welt*verbesserung* ist bestenfalls ein *Nebenprodukt*:

> »Darum kann eine Weltveränderung oder Weltverbesserung nur als Nebenprodukt des Strebens angesehen werden, nicht aber als sein eigentlicher Sinn.«[152]

Geht man von diesem Standpunkt aus, so ist Zweierlei erkennbar: *Erstens* wird hier ein rein individualistischer Standpunkt eingenommen. Die moralische Disziplin hat vor allem die Aufgabe, die je *eigene* Befreiung zu fördern, besitzt also einen rein instrumentellen Charakter. Selbst wenn man dabei auf die Gemeinschaft mit anderen Praktizierenden setzt, so verfolgt man doch nur *gemeinsam* das Ziel, *samsāra* individuell möglichst rasch und endgültig hinter sich zu lassen. Wenn für andere, für die Gesellschaft, für die Umwelt dabei etwas Positives abfällt, so ist das nur ein *Nebenprodukt*, nicht aber ein *Motiv* des moralischen Handelns. *Zweitens* ergibt sich als negatives Ergebnis: Eine *säkulare Ethik*, die ihre Zielsetzungen gerade *in der Welt* und den darin lebenden Menschen findet, lässt sich daraus nicht begründen. Das Wohl der anderen, das Mitgefühl als *primäre* Zielsetzung, für die ein *Bodhisattva* gerade darauf verzichtet, nur sein eigenes Heil zu suchen, wird erst im *Mahāyāna* möglich. Nur auf dieser Grundlage, nämlich das eigene *Heilsstreben* zurückzustellen für andere, wird eine *säkulare Ethik* des Mitgefühls begründbar und möglich. Insofern gibt es im *ethischen* Sinn tatsächlich beim Übergang zum Mahāyāna so etwas wie eine *Revolution*, eine Umkehrung der Zielsetzung. Das wird am Grundbegriff des Mahāyāna, des Erleuchtungsgeistes (*bodhicitta*) deutlich. Wie der Dalai Lama sagt, lässt sich *Bodhicitta* als »höchste Form des Altruismus« begreifen:

»*Bodhicitta* ist derart: Während man engagiert ist, die Wünsche anderer zu erfüllen, ergibt sich die Erfüllung des Selbstinteresses als ein Nebenprodukt.«[153]

Hier hat also die *Ethik* Priorität und die Erfüllung des Selbstinteresses erscheint genau umgekehrt als bloßes Nebenprodukt – allerdings als eines, das sich gleichwohl mit Sicherheit einstellt. Dies mindert die Differenz zwischen beiden Fahrzeugen. Es ist aber, das lässt sich daran erkennen, nicht ganz einfach, eine säkulare Ethik aus dem Geist des frühen Buddhismus zu entwickeln. Der wichtigste Schritt besteht darin, dass sich der Fokus auf die *Träger* moralischer Zielsetzungen von den Nonnen und Mönchen zu den Nichtordinierten verschiebt. Der *engagierte Buddhismus*, der ja auch in der südlichen Tradition wurzelt, hat sich vielfach vom *rein* klösterlichen Ideal gelöst. Ein wichtiges Beispiel dafür ist die *Sarvodaya*-Bewegung von A. T. Ariyaratne aus Colombo, Sri Lanka.

Es liegt also gar kein Gegensatz zwischen dem Kleinen und dem Großen Fahrzeug vor. Eher zeigt sich, dass sich der Unterschied auf zwei verschiedene *Lebenswelten* bezieht: Die klösterliche Umgebung steht im Unterschied, ja im Gegensatz zu einem Leben in der Welt. Das verwundert nicht. Denn schon dem Wortsinn nach ist eine *säkulare Ethik* auf die menschliche Welt, die Gesellschaft überhaupt gerichtet, nicht auf das vereinzelte Bemühen um Befreiung in der abgetrennten Umgebung eines Klosters. Nur in solch einer Umgebung kann auch der Gedanke aufkommen, dass die buddhistische Ethik *ewige* Prinzipien beinhalte, während die weltliche Moral durch Vergänglichkeit und Wandelbarkeit gekennzeichnet sei, weil sie sich immer nach den aktuellen Problemen des menschlichen Lebens ausrichte. In aller wünschenswerten Klarheit sagt Nyānaponika:

»Die sozialen und politischen Motivationen für moralisches Handeln, die sich an den modernen Menschen richten, brauchen nicht direkt den grundlegenden Gefühlen der Moralität zu widersprechen. Aber da ihre Strukturen an bestimmte historische Bedingungen gebunden sind sowie veränderliche Eigeninteressen und Vorurteile der dominierenden sozialen Gruppe reflektieren, sind die Werte, die sie vertreten, in hohem Maße relativ; sie entbehren jeder universellen Gültigkeit. Im Kontrast dazu bietet die buddhistische Ethik, die auf psychologischen Fakten beruht, nicht auf externen Zufälligkeiten, einen *Kern von moralischen Prinzipien für alle Zeiten und unter allen Umständen.*«[154]

Die säkulare Ethik – so würde daraus folgen – ist nur eine vorübergehende, historische Form, abhängig von egoistischen Interessen und Vorurteilen herrschender Klassen. Dem stehe die buddhistische Ethik entgegen, die ewig gelte und gleichsam nur *zufällig* mit einer säkularen Ethik übereinstimme. Das ist ganz derselbe Gedanke, den ich eben aus dem Mund von Bhikkhu Kassapa zitiert habe: Eine säkulare Ethik stimmt nur *nebenbei* oder *zufällig* mit der »ewigen Moral« der Buddhalehre überein. Die säkulare Ethik wäre in diesem Verständnis ein bloß zufälliges *Nebenprodukt* der wahren, ewigen Ethik des Buddhismus – hier aus dem Munde von Vertretern der Theravāda-Tradition.

Auch wer sich um eine wirkliche Ökumene zwischen den verschiedenen buddhistischen Schulen – zu schweigen vom interreligiösen Dialog – bemüht, wird hier nicht umhin kommen zu sagen: Das Festhalten an der Lehre der Älteren (Theravādin) bildet für die Formulierung einer *säkularen Ethik* ein Hindernis. Eine säkulare Ethik kann im eigentlichen Wortsinn nur aus dem

Mahāyāna hervorgehen. Nur wer das *individuelle* Heilsziel der Befreiung *aus der Welt*, aus *Samsāra* zurückstellt, für den rücken die Leiden der anderen Menschen und anderer Lebewesen in den Vordergrund. Dies ist nicht primär eine Frage der Motivation; darin besteht vermutlich zwischen südlichem und nördlichem Buddhismus kein Unterschied. *Beide* Traditionen entfalten in der Meditation liebende Güte und Mitgefühl als tägliche Praxis. Es geht hier um die *Begründung einer säkularen Ethik*, für die in den zitierten Überlegungen einfach kaum ein Raum besteht. Wer eine »ewige Ethik« behauptet, die unabhängig von der Lebenswelt der Menschen ist, der bietet im *säkularen* Sinn keine moralische Hilfe bei Alltagsproblemen an. Zudem ist der Gedanke einer »ewig gültigen Ethik« gar nicht nachzuvollziehen; der Buddha hat selbst die Vergänglichkeit seiner Lehre betont. Denn *der Sinn* einer ethischen Regel ist immer situativ; worauf der Buddha ausdrücklich hingewiesen hat, als er sagte, dass er »je nach den Umständen urteilt; nicht einseitig urteilt da der Erhabene.« (AN 5.189) Keine Spur von »ewig«. Nyānaponikas Aussage steht also auch im Widerspruch zum Wort des Buddha. Wer dagegen *pratītyasamutpāda* und darauf gegründet das *Mitgefühl* als zentrale Perspektive beibehält, der kann gar nicht anders, als sich auch in den Niederungen des Alltags situativ um eine Minderung des Leidens in seinen wechselnden, aktuellen Formen *auch praktisch* zu bemühen.

Der Buddha selbst hat immer wieder viele Ratschläge zur einfachen Verbesserung des Lebens gewöhnlicher Menschen gegeben. Insofern kann man durchaus auch aus dem Buddhawort im Pali-Kanon eine säkulare, *normative* Ethik entwickeln. Sie lässt sich in einem schlichten Satz zusammenfassen: Alle Handlungen, die das Leiden anderer Menschen oder Lebewesen mindern, sind moralisch zu bevorzugen. Wenn man das durchaus säkulare Streben auf die Minderung des Leidens in verschiedensten Formen richtet, so wird im Ergebnis auch die Gesellschaft langfristig eine andere, eine – nicht nur moralisch – bessere. Ich hatte schon darauf hingewiesen, dass sich in diesem Punkt sogar mit dem Utilitarismus eine wichtige Berührung ergibt, wenn man den Utilitarismus *negativ* formuliert: Handlungen sind dann ethisch wertvoller, wenn sie mehr Leiden mindern (vgl. Kapitel 2.5).

Es ist wohl kein Zufall, dass die Initiative, eine neue säkulare Ethik auch aus dem Geist des Buddhismus zu entwickeln, dies aber im engen Gespräch mit anderen Religionen und der abendländischen Wissenschaft zu tun, vom Dalai Lama ausgegangen ist. Der Dalai Lama ist bei allem Bemühen, die Differenzen zwischen verschiedenen buddhistischen Schulen zu versöhnen, doch seinem ganzen Profil nach ein *Mahāyāna-Buddhist*, ein *Bodhisattva*. Und wie ich zu zeigen versucht habe, bietet gerade die verallgemeinerte Lehre von der gegenseitigen Abhängigkeit aller Phänomene, in der von Nāgārjuna entwickelten Form, ein allgemeines Fundament für eine säkulare Ethik aus dem Geist des Buddhismus. Hier wiederum ergeben sich – das habe ich im zweiten Teil zu zeigen versucht – zahlreiche Anknüpfungspunkte an westliche Traditionen.

Es geht in dieser Frage nicht um einen *Gegensatz* zwischen Individuum und Gemeinschaft. Ansprechpartner bleibt auch für das Mahāyāna trotz der weiter gefassten Zielsetzung immer jeder Einzelne, nicht ein farblos-leeres Kollektiv. Der Dalai Lama rückt gerade in der Betonung der zentralen Rolle des Mitgefühls durchaus *das Individuum* in den Mittelpunkt der Veränderung. Allerdings geht er grundlegend davon aus, *dass* sich die Welt verändern, verbessern lässt, wie folgender kleiner Dialog aus seinen Schriften zeigt:

> »Denkst du, dass ein Individuum die Welt verändern kann? Dalai Lama: Ja. (...) Veränderungen des Zustands der Welt beruhen auf dem individuellen Verhalten.«[155]

Darin ist ein wesentliches Grundprinzip einer säkularen Ethik aus dem Geist des Buddhismus formuliert: Eine Weltveränderung muss immer *durch das vereinzelte Bewusstsein hindurchgehen.*

Die Welt gewaltsam von außen verändern zu wollen bringt zwar zweifellos eine *andere*, keineswegs aber eine bessere Welt hervor. Insofern ist der Adressat der Weltveränderung jeder Einzelne, das Denken jedes Einzelnen. Buddhas Empfehlung, dass jeder *selber erkennen* soll, gilt nachdrücklich für eine säkulare Ethik. Zwar braucht man institutionellen Änderungen, rechtlichen Normierungen deswegen nicht ablehnend gegenüberzustehen. Sie sind sogar unvermeidlich. Doch erstens sollten – und hier wird die säkulare Ethik normativ – solche äußeren Regelungen oder Gesetze selbst wiederum moralisch begründet sein. Zweitens darf man rechtliche Normierungen oder ökonomische Prozesse nie als eine bloß *kausal wirkende* Steuerung des Verhaltens begreifen. In dem, was durch den Begriff der »Anreize« – Anreize, die man verwendet, um Verbesserungen durchzusetzen – ausgedrückt wird, wird das Bewusstsein durch clevere PR und Werbung umgangen und in bedingte Reflexe verstrickt. Vor allem Ökonomen betrachten die Gesellschaft als ein rein objektives Netzwerk, das durch Reize (Preissignale) gesteuert wird, worin aber das Bewusstsein keine Rolle spielt. Um nur ein Beispiel zu nennen: Friedrich A. von Hayek, Träger des Wirtschaftsnobelpreises und so etwas wie der Guru des Neoliberalismus, sagt, die Gesellschaft solle beherrscht werden von

> »einem überbewussten Mechanismus, der auf dem Inhalt des Bewusstseins (der Bürger) operiert, aber der selbst nicht bewusst sein kann.«[156]

Kaum könnte der Gegensatz zu einer säkularen Ethik aus dem Geist des Buddhismus größer sein, als es in diesem Satz ausgedrückt wird. In diesem Gegensatz liegt auch der tiefe Unterschied zwischen dem, was bislang an Weltveränderung oder Verbesserung versucht wurde, und dem verändernden Impuls einer säkularen Ethik: *Veränderungen müssen immer durch das Bewusstsein hindurchgehen*. Eine Veränderung der Welt ist stets zugleich eine Veränderung des Bewusstseins. Der Marxismus in seiner im 20. Jahrhundert wirksam gewordenen Form als *Leninismus* hat für die Weltveränderung vor allem auf *Gewalt* gesetzt. Man zwingt den Menschen eine neue Gesellschaftsordnung auch gegen deren ausdrücklichen Willen auf. Der Neoliberalismus hat als Reaktion darauf meist die Anreize zur Steuerung von Menschen betont – auch wenn die den Neoliberalismus global durchsetzende Politik auf Gewalt in zahllosen Kriegen keineswegs verzichtet. Man hat vor allem von den Propagandatechniken gelernt: Das Bewusstsein der Menschen wird nicht durch ethische Argumente überzeugt, sondern es wird durch Anreize unterlaufen. Man verwendet die aus dem Geld erwachsenden Illusionen ebenso wie für den Konsum bedingte Reflexe, Reizkonditionierung und Neuromarketing, nach allen Regeln psychologischer Tricks. Ich kann das in diesem Kontext nicht näher darstellen.[157] Hier greife ich diesen Gedanken nur auf, um den Sinn einer Weltveränderung auf einer *ethischen Grundlage* und die Rolle des Bewusstseins dabei zu verdeutlichen.

Der Begriff »Weltveränderung« ist gerade durch die fortwirkenden Versuche in Verruf gekommen, dies mit *Gewalt* oder durch *Anreize*, also Manipulationen der Menschen, verwirklichen zu wollen. Kein Wunder, wenn die Menschen diese Art Weltveränderung aus Erfahrung immer mehr ablehnen. Meist geschieht dies mit dem Vorwurf, schon die bloße Idee sei nur eine »utopische Spinnerei«; man habe ja im 20. Jahrhundert gesehen, wohin das führe. Und so schüttet man auch hier das Kind mit dem Bade aus. Aus der gewonnenen Erfahrung, dass eine erzwungene Weltveränderung von außen – durch Politik und Gewalt, durch ökonomische Sachzwänge – keine wirklich *menschliche* Verbesserung bringt, gelangt man zur Resignation oder flieht in private Scheinwelten. Übrigens kann das durchaus auch unter einem religiösen Mäntelchen erfolgen. Das Denken bleibt hier eingesperrt in das Vorurteil: »Am Ende bleibt doch wieder alles beim Alten.« Folgerung: »Am besten ist es, gar nichts zu tun.« Die säkulare Ethik ist auch darin ein mittlerer Weg: Sie beharrt auf der Möglichkeit, das Leiden in der Welt zu reduzieren. Dies aber nicht von außen, sondern jeweils durch das Bewusstsein der Einzelnen hindurch. Die Menschen müssen vor und in jeder Weltverbesserung mehr und mehr lernen, ihre eigenen Umstände zu erkennen. Dann können sie frei entscheiden, *wie* sie Leiden mindern wollen.

Der *Ort* der Weltveränderung im Sinn der Ethik ist also nicht primär »die Welt«, sondern »das Bewusstsein«. Das Bewusstsein wird zwar immer im Einzelnen, im Individuum, aktualisiert. Dennoch weist seine Form auch immer schon über jeden einzelnen Menschen hinaus. Adressat der säkularen Ethik ist das Individuum; doch wird das Individuum, *das Ich*, nicht als letzter Bezugspunkt betrachtet, sondern nur als unvermeidbarer *Ausgangspunkt*, als bloße Verdunkelung der Erkenntnis der gegenseitigen Abhängigkeit. Die Moral muss nicht äußerlich an vielen Ichs erst verwirklicht werden. Im Gegenteil, das natürlich vorhandene Mitgefühl, das durch das Ich und den darauf gegründeten Egoismus *verdeckt und verdunkelt* wird, kann sich hier schrittweise wieder offenbaren. Dies geschieht auf der Grundlage *je eigener Einsicht* in die unheilsame Natur der als Egoismus gesteigerten Ich-Vorstellung und den sich daraus ergebenden unheilvollen sozialen und ökologischen Konsequenzen.

Fragen einer *angewandten säkularen Ethik* ergeben sich dann aus diesem Grundprinzip des Mitgefühls. Diese säkulare Ethik ist durchaus auch *kritische Ethik*. Sie analysiert und kritisiert die unheilsamen Denkformen, die Leiden nach sich ziehen. Auch darin bietet sich ein enger Dialog mit den Wissenschaften an, denen hier die Möglichkeit angeboten wird, an den blinden Flecken ihrer eigenen Denksysteme über diese hinauszudenken. Was ich im vorliegenden Text nur an einigen Beispielen der Naturwissenschaften, der Biologie und der Neurowissenschaften skizziere, lässt sich auf viele andere Bereiche einer *angewandten Ethik* ausdehnen. Vor allem die Sozialwissenschaften, namentlich die Ökonomie, bieten hier ein weites Betätigungsfeld.[158] Persönliche Veränderung des Bewusstseins und gesellschaftliche, d. h. auch institutionelle Änderungen gehen dabei Hand in Hand. Der Dalai Lama sagt:

»Obwohl es sicher zutrifft, dass die Welt wie von selbst ein freundlicherer und friedlicherer Ort würde, wenn meine Vorschläge in Bezug auf das Mitgefühl, auf innere Disziplin, kluge Urteilsfähigkeit und Entwicklung von Tugenden insgesamt in großem Ausmaß umgesetzt würden, so sehe ich doch auch, dass die Wirklichkeit es einfordert, dass wir unsere Probleme gleichzeitig auf der gesellschaftlichen und auf der persönlichen Ebene angehen. Die Welt wird sich ändern, wenn jeder Einzelne sich bemüht, seine negativen Gedanken und Gefühle in die Schranken zu weisen, und allen Erdenbewohnern voller Mitgefühl gegenübersteht, gleichgültig, ob er sie persönlich kennt oder nicht.«[159]

3.4 Perspektiven über die säkulare Ethik hinaus

3.4.1 Einleitung

Als säkularer Gehalt hat sich aus der buddhistischen Philosophie die Ethik des Mitgefühls als allgemeine Grundlage ergeben. Ohne hierbei auf spirituelle Konzepte zurückzugreifen, konnten wichtige Elemente aus der buddhistischen Tradition für eine säkulare Ethik reformuliert werden. Sie lassen sich in ein unmittelbares Gespräch mit anderen ethischen Traditionen bringen, die ich im zweiten Teil ausführlicher dargestellt und auf Berührungspunkte hingewiesen habe. Dennoch wird sich sogleich ein wichtiger Einwand aufdrängen: Ist nicht der Buddhismus viel mehr als eine bloße Quelle für eine säkulare Moral? Ist die buddhistische Ethik nicht zuerst und vor allem ein wesentliches Kettenglied im Prozess der *Befreiung* vom Leiden? Wird nicht mit einer säkularen Deutung des Karmas und des Gedankens an eine bloße Wiedergeburt des illusionären Ichs in alltäglichen Gewohnheiten ein Herzstück des Buddhismus völlig ignoriert? Auf diese Fragen gibt es eine ganz einfache Antwort: *Ja*. Moral ist die Regelung von menschlichen Handlungen in der Gesellschaft in deren Beziehung zur umgebenden Natur. Eine *säkulare Ethik* konzentriert sich genau auf diese Phänomene. Doch ebenso, wie die theistischen Systeme jedem Menschen noch eine Perspektive über das aktuelle Leben in der menschlichen Gesellschaft hinaus bieten, war es das Hauptanliegen des Buddha, einen endgültigen Weg aus der Welt des Leidens aufzuzeigen und dafür Methoden zu lehren. Wenn man »säkular« so definiert, wie dies der Dalai Lama vorschlägt – nämlich auch als wechselseitige Toleranz verschiedener *spiritueller* Systeme –, dann wird eine buddhistische Ethik immer auch diese spirituelle Tradition mit umfassen. Dies allerdings in dem Bewusstsein, dass sich hier notwendig große Unterschiede zu anderen Traditionen ergeben.

Nun gibt es zahllose Darstellungen verschiedener Anschauungen buddhistischer Schulen – denn *den* Buddhismus hat es nie gegeben. Es wäre anmaßend, wenn ich versuchte, hier so etwas wie *die* Synthese unter ethischen Gesichtspunkten anbieten zu wollen. Dennoch möchte ich einen Interpretationsvorschlag machen, der ebenso auf Erfahrung – teils auf eigener –, dem Zeugnis der Tradition, aber auch auf anderen Zeugnissen außerhalb des Buddhismus und vor allem auf der *denkenden Auseinandersetzung* mit der abendländischen Philosophie beruht. In diesem letzten Punkt sehe ich noch große Lücken, die als *Aufgabe* zu füllen wären. Denn der Buddhismus im Westen hat sich vielfach zwar in der *Sprache* angepasst; es sind inzwischen ausgezeichnete Lehrer und Darstellungen daraus hervorgegangen, die die Sprache der je eigenen Tradition in ein fassbares Englisch oder

Deutsch übersetzt haben. In zahllosen Zentren werden Meditationsübungen angeboten, die zur je eigenen Erfahrung einladen. Viele Texte wurden auch von westlichen Wissenschaftlern nach kritischen Methoden neu übersetzt und kommentiert. Auf all dieses Material kann man sich heute glücklicherweise stützen. Dennoch habe ich den Eindruck gewonnen, dass die »wirklich heißen Eisen« – und das sind nun einmal vor allem Karma und Wiedergeburt – gerne gemieden werden oder man sich aus Furcht vor möglichen Fehlern an traditionellen Darstellungen festklammert.

Also auf die Gefahr hin, mit einigen vertrauten Anschauungen aus gewohnten Darstellungen in Konflikt zu geraten, möchte ich hier noch eine Interpretation der »letzten Fragen« von Karma und Wiedergeburt in Beziehung zur Befreiung skizzieren. Dies allerdings in einem gleichsam parallelen Bezug zu den behandelten Fragen einer säkularen Ethik als jenes Forums, in dem über solche Dinge zu sprechen ist – auf eine möglichst rationale Weise.

3.4.2 Ethik und Willensfreiheit

Im Buddhismus ist viel von *Befreiung*, fast nie von »Freiheit« im westlichen Sinn die Rede. Man spricht aber von »Offenheit« oder »Leerheit« (*śūnyatā*). Tatsächlich ist die Leerheit das, was viele der unter dem Begriff der »Freiheit«, auch des »Zufalls«, in der westlichen Philosophie behandelten Phänomene umfasst. Dennoch gibt es gravierende Unterschiede. Die Freiheit in der abendländischen Tradition ist stets die Freiheit einer *Person*, wobei die Person durch ihr Ego, nach Descartes durch ihr *ego cogito* definiert ist. Freiheit ist nach Kant »Freiheit des Subjects«[160].

Fichte spricht sogar von der »absoluten Freiheit des Ich«. Aber auch die Skepsis der englischen Aufklärungsphilosophie, besonders die von David Hume, unterstellt eine Freiheit des Subjekts als *Macht über die eigenen Gedanken*.[161] Und Hegel sagt, das Ich sei »das ganz abstrakt Freie«.[162]

Da im Buddhismus im Horizont der gegenseitigen Abhängigkeit aller Phänomene die dauerhafte, nicht illusionäre Existenz eines Egos nachdrücklich kritisiert wird, versteht es sich von selbst, dass es im Buddhismus kein *freies Ich* gibt. Bestenfalls in einem ironischen Sinn kann man sagen: Verblendung heißt, dass der Geist von einem illusionär frei geglaubten Ich beherrscht wird. Die Freiheit des Ichs ist eine fundamentale Illusion. Dennoch gibt es *Freiheit*, d. h. das Offene des Geistes, das weder individuiert noch substanziell zu denken ist. Was in der abendländischen Tradition allerdings Freiheit des Willens genannt wird, gilt in der buddhistischen Tradition als *Fesselung* an das Ergreifen von Gewohnheitsmustern. Zweifellos sind die Menschen *frei* – nur muss dieser Begriff auch richtig und im richtigen Kontext verstanden werden. Es gäbe keine *Befreiung* von der Ich-Illusion, wenn es keine Freiheit gäbe. Alle Denkprozesse, Gefühle, Gewohnheiten und Handlungen vollziehen sich in einem *kognitiven Raum*. Sie sind darin aber immer mit körperlichen, also kausal zu beschreibenden Prozessen verbunden.

Diese Prozesse verlaufen in einem Offenen, das nicht nur im Zufall, sondern gerade in ihrer Kombinationsmöglichkeit kenntlich wird. Ein Topf, Wasser, Holz, Feuer und Teeblätter unterliegen je ihrer eigenen, getrennten Kausalität. Doch diese Kausalität vollzieht sich *nebeneinander* in einem offenen Raum. Und erst in diesem offenen Raum ergibt sich eine Kombination als Form, z. B. als *Tee*. Dass die einzelnen kausalen Prozesse *kombiniert* die

Bedeutung von Tee, also einer Form mit bestimmten Eigenschaften haben, gerade das ist nicht kausal determiniert und kann deshalb auch frei und kreativ gestaltet werden. Darin liegt der Freiraum allen Handelns, also dessen eigentliche Freiheit. Man vergisst immer: Naturgesetze gelten nur dann rein, wenn man sie *isoliert*. In der realen Welt treten vielfältige Verflechtungen auf, in gegenseitiger Abhängigkeit und Wechselwirkung. Aber *worin* sind all diese Prozesse verflochten? Das Wachstum einer Pflanze lässt sich analytisch in eine Vielzahl von einzelnen, kausalen Prozessen zerlegen, die durch Chemie, Elektrik und Mechanik erklärt werden. Doch das *Zusammensein* all dieser Prozesse, das erst die *Form* jeglichen Dings ausmacht, liegt in einem Offenen. An diesem Offenen haben die Menschen kraft ihrer Verkörperung Anteil. Und eben dieser offene Raum *räumt ihre Freiheit ein*. Diese Freiheit *kann* einem blinden Willen unterworfen werden, den Gewohnheiten oder den karmischen Mustern – dazu gleich noch mehr. Doch es sind weder die Gewohnheitsmuster noch die emotionale Energie ihres Antriebs, die darin »frei« sind. Die Freiheit ist der offene Raum, in dem sich Formen als (fast) beliebige Kombinationen von kausalen Beziehungen bilden. »Form« hat keinen kausalen Sinn. *Freiheit* bezieht sich auf die Veränderung von *Formen*. Deshalb ist die Aussage, dass die Freiheit *eigentlich* kausal gelenkt werde, im strengen Sinn unverständlich. Die Neurowissenschaften haben durchaus Recht in dem Gedanken, dass das Ich, der Wille von vielen Faktoren *abhängig* sind. Insofern ist das Ich *nicht* frei. Wohl aber sind wir Menschen frei darin, dem Ich die Regentschaft zu entziehen, uns in einem kognitiven Raum, einer Leerheit von seiner verblendeten Herrschaft zu befreien. Insofern ist die Kritik an der Willensfreiheit, wie sie vielfach in der westlichen Philosophie und

Wissenschaft formuliert wurde, völlig berechtigt. Und dennoch gibt es *Freiheit* und *Befreiung* – nämlich von all dem, was bei der Kritik der Willensfreiheit an Einflüssen behauptet oder beobachtet wird.

Ich zitiere hier eine Stimme aus der buddhistischen Tradition, um diesen Punkt zu verdeutlichen: Bhikkhu Prāsādika zielt in seinen Argumenten durchaus in die genannte Richtung, wenn er sagt, dass das bedingte Entstehen (*pratītyasamutpāda*) die Bedingtheit aller Willensregungen bedeutet, dass es deshalb »für die Willensfreiheit *yathābhūtam* im Buddhismus keinen Platz gebe« [163]. Andererseits stellt er fest:

> »Für einen Religionsphänomenologen dürfte es feststehen, dass ohne Willensfreiheit kein Fundament für die gesamte buddhistische Soteriologie gelegt werden könnte.« [164]

In seiner Lösung beruft sich Bhikkhu Prāsādika auf Nāgārjuna, der zwischen einer konventionellen und einer absoluten Wahrheit unterscheidet. Absolute und relative Wahrheit sind aber nur dem Begriff nach verschieden; sie sind letztlich untrennbar. Daran anknüpfend sagt Bhikkhu Prāsādika:

> »Ohne das Fundament der Ethik, die von der Willensfreiheit abhängt, ohne Geistesschulung, ist kein Zugang zur Ebene der ›absoluten Wahrheit‹, zum Ziel der buddhistischen Soteriologie, möglich. Ebenso erfordert Nāgārjunas Philosophie des Mittleren Weges die Gleichwertigkeit der Bereiche der absoluten Wahrheit und der konventionellen Wahrheit einschließlich der dazugehörigen Willensfreiheit.« [165]

Dem lässt sich zunächst durchaus zustimmen. Doch die Antwort ist, so scheint mir, zu differenzieren: Es gibt zwar die konventionelle Illusion einer *Willens*freiheit des Ichs; doch die absolute Erkenntnis der Leerheit durchschaut die Ich-Illusion *im und aus* dem Offenen, das eine Freiheit ohne Ich und ohne Willen ist, beides aber *einräumt*. Wie der Buddha sagt: Das Bewusstsein ist im Wesen rein, mit oder ohne Schlacken des Anhaftens. Es ist gerade die Lehre von der Buddhanatur *als »Freiheit«*, die hier die notwendige Brücke im Argument stiftet. Im Offenen, damit in der Freiheit, sind die Menschen und die Dinge schon lange nichtdual verbunden, noch ehe sie durch Ich-Grenzen, durch die Subjekt-Objekt-Dualität eine vermeintliche Vielheit aufbauen. – Doch diese Fragen möchte ich hier zurückstellen und im letzten Kapitel nochmals ohne expliziten Bezug zur *Willens*freiheit aufgreifen und vertiefen. Zunächst gilt es, den Karmabegriff noch genauer so zu erläutern, dass er ebenso für eine säkulare Ethik zugänglich wie auch für den Aspekt der Befreiung geöffnet bleibt.

3.4.3 Wiedergeburt von Mustern

Um die Frage nach der transzendenten Perspektive der buddhistischen Ethik in Beziehung zu dem, was traditionell »Befreiung vom Leiden« genannt wird, in einem säkularen Kontext beantworten zu können, sind zunächst noch einige Vorüberlegungen unerlässlich. Der erste Hinweis bezieht sich auf die Natur des Bewusstseins. In der Philosophie herrscht hier oft eine *Substanzvorstellung* – die es durchaus auch im Buddhismus gibt. Der Kern dieses Gedankens besagt: Das Bewusstsein (traditionell: die Seele) ist eine Substanz neben anderen Substanzen. Meist stellt man Materie und Bewusstsein einander gegenüber. Im Tod schlüpft dann das Bewusstsein als Substanz aus der Körpersubstanz und bleibt so erhalten, während der Körper zerfällt. Im Okkultismus hat man versucht, diese Bewusstseinssubstanz zu erfassen, vermutet sie bei Gespenstern als separates Wesen oder versucht auch schon einmal Sterbende in ihren Betten auf eine Waage zu stellen, um das Gewicht der Seele zu wiegen. Leider hat sich im Buddhismus auch vielfach diese substanzialistische Denkform ausgebreitet – zu schweigen von esoterischen Kreisen (vgl. Abschnitt 3.3.4). Die Moral dient hier – unter einem soteriologischen Gesichtspunkt – vor allem dazu, die Seele, das Bewusstsein von den Schlacken böser Denk- und Verhaltensweisen zu reinigen.

Die Schule der Cittamātra, die Nur-Geist-Schule, hat anknüpfend an das Lankāvatāra-Sutra folgende Theorie entwickelt: Wenn wir handeln, formen sich karmische Muster. Ich habe sie oben als *Gewohnheitsmuster* bezeichnet. Nun ist das Bewusstsein für die Nur-Geist-Schule in jedem Menschen achtfach *geschichtet*. Es gibt fünf Sinnesbewusstseinsarten, ein Denkbewusstsein (das sich vorwiegend an den inneren Dialog knüpft), ein tief verwurzeltes, ichhaftes Denk-Bewusstsein (*manas*) und als Grundlage das sogenannte »Speicherbewusstsein« (*ālaya-vijñāna*). Beim Handeln prägen sich in das Speicherbewusstsein die karmischen Handlungsmuster (*bīja*) ein und werden dort aufbewahrt. Da das Speicherbewusstsein aber unabhängig vom Körper existiert, können aus ihm in einer neuen Verkörperung (Wiedergeburt) diese karmischen Muster wieder wie Formen wirken und so das künftige Leben gestalten. In der Theorie vom Speicherbewusstsein – die im Prāsangika-Mādhyamaka abgelehnt wird – wird das Bewusstsein gleichsam *verräumlicht*. Es ist ein gemeinsamer Ort, der Erfahrungen aufbewahrt, eine Art kosmische Festplatte für Erfahrungsinformationen.

Die Theorie vom Speicherbewusstsein enthält viele Elemente, die an die westliche Psychoanalyse erinnern. Carl Gustav Jung kennt das *kollektive Unbewusste*. Auch ein Neurowissenschaftler wird sofort zugestehen, dass wichtige Gehirnfunktionen hier beschrieben werden: Beim Handeln prägen sich tatsächlich Handlungsmuster im Gehirn ein, werden im Gedächtnis bewahrt und wirken in künftigen Situationen als *Erfahrung* dann formend auf unser Handeln. Das Speicherbewusstsein ist dem gewöhnlichen Denkbewusstsein verborgen; es ist in der Sprache der Psychologie *das Unbewusste*. Bemerkenswerterweise hat sogar Sigmund Freud, der die Theorie seines Schülers C. G. Jung nicht teilte, gesagt, dass in uns die gesamte Erfahrung der Evolution aufbewahrt sei (er nannte dies »das Es«), als eine Art unbewusstes biologisches Gedächtnis. Freud sagt, dass in unserem Leben nur das Ich ein Fenster für äußere Erfahrungen bilde, die gespeichert werden. Das Es habe keinen direkten Zugang zur Außenwelt; es sei nur ein innerer Speicher der Evolutionserfahrung. Doch Freud modifiziert diesen Gedanken noch. Er sagt,

> »dass das Es kein äußeres Schicksal erleben oder erfahren kann außer durch das Ich, welches die Außenwelt bei ihm vertritt. Von einer direkten Vererbung im Ich kann man aber doch nicht reden. (...) Die Erlebnisse des Ichs scheinen zunächst für die Erbschaft verloren zu gehen, wenn sie sich aber häufig und stark genug bei vielen generationsweise aufeinanderfolgenden Individuen wiederholen, setzen sie sich sozusagen in Erlebnisse des Es um, deren Eindrücke durch Vererbung festgehalten werden. Somit beherbergt das erbliche Es in sich Reste ungezählt

> vieler Ich-Existenzen, und wenn das Ich sein Über-Ich aus dem Es schöpft, bringt es vielleicht nur ältere Ichgestaltungen wieder zum Vorschein, schafft ihnen eine Auferstehung.«[166]

Man kann hier eine Analogie der Denkform erkennen. Das Es bei Freud entspricht dem Speicherbewusstsein der Nur-Geist-Schule. Im Unterschied zu den Neurowissenschaften, die das Gehirn einfach als fertigen Gegenstand betrachten, bringt Freud das Gehirn in einen *evolutionären* Kontext. Die Handlungen früherer Generationen führen – wie immer man dies dann im Neodarwinismus auch erklären mag – zu einer solchen Gestaltung des Gehirns, dass darin Handlungsmuster bewahrt werden, die für künftige Lebewesen wirksam sind. Es gibt also auch im Sinn der westlichen Wissenschaften durchaus so etwas wie eine Wiedergeburt von karmischen Mustern, die auch formend wirken für körperliche und mentale Fähigkeiten. Bezeichnet man angeborene Verhaltensweisen und Dispositionen, die im Laufe der evolutionären Entwicklung erworben und vererbt werden, als *karmische Muster*, dann äußert sich das Karma in diesem Sinn nur in dem, was bei der Geburt im lebenden Individuum an solchem Erbe des »Es« wirksam wird.

Der thailändische Mönch Phra Dharmapotik Payutto sagt etwas Vergleichbares:

> »Der Einfluss des Kamma, das zu dieser Geburt geführt hat, hört mit der Geburt auf. Die Entfaltung des gegenwärtigen Lebens hängt von unseren Taten ab.«[767]

Dieser Satz ist ein wichtiger Schritt, mit einer ganzen Reihe von irreführenden Vorstellungen über Karma aufzuräumen. Eine *mo-*

ralische Beziehung zwischen karmischen Mustern und ihrer späteren Aktualisierung im Sinn von *Lohn und Strafe* auszulegen, ist eine Fehlinterpretation. Die Moral ist eine *kulturelle* Tradition, um den – vielleicht teilweise angeborenen – Egoismus zu zähmen und das menschliche Zusammenleben zu formen. Dass sich hier durchaus *verschiedene* kulturelle Traditionen nebeneinander bilden, daran besteht kein Zweifel. Auch im überlieferten Verständnis muss man zugeben, dass die karmische Wirkung vom kulturellen Umfeld abhängig ist. Obgleich die Motivation letztlich entscheidend ist, so ist die Bedeutung und Entfaltung dessen, was ein Motiv ist, abhängig von der jeweiligen Kultur. Zwei sonst scheinbar völlig gleiche Handlungen haben in verschiedenen Kulturen eine völlig andere Bedeutung und Wirkung. Karma ist in seiner Bedeutung also *kontextabhängig*.[168] Mit dieser Einsicht nähert sich der Karmabegriff noch einen weiteren Schritt den Vorstellungen in den Wissenschaften.

Allerdings drängt sich – aus einer westlich-wissenschaftlichen Perspektive – hier natürlich sofort die entscheidende Frage auf: Unterscheidet sich Karma von dem, was *genetisch* vererbt wird? Gibt es so etwas wie eine Fortsetzung dessen, was im *Bewusstsein* in diesem Leben erfahren wird? Die Lehre der Nur-Geist-Schule unterscheidet sich bei aller scheinbar *formalen* Ähnlichkeit mit neueren Auffassungen der Biologie und der Neurowissenschaften von diesen dadurch, dass *erstens* das *Bewusstsein* dort prinzipiell als etwas rein Individuelles, an eine Ich-Vorstellung gebundenes betrachtet wird; Bewusstsein entstehe nur jeweils lokal in einem Gehirn und benötigt das, was man im Fachjargon »neurologische Korrelate« nennt. *Zweitens* werden Muster – so die neodarwinistische Lehre –, die sich im Gedächtnis einprägen, nicht vererbt. Nur wenn erlernte Eigenschaften das bessere Überleben von genetischen Varianten der Lebewesen begünstigen, gibt es eine Vererbung von Eigenschaften. Das zieht sich aber über lange Zeiträume hin und kann nicht als Wirkung in der Abfolge von verschiedenen Leben beschrieben werden.

Hier scheint die Karmalehre durch die westliche Wissenschaft also *widerlegt.* Damit verbleibt aber als Fundament für eine säkulare Ethik nur die oben skizzierte Rekonstruktion von Karma als privates oder soziales Gewohnheitsmuster: Private Gewohnheiten sterben mit der Person, aber soziale Gewohnheiten werden zu kulturellen Traditionen. Man kann sagen, sie werden »wiedergeboren«. Es gibt aus dieser Perspektive eine verbindende Brücke zwischen Karmatheorie und westlicher Wissenschaft: Die Biologie akzeptiert zweifellos die kulturelle Tradierung von Gewohnheiten durch Nachahmung der Eltern und durch Erziehung. Was eine Generation an Handlungsweisen erworben hat, kann sie an die Kinder weitergeben. Hier gibt es also durchaus eine Weitergabe von in einem Leben erworbenen »karmischen Mustern«. Diese Weitergabe bezieht sich aber nicht auf ein Ich-Bewusstsein oder eine Seelensubstanz.

Ist also – und Buddhisten wie Stephen Batchelor legen diesen Gedanken nahe –, die Karmalehre und die Wiedergeburtsidee einfach eine wissenschaftlich noch unausgereifte biologische Vererbungslehre, wenn wir die Verhaltenswissenschaften einbeziehen und die kulturelle Tradierung von Verhalten hinzufügen? Der Buddha hat bekanntlich die These *verneint,* dass es so etwas wie eine bleibende Seele gibt, die von einem Körper in den nächsten wandert. Er hat also eine scheinbar rein *funktionale* Theorie formuliert, worin sich nur bestimmte Muster im Bewusstsein fortsetzen, aus denen jeweils eine neue Ich-Illusion aufgebaut wird. Dies vorausgesetzt, könnte man argumentieren: Die

Karmalehre des Buddha lässt sich als eine Art unvollkommene Evolutionstheorie von Handlungsmustern beschreiben. Es wird kein Ich, wohl aber werden Verhaltensweisen in künftigen Leben wiedergeboren – angeborene oder kulturell tradierte. Ein neues Lebewesen erbt zwar die alten Muster, kann aber neu beginnen, kann die alten Muster verändern oder ihnen neue Bedeutung verleihen. Deshalb – so würde vielleicht ein Kritiker, herkommend aus dem westlichen Wissenschaftsgeist, sagen – kann man sich auch nicht an frühere Leben erinnern. Das Bewusstsein wird mit jeder Geburt zwar auf der ererbten Grundlage angeborener Muster und der erlernten kulturellen Verhaltensweisen neu geformt, bildet aber eine *neue Persönlichkeit*, deren subjektives Bewusstsein nur ein inneres Epiphänomen neuronaler Prozesse ist. Mit dem Tod endet dieses Bewusstsein, auch wenn sich das, was jedes Individuum tut, durchaus als Wirkung fortsetzen kann: Wer einen neuen Gedanken denkt und diesen Gedanken niederschreibt, der bildet ein »kulturelles Karma«, das sich auch nach seinem Tod fortsetzen wird. Wir studieren immer noch die Texte von Platon und die Reden des Buddha, obgleich deren Körper längst zu Staub zerfallen sind. Allerdings, so würde man aus einer rein wissenschaftlichen Perspektive hinzufügen, benötigt auch diese Form eines »objektivierten Geistes« einen materiellen Träger. Wird auch dieser Träger – z. B. ein Buch – endgültig vernichtet und nicht kopiert, so ist der Geist darin ein für alle Mal verschwunden.

3.4.4 Zur Natur des Bewusstseins

Man muss diesen Unterschied der Blickweise zwischen traditioneller Karmalehre und moderner Wissenschaft *aussprechen*, ehe man eine wirkliche Klärung der Frage nach dem Bewusstsein, nach Tod, Wiedergeburt und Gerechtigkeit stellen kann. Es ist vom Buddha und den Kommentatoren seiner Lehre immer wieder betont worden, dass das Karma *nicht alle* Ereignisse erklärt. Es gibt in der traditionellen Vorstellung durchaus neben karmischen auch rein natürliche Ursachen und Wirkungen. So heißt es z. B. im *Milindapañhā*: »Nicht alle Schmerzen wurzeln im früheren Wirken (*kamma*).«[169] Wenn aber neben dem Karma auch naturwissenschaftlich zu beschreibende Ursachen Leiden hervorbringen, dann haben wir es mit einer seltsam verdoppelten Kausalität zu tun. Falls Karma *neben* natürlichen Ursachen wirkt, müsste es auch innerhalb physikalischer Gesetze erkennbar sein, was offenbar nicht der Fall ist.

Es gab unter den buddhistischen Schulen den Streit, ob Karma überhaupt materielle Wirkungen hervorrufen kann oder nur psychologische. Die letztere These wird von einigen Theravādins vertreten.[170] Doch das ist keine Lösung der oben beschriebenen Widersprüche. Ob man einen Regen subjektiv als Wohltat oder als Ärgernis empfindet, mag psychologisch bedingt sein. Wenn ich aber Gewalt von jemand erleide, ist es bestenfalls zynisch zu sagen, ich hätte mir die gebrochenen Knochen nur eingebildet, um das Karmagesetz für frühere Untaten zu erfüllen. Eine psychische Erfahrung ist im verkörperten Leben in der Welt untrennbar von körperlichen Ursachen. Karma ist aber überhaupt nicht mit natürlichen Ursachen vergleichbar und beschreibt auch keine *andere Form* der Kausalität. Wenn der Karmabegriff einen Sinn haben soll, dann kann er auf *keine Weise* in einem dualen Begriffsschema von Ursache und Wirkung, Same und Frucht, Schuld und Tilgung usw. gedacht werden, die ausnahmslos nur in einem wirklichen Kontext (Physik, Biologie, Justiz usw.) einen Sinn haben. Erinnern wir uns: Der Buddha hatte Karma *ausschließlich* durch die *Motivation* des Handelns erklärt. Motive sind aber *Eigenschaften des menschlichen Bewusstseins*. Um also Karma frei von irreführenden Projektionen beschreiben zu können, müssen wir klären, was »Bewusstsein« eigentlich bedeutet.

Hierzu möchte ich die Zielrichtung der Fragestellung genau umkehren: Bislang habe ich die Karmalehre als Fortsetzung von Gewohnheitsmustern aus einer westlich-wissenschaftlichen Perspektive kritisch betrachtet. Hierbei ist aber ein zentraler Sachverhalt im Dunkeln geblieben: das Bewusstsein. Es gibt im Buddhismus eine weit entwickelte Theorie des Bewusstseins. Diese Theorie nehme ich nun *umgekehrt* als Maß zur Beurteilung dessen, was Neurowissenschaften oder die Biologie zu Bewusstseinsphänomenen zu sagen haben. Das Ergebnis ist hier ziemlich ernüchternd: Im wissenschaftlichen Kontext gibt es für das Bewusstsein, also für alle *inneren* Wahrnehmungen, gerade *keine* Erklärung. Zu sagen, dass es für alle Bewusstseinsphänomene »neurologische Korrelate« (also objektiv zu beschreibende Gehirnprozesse) geben müsse, ist eine bloße Behauptung. Sie wird erkennbar am sogenannten Qualia-Problem, wie dies in der Wissenschaft genannt wird. Man kann zwar durch äußere Stimulierung bestimmter Gehirnregionen Gefühle erzeugen, sogar Bilder induzieren. Die Einnahme von Drogen erzeugt viele innere Bilder – bis zum Wahnsinn. Bei Versuchen mit LSD haben Probanden auch ohne Kenntnis des tibetischen Buddhismus plötzlich *Mandalas* gesehen, beschrieben oder gezeichnet.

Hier liegt nun ein Fehlschluss nahe, der leider sehr häufig gezogen wird: Eine chemische Substanz oder ein elektrischer Impuls *erzeuge kausal* das, was man wahrnimmt. Ich habe diesen Denkfehler im Abschnitt 2.7 schon näher charakterisiert: Zwischen einem Gehirnprozess und der *Bedeutung* (der Qualität) einer bewussten Wahrnehmung, eines Bewusstseinszustandes gibt es keine Kausalbeziehung. Denn: Dieselbe chemische Substanz erzeugt bei verschiedenen Menschen völlig verschiedene Bilder. Zwar kann man durch Tricks der Kombination von äußeren Reizen Emotionen im Gehirn stimulieren – was im Neuromarketing und bei der politischen Propaganda in den Medien durchaus manipulativ genutzt wird. Doch was dann individuell *genau* wahrgenommen oder gedacht wird, lässt sich nicht einfach steuern. Das *Denken* interpretiert die äußeren Reize und verwandelt sie in etwas ganz anderes – mögen auch *unbewusste* Reaktionen durchaus berechenbar sein.

Die wissenschaftliche Kausalität kann die *Bedeutung* dessen, was im und als Bewusstsein erlebt wird, nicht erklären. Um es in einem Bild zu sagen: Man gelangt wissenschaftlich immer nur zu der doch eher trivialen Aussage, dass eine Melodie *auf einem Instrument* erklingen muss. Was sie musikalisch *bedeutet*, lässt sich nicht durch die Analyse des Klaviers, der Hörmuschel oder stimulierter Gehirnregionen verstehen. Dem Bewusstsein kommt also eine Dimension zu, die gerade durch wissenschaftliche Kausalerklärungen *nicht* verstanden werden kann. Diese Schwierigkeit beschränkt auch die wissenschaftlichen Erklärungsmöglichkeiten selbst. Denn: Jede *Wissenschaft* ist in ihren Aussagen als Sprachform ein *Teil des Bewusstseins*. Wenn nun aber alle Bewusstseinsformen durch physikalische, biologische oder neurowissenschaftliche Aussagensysteme *erklärt* werden sollen, so muss jede *objektivierende* Wissenschaft des Bewusstseins auch ihre eigene Existenz als Bewusstseinsform durch ihre eigenen Methoden erklären. Das ist aber aus *logischen* Gründen unmöglich: Keine Erklärung kann sich selbst erklären.[171]

Wir können das Bewusstsein also nur *von innen* erkennen, können es jeweils nur *selbst* erkennen. Es ist *unwissenschaftlich*, d. h., man verfehlt den zu erklärenden Sachverhalt, wenn man die Bedeutungsinhalte des Bewusstseins *anders* als direkt und bewusst erkennen will. Solch ein Erkennen ist aber möglich, denn dem Bewusstsein ist die Fähigkeit zur Selbstreflexion eigen. Es bedarf hier nur einer *anderen* Wissenschaft, denn das Bewusstsein offenbart an ihm selber so etwas wie Erkennbarkeit oder Sinn, die allen bewussten *Inhalten* (z. B. der Physik) vorausgeht. Einstein drückte es einmal so aus:

> Die »Welt unserer Sinneserlebnisse (ist) begreifbar, und dass sie es ist, ist ein Wunder.«[172]

Das Bewusstsein ist der Ort, an dem sich dieses Wunder unaufhörlich ereignet. Die Erkennbarkeit der Welt ist das eigentliche Rätsel jeder Wissenschaft – sie geht ihr voraus und kann deshalb wissenschaftlich nie erklärt werden. Darin liegt die tiefe Berechtigung aller spirituellen Systeme, also aller Systeme, die subjektive Erfahrungen nicht einfach als Epiphänomen wegerklären und dabei vergessen, dass solch eine wissenschaftliche Erklärung dann gerade auch *keine Wahrheit*, sondern nur ein Epiphänomen wäre. In der Philosophie nennt man dies einen »performativen Selbstwiderspruch«: Das, was vermeintlich wissenschaftliche Aussagen über das Bewusstsein inhaltlich sagen – es sei nur eine Illusion, ein Epiphänomen –, widerspricht dem Anspruch, gerade damit *bewusst* eine Wahrheit aussagen zu wollen.

Mit dieser Distanzierung von wissenschaftlichen Vorurteilen und blinden Flecken kann ich nun einen gleichsam gereinigten, frischen Blick auf die buddhistische Lehre vom Bewusstsein werfen. Wie wir aber erkennen mussten, dass bei der Karmatheorie stillschweigend Denkformen wirksam waren, die durch die Biologie, die Naturwissenschaften besser erklärt werden, so gilt es auch, beim Bewusstsein solche ungeklärten Denkformen zuerst auszuräumen. Karma ist kein Naturgesetz, und Bewusstsein ist keine Substanz neben anderen Substanzen – sonst würden Physiker oder Neurowissenschaftler diese Substanz längst entdeckt haben. Jede Substanz besitzt die Form eines *Objekts* für ein beobachtendes *Subjekt*. Bewusste Subjekte sind aber keine Objekte, also auch keine Substanzen.

Das ist in allen buddhistischen Schulen ein Grundsatz: Substanzen müssten, um zu subsistieren, mit sich identisch sein. *An-Ātman* oder *Leerheit* (*śūnyatā*) bedeutet aber *Nicht-Identität*. Kein Phänomen besteht durch sich selbst, keines besitzt *Selbstnatur* (*svabhāva*). Ich möchte hier nicht eine Fülle von Zitaten aus dem tradierten Schriftenkanon anführen, die einer Substanzvorstellung direkt widersprechen; es genüge eine skizzierte Zusammenfassung.[173] Eine Substanz wird immer als *dauerhaft* gedacht. Das Bewusstsein wird im Buddhismus aber als vergänglich beschrieben. Bewusstsein ist etwas, das gleichsam die Natur der Zeit besitzt: Ohne Bewusstsein keine Zeit, und ohne Zeit kein Bewusstsein. In der Physik wird die Zeit gerade nicht in ihrem vorübergehenden Wesen erfasst: Man beschreibt sie mathematisch, damit in einer Sprache, die Unvergänglichkeit suggeriert. Man kann also das Bewusstsein nur wirklich verstehen, wenn man die Vergänglichkeit, die Zeitlichkeit versteht. Da das Bewusstsein aber nur *innerlich* zugänglich ist, muss jeder dieses

Verständnis selber verwirklichen, selber vollziehen. Von außen mittels der Sprache, durch Mathematik oder durch geometrische Modelle davon zu berichten führt nie zu einer wirklichen Erkenntnis.

Das bedeutet in der tradierten Sprache des Buddhismus: Um das Bewusstsein erkennen zu können, ist eine *Meditationspraxis* unabdingbar. Die Meditation ist gleichsam das Labor der Bewusstseinswissenschaft. Wenn viele Neurowissenschaftler nach dem Bewusstsein durch CT oder EEG in ihrem Labor forschen, so finden sie nur immer die äußeren Spuren, aber nie die innere Bedeutung von Bewusstsein. Sie sind durch ein materialistisches Vorurteil gehindert, hier wirklich etwas zu sehen. Man kann zwar auch die Meditationspraxis wiederum im Labor untersuchen – und hierbei treten durchaus erstaunliche Ergebnisse zutage, die einige neurowissenschaftliche Vorstellungen erschüttern können. Doch kann das immer nur eine Ergänzung sein, nie ein wirkliches, d. h. *inneres* Verständnis des Bewusstseins erzeugen. Da moralische Werte sich aber nur im Bewusstsein als innere Formen finden und erkennen lassen, ist einer äußeren, in diesem Fall pseudo-wissenschaftlichen Perspektive der Zugang für ein wirkliches Verständnis verbaut. Es ist so, als wollte ein Toningenieur, der alle Tricks der Aufnahmetechnik beherrscht, einem Komponisten erklären, wie eine Sinfonie aufgebaut ist – mit dem Hinweis, eine Sinfonie sei auch nur ein Frequenzmuster auf seinem Computerbildschirm. Wer komponieren will, muss sich *ins Innere der Musik* begeben. Das ist eine Bewusstseinswissenschaft, in diesem Fall die *Zeitkunst* Musik. Wenn damit aber klar geworden ist, dass das Bewusstsein einer eigenen Wissenschaft bedarf, und wenn man noch hinzufügt, dass es diese Wissenschaft schon seit wenigstens zweieinhalb Jahrtausenden gibt, dann wird auch deutlich, dass die *inneren Fragen* nach Gerechtigkeit und Wiedergeburt auch nur von innen beantwortet werden können.

Noch ein Punkt sei vorab ergänzt. Er zielt auf den ethischen Begriff der Gleichheit der Menschen, der aber nicht mit einer Gleichheit der *Erfahrungen* und *Erkenntnisse* verwechselt werden darf. Ich will das genauer erläutern, denn gerade die Forderung in den Wissenschaften nach Intersubjektivität und Wiederholbarkeit, um die empirische Gültigkeit einer Aussage zu belegen, ist für die Bewusstseinswissenschaft sinnlos. Betrachten wir zunächst, was *für* eine Gleichheit der Erfahrungen zu sprechen scheint. Die gegenseitige Abhängigkeit aller Phänomene stellt uns Menschen auf gewisse Weise auf dieselbe Stufe. Wir alle erleiden unsere Umstände, sind in das Leben durch Geburt hineingeworfen, und es gibt insofern keine prinzipielle Hierarchie in diesem Netzwerk von Beziehungen: keine Hierarchie durch Geburt, Stand oder Kaste, keine durch Rasse oder Kultur, keine durch Reichtum oder politische Privilegien. Als Leidende in *Samsāra* sind nicht nur alle Menschen gleich, sie sind auch nicht prinzipiell verschieden von anderen Lebewesen.

Dennoch bedeutet diese Gleichstellung nicht, dass der jeweilige Ort in der gegenseitigen Abhängigkeit, als der wir verkörpert existieren, die Menschen äußerlich oder in ihrem Erleben gleich macht. Das wäre ein großer Irrtum, der sich gleichwohl sowohl naturwissenschaftlich wie auch politisch geäußert hat. Wenn man die Lebewesen von ihrer Einbettung in das Netzwerk gegenseitiger Abhängigkeit künstlich durch den Gedanken an ein Ich trennt, dann legt man ein gemeinsames, gleiches Maß zugrunde. Es war kulturell die Entstehung der Geldverwendung, die alle Menschen, die sich darin vergesellschaftet haben, über Märkte und Geld einander als Eigentümer und Geldbesitzer *gleichstell-*

te. Das ist eine abstrakte Gleichheit, die von Alter, Geschlecht, Hautfarbe, Stand usw. abstrahiert. Auf dem Markt *zählt* nur die Zahlungsfähigkeit und die Eigenschaft, Eigentümer zu sein. Was in der Französischen Revolution als »Gleichheit« der Menschen ausgesprochen und proklamiert wurde, was in Griechenland bezüglich der Natur in Demokrits Atomtheorie schon als Natureigenschaft erscheint, das führt zu einem ganz bestimmten Begriff der Gleichheit. Er setzt gerade *Individuen* (= *atomos*) voraus. Individuen sind gesellschaftlich durch ihr *Ich* definiert. Darin, einer Ich-Illusion zu erliegen, in der sich jeder von allem anderen zunächst getrennt existierend vorstellt – in dieser Täuschung sind wir Menschen tatsächlich gleich. Und diese Täuschung wurde rechtlich-politisch normiert und prägt auch viele Moralvorstellungen der Moderne.

Nun liegt in dieser Vorstellung natürlich auch ein moralisch sehr positives Moment, sofern mit der Gleichstellung der Egos unabhängig von Hautfarbe, Stand, Geschlecht oder Rasse tradierte Ungerechtigkeiten schrittweise aufgehoben werden konnten. Bezieht man diese Gleichheit auf die noch bestehenden Unterschiede und moralischen Vorurteile, ergeben sich daraus universelle *Menschenrechte*, die alle Menschen darin gleich stellen, dass sie sich eben *unabhängig* von tradierten Einschränkungen frei entfalten können sollten. Der Gedanke, dass alle Menschen im Leiden verbunden sind, dass sie voneinander und von der Natur abhängig sind, kommt hier zum selben Ergebnis. Deshalb haben Buddhisten immer auch die Menschenrechte *verteidigt*.

Bezüglich der Erkenntnis des *Bewusstseins* führt aber eine Gleichstellung aller Egos auf einen Irrweg. Ganz offensichtlich ist die Stelle, die wir jeweils durch Geburt, Ausbildung und eigene Anstrengung in der Welt einnehmen, keineswegs *gleichartig*.

Wir haben verschiedene Erfahrungen, Talente, Erkenntnisse – und Fehler. Bezüglich der *Erkenntnis* gibt es gerade keine Gleichheit. Dennoch hat sich als wissenschaftstheoretisches Prinzip die Vorstellung von der Gleichheit der Egos eingeschlichen. Man fordert für eine *objektive Erkenntnis*, dass sie erstens *wiederholbar sein muss*, zweitens aber auch *intersubjektiv gilt*. Wenn zwei Personen dieselbe Messung vornehmen, darf nicht ein verschiedenes Ergebnis herauskommen. In diesem Sinn ist die Forderung nach Wiederholbarkeit und Intersubjektivität zur Entdeckung von *Gesetzen* in der objektiven Welt zweifellos für die naturwissenschaftliche Arbeit eine unabdingbare Voraussetzung.

Doch gerade bezüglich der *Erkenntnisse*, der *Erfahrungen*, genauer bezüglich des Bewusstseins ist diese Forderung sinnlos oder gefährlich. Gewiss, die Gesetze der Quantenmechanik und ihre experimentelle Bestätigung dürfen nicht davon abhängig sein, *wer* diese Gesetze ausspricht und *wer* eine Messung vornimmt. Sie müssen insofern *intersubjektiv*, also austauschbar zwischen verschiedenen Subjekten sein. Doch daraus folgt sicher nicht, dass *jedermann* diese Gesetze verstehen oder experimentell überprüfen kann. Es gibt unter den Milliarden Menschen auf unserem Planeten wohl nur einige tausend, die hier wirklich fachkundig mitreden können. Dasselbe gilt z. B. für mathematische Erkenntnisse. Auch nur relativ wenige Menschen werden verstehen, wie eine Zwölftonkomposition oder eine Bach'sche Fuge aufgebaut ist – zu schweigen davon, solch ein Werk *komponieren* zu können. Es gibt bezüglich der Erfahrungen und Fertigkeiten, also bezüglich der *Bewusstseinsprozesse* gerade keine Gleichheit. Deshalb habe ich bereits angemerkt, dass die Übertragung der Geldlogik von Schuld und Tilgung auf *moralische Werte*, auf das Karma ein Irrtum ist. Bewusstsein und Moral unterliegen gerade nicht der Logik der Gleichstellung, der Orientierung an einem objektiv gegebenen Maßstab.

Der Buddha hat deshalb betont, dass es nicht nur zwei, sondern *drei* Quellen der Erfahrung, der Erkenntnis und des Wissens gibt: Zwei Quellen stimmen mit der Blickweise der westlichen Wissenschaften überein: Das ist einmal die sinnliche Erfahrung (Empirie), und es ist zum anderen die Logik, die rationale Form des Denkens. Gemeinsam ist der buddhistischen Lehre und den Wissenschaften auch, dass sie beide die bloße Autorität einer Schrift oder einer Person ablehnen – man vergleiche die Kālāmer-Rede. Doch der Buddha hat immer auch betont, dass es noch eine *dritte Erfahrungsweise* gibt. Sie bezieht sich eben auf Bewusstseinsprozesse. Und diese Erfahrungsweise ist weder direkt mitteilbar, noch ist sie universalisierbar und unmittelbar vergleichbar. Der Buddha kann nicht andere Wesen *retten*. Er kann nicht an ihrer Stelle *erkennen*. Jeder muss selber erkennen und sich insofern selbst befreien. Es gibt im Buddhismus keine stellvertretende Erleuchtung – aber *jeder* hat dazu das Potenzial, denn auch jeder hat ein grundlegendes Mitgefühl. Der Dalai Lama sagt in einem Gespräch mit Carrière:

> »(Frage) Die Erleuchtung ist also untrennbar mit dem Mitgefühl verbunden?
> (Dalai Lama) Absolut untrennbar. Jede Tat, die den anderen nützt, stärkt den Geist.
> (Frage) Und wir alle haben die Möglichkeiten, diese Erleuchtung zu erreichen?
> (Dalai Lama) Alle. Ausnahmslos. Wie wir ja auch alle das Mitgefühl in uns tragen.«[174]

Obgleich also jeder *selber* erkennen muss, gibt es doch Hilfe. Es gibt alle nur erdenklichen Formen einer mitfühlenden *Hilfestellung* – das ist die große Aufgabe der Lehrer. Doch hier gilt, was der Buddha in einem Bild gesagt hat: »Ich kann nur den Weg ins nächste Dorf zeigen; gehen musst du selber.« Die Wissenschaften haben sich von der Last der Tradition, von den Autoritäten befreit und betonen das empirische, rational begründete und damit diskursiv austauschbare Wissen. Doch sie kennen keine dritte, keine innere Erfahrungsweise. Es gab in der Psychologie und auch in den Wirtschaftswissenschaften immerhin eine Diskussion darüber, inwiefern die *Introspektion* eine Quelle des Wissens sein kann.[175] Auch Benjamin Libet hat sich in den schon erwähnten Versuchen bemüht, eine Brücke zwischen subjektiver Erfahrung und objektiver Messung zu finden. Andere Neurowissenschaftler folgen dem nach. Doch wird bei all diesen Versuchen *das Bewusstsein selbst* als eine ganz eigene, innere Form nicht einer systematischen Analyse unterzogen. Dies bleibt vorwiegend der buddhistischen Meditationspraxis vorbehalten.

Daraus ergibt sich nun eine wichtige Einsicht und wesentliche Voraussetzung für die nachfolgende Darstellung: Es gibt offenbar innere *Tatsachen des Bewusstseins*, die weder einfach wiederholbar noch auf dem kommunikativen, rationalen Wege mitteilbar sind. Die Wissenschaften suchen letztlich nach ewigen, wenigstens sehr lange gültigen *Gesetzen*. Sie suchen nach dem Unveränderlichen, dem Unvergänglichen in einer vergänglichen Welt. Und die gefundenen Naturgesetze zeigen den Erfolg dieser Bemühungen, der in der modernen Technik in der äußeren Weltbeherrschung nutzbar zu machen versucht wird. Ich schränke hier allerdings ein: Völlig ohne Nebenwirkung ist dieser Erfolg nicht geblieben. Was wir als »Umweltprobleme«,

»Klimaveränderungen«, »soziale Krisen« usw. bezeichnen, belegt: Die Vorstellung, man könne die Natur aus der Perspektive *ewig gültiger* Naturgesetze beherrschen, hat sich nur als Teilwahrheit erwiesen. Zudem sorgt der wissenschaftliche Fortschritt dafür, dass immer wieder auch sehr fundamentale, vormals als »ewig« geglaubte Naturgesetze für ungültig erklärt und durch neue ersetzt werden. Die Welt der Phänomene, der Erscheinungen, die äußere Welt der Natur, ist offenbar doch nicht auf Ewigkeit angelegt. Und auch unser praktischer *Zugang* zur Welt durch Wissenschaft und Technik unterliegt der Vergänglichkeit.

Für das *Bewusstsein* aber gilt von vornherein uneingeschränkt: Hier etwas Ewiges und Unvergängliches zu vermuten wäre eine völlig unangemessene Vorstellung. Der Buddha hat das Denken mit einem Affen verglichen, der unaufhörlich von einem Ast zum nächsten springt, mal dieses, mal jenes ergreift (SN 2.96). Von Dauer, ganz zu schweigen von Ewigkeit, keine Spur. Das Bewusstsein ist untrennbar von der Zeit – wie auch alle Zeitvorstellungen untrennbar vom Bewusstsein sind.

Wir müssen diesen Gedanken allerdings *differenzieren*. Inwiefern ist das Bewusstsein vergänglich? Es sind die ergriffenen Bewusstseins*inhalte*, die Gedanken, die Vorstellungen, die Gefühle. Hier bleibt nichts unverändert. Dennoch versuchen wir, aus den Versatzstücken dieser vergänglichen Bewusstseinsinhalte täglich, ja stündlich unsere Ich-Vorstellung immer wieder neu aufzubauen. Meist bleibt davon nicht sehr viel mehr übrig als der *Ich-Gedanke*, d. h. das Ich-Sagen oder das Unterscheiden von Mein und Dein im inneren Dialog. Keine Spur einer dauerhaften Ich-Substanz, einer Seelensubstanz. Jeder Meditierende kennt diese Erfahrung.

Hier aber macht der Buddha – und die spätere buddhistische

Tradition hat das schrittweise und systematisch entfaltet – einen wesentlichen Unterschied: Zwar sind alle Bewusstseinsinhalte zeitlich und vergänglich. Doch es sind eben nur die *Inhalte*. Sie sind in einem »Worin« enthalten. Dieses Worin, dem man viele Namen geben kann und gegeben hat, ist – in einem Bild gesagt – wie der *reine* Raum. »Rein« heißt: Der reine Raum ist völlig leer, er hat keine Geometrie, kennt auch kein Zentrum und keine Peripherie. Aber er ist geeignet, alle nur erdenklichen Gegenstände aufzunehmen. Nimmt ein Gegenstand einmal eine Raumstelle ein, dann hört diese Eigenschaft des Raumes, beliebige Gegenstände bergen zu können, auf: Man kann nicht zwei Tische an dieselbe Stelle rücken. In der philosophischen Tradition nennt man dies eine *Privation*, eine Beraubung. Wenn man ein Zimmer voller Möbel stellt, dann *beraubt* man den Raum im Zimmer der Eigenschaft, weitere Möbel aufnehmen zu können. Man kann den Raum aber wieder reinigen, indem man die alten Möbel entfernt und so Raum für neue schafft – oder man lässt den Raum einfach *leer*.

In den späteren buddhistischen Schulen hat man das Bewusstsein immer auch mit dem Raum verglichen. Dieser Vergleich hat allerdings Grenzen. Die Eigenschaft, Erfahrungen, innere Tatsachen zur Erscheinung, also zu Bewusstsein zu bringen, damit allen nur erdenklichen Gedanken und Gefühlen Raum zu geben, Erfahrungen zu ermöglichen – diese Eigenschaft stimmt mit der Vorstellung eines leeren Raumes sehr gut überein. Anders als der Raum kann aber dieses leere Bewusstsein – der hierfür passende Begriff ist »Achtsamkeit« – das, was es enthält, *erkennen*. Das Bewusstsein, der Raum der Achtsamkeit, ist auch *aktiv* und besitzt die universelle Eigenschaft, beliebige Inhalte *als diese Inhalte* erkennen zu können. Im Englischen übersetzt man die entsprechend im Sanskrit und Tibetischen verwendeten Begriffe mit dem Wort *cognizance*, Erkenntnishaftigkeit oder Erkenntnisfähigkeit. Man kann im Unterschied zum Bild des Raumes diese Eigenschaft mit einem Spiegel vergleichen: Der Spiegel gibt den gespiegelten Inhalt exakt wieder. Man spricht deshalb auch von der *spiegelgleichen Weisheit*. Ferner sind im Bewusstsein die Inhalte immer *ganz da*. Man kann sie *als erkannte Entitäten* nicht darin verbessern, *dass* sie erkannt sind. Und noch eine seltsame Eigenschaft lässt sich in der Meditation über das Bewusstsein beobachten: Das Bewusstsein ist *unabhängig* vom Ich-Gedanken. Der Ich-Gedanke erfüllt zwar das Bewusstsein mit einem illusionären Inhalt. Doch das Bewusstsein selber ist nicht ich-haft. Es gehört nicht exklusiv zu Petra oder Paul.

Dieses grundlegende Bewusstsein räumt alle Bewusstseinsinhalte ohne Diskriminierung ein. Es sind dies die fünf Arten von bewussten Sinneseindrücken (die *fünf vijñāna* im Abhidharma), die Gefühle oder das innere Sprechen. Doch verschwinden diese Inhalte, so verschwindet nicht dieses grundlegende Bewusstsein. Es ist in der Eigenschaft, vergänglichen Inhalten Platz einzuräumen, gerade nicht *vergänglich*. Das Bewusstsein ist darin der Zeit vergleichbar, *in der* zwar alles vergeht, die selbst aber unvergänglich ist. Das grundlegende Bewusstsein ist weder vergänglich, noch ist es individuell oder personal. Das, was ein Individuum, eine Person, ausmacht, sind immer nur Bewusstseins*inhalte*. Allerdings korrespondiert diesem grundlegenden Bewusstsein durchaus ein *Gefühl*, eine ursprünglich heitere Gleichmut. Da für *gewöhnlich* – das eben ist das Karma – aber dieses Bewusstsein vielfältig erfüllt ist durch seine Inhalte, da wir die Inhalte mit dem leeren Bewusstsein unaufhörlich verwechseln, da wir also in der Faszination der Spiegelungen den Spiegel nicht bemerken, in der Fesselung an die eingeräumten Gegenstände den Raum übersehen – deshalb ist dieses ursprüngliche, leere und heiter-gleichmütige Bewusstsein zwar immer da, aber ebenso *gewöhnlich* bleibt es unerkannt. »Gewöhnlich« heißt, wir sind es gewohnt, auf die Inhalte zu achten, nicht auf die Achtsamkeit selber. Deshalb besteht die wichtigste Meditationspraxis darin, dieses grundlegende, leere Bewusstsein (die Leerheit, *śūnyatā*) zu erkennen. Die *Achtsamkeit auf die Achtsamkeit* öffnet zu dieser Erkenntnis die Tür.

In den Schriften von Asanga aus der dritten Drehung des Dharmarades heißt dieses grundlegende Bewusstsein *Buddhanatur* (*tathāgatagarbha*), im Cittamātra-System *ālaya*, im Dzogchen *ripga* oder *sem nyid*. Dieses Bewusstsein hat keinen (physikalischen oder sozialen) Ort und unterliegt nicht der Zeit. Es ist aber durchaus aktiv und lebendig: Es bringt Zeit und Raum unaufhörlich hervor.[176] In ihm, im *Spielraum der Leerheit*, erscheinen alle Räume und Zeiten, eine Vielfalt von Orten oder Welten. Man spricht hier auch vom *Buddha-Feld* oder vom *Dharmadhātu*, dem Raum aller Phänomene. Es ist gerade diese Eigenschaft, nicht an einen vereinzelten Bewusstseinsinhalt gebunden zu sein, die eine ganz neue Perspektive für die Begründung ethischer Werte bietet: Im Buddha-Feld sind alle Menschen je schon verbunden. Insofern kann man die »*Gesellschaft als Buddha-Feld*«[177] betrachten. Die gegenseitige Abhängigkeit aller – nachgerade der sozialen – Phänomene offenbart, dass kein einzelnes Ding, kein Lebewesen *aus sich* existiert. Dennoch vollzieht sich aus einer *inneren Perspektive* der Prozess der gegenseitigen Abhängigkeit in einem kognitiven Raum, in einem Bewusstseinsfeld, in der Buddhanatur. Die Leerheit aller Phänomene ist – negativ ausgedrückt – der Mangel an einer bleibenden, nicht illusionären Identität. Positiv ausgedrückt ist diese Leerheit aber das grundlegende Bewusstsein, die Bewusstheit (*ālaya, rigpa*).

Es gibt im tibetischen Buddhismus hier allerdings einigen Gelehrtenstreit: Die *Rangton*-Schule bestreitet, dass es so etwas wie eine Leerheit *für sich* gibt, anerkennt aber sehr wohl ein leeres Bewusstsein. Die *Shängton*-Schule betont, dass das reine, das Ursprungsbewusstsein gerade unvergänglich ist und insofern eine »Selbstnatur« (*svabhāva*) besitzt. Man versucht in der Prāsangika-Mādhyamaka-Schule von der Leerheit natürlich jeden Substanzgedanken fernzuhalten. Erst wenn man alle Spuren eines Gedankens, der sich an irgendeiner Substanz festhalten möchte, beseitigt hat, kann man das ursprüngliche Bewusstsein in seiner Reinheit, als Buddhanatur erkennen. Nāgārjuna hat deshalb ausdrücklich davor gewarnt, die Leerheit als eine *Substanz neben den Phänomenen* ergreifen oder festhalten zu wollen. Doch darf man diesen Gedanken eben nicht rein *negativ* fassen, wie dies gelegentlich bei einigen Anhängern des *Rangton* der Fall ist. Die Buddhanatur ist leer an allen anderen Phänomenen und Substanzen; sie ist aber nicht leer an ihrer eigenen Natur, der Buddhanatur (das ist die Kernaussage des *Shängton*). Wenn man allerdings »Leerheit« als eine Entität neben anderen Wesenheiten betrachtet, wenn man sie in einem Begriff *festhalten* möchte, dann gilt die von Candrakīrti ausdrücklich betonte Zurückweisung: Die Leerheit ist leer an einer Leerheit, also leer an allen begrifflichen Vorstellungen.[178] Anders gesagt: das reine Bewusstsein (tibetisch *sems nyid*) ist kein Bewusstseins*inhalt* (tibetisch *sems*).

Die Welt relativer Beziehungen setzt immer das Worin der Leerheit voraus. Die Leerheit kann aber nicht *neben* das treten, was in ihr eingeräumt, ermöglicht und geborgen ist. Wenn die relativen Phänomene vergehen, so vergeht nicht die Leerheit, das bergende Offene. Leerheit und reines Bewusstsein sind hier nicht unterschieden. Ob sich ein Buddha dieser Leerheit völlig bewusst ist, ob sich ein verblendetes Ich darin als illusionärer Punkt zu reproduzieren versucht, ob man in der Leerheit Energiefelder und Elementarteilchen relativ zu einem Ich-Beobachter misst, Galaxien relativ zu einem Beobachter-Ich hinter einem Teleskop – all dies fügt der Leerheit nichts hinzu und nimmt ihr nichts weg. Beruhigen sich die Inhalte des Bewusstseins, so gibt es keinen Unterschied mehr zwischen einem Buddha und uns gewöhnlichen Menschen. Der Buddha hat deshalb, wie es im 13. Kapitel des *Diamant-Sutra* heißt, »nichts zu lehren«. Die Leerheit kann man nicht lehren, kann sie nicht als Meinung neben andere Meinungen stellen. Noch kann man sie, griechisch gesagt, als Meinung (*doxa*) festhalten (*orthodoxa*).

> »Nirgendwo wurde irgendeinem durch den Buddha irgendein Dharma gelehrt.« (MMK 25.24)[179]

Der Gedanke, dass es ein leeres Worin gibt, mit der Eigenschaft, alle Phänomene zur Erscheinung zu bringen, dieser Gedanke kann sich durchaus auch auf das Wort des Buddha schon im Pali-Kanon stützen. Der Buddha sagt hier zweierlei: Zum einen gibt es ein verunreinigtes (karmisch getrübtes) Bewusstsein, zum anderen gibt es auch das von diesen Trübungen völlig unabhängige reine Bewusstsein.

> »Lauter (d. h. *rein*) ist dieses Bewusstsein; doch es wird verunreinigt von hinzukommenden Befleckungen. Lauter ist dieses Bewusstsein, wenn es frei von hinzukommenden Befleckungen ist.« (AN 1.10)[180]

Und obgleich der Buddha nachdrücklich die Vergänglichkeit und Substanzlosigkeit aller Phänomene betont, sagt er auch, dass es ein unvergängliches Worin für all das gibt. *Nirvāna* ist ein anderer Name dafür:

> »Es gibt ein Nichtgeborenes, Nichtgewordenes,
> Nichtgeschaffenes, Nichtaufgebautes.
> Wenn es dieses Nichtgeborene, Nichtgewordene,
> Nichtgeschaffene, Nichtaufgebaute nicht gäbe,
> Dann wäre ein Ausweg aus dem Geborenen, Gewordenen,
> Geschaffenen, Aufgebauten nicht zu erkennen.«[181]

Das Nichtgewordene ist nicht *neben* dem Gewordenen, das Nichtvergängliche existiert nicht *neben* dem Vergänglichen. Es existiert auch nicht in einem Jenseits. Und das Unvergängliche ist im Buddhismus auch kein getrenntes Subjekt (Gott). All das sind unbrauchbare Vorstellungen. Das Absolute ist vom Relativen nicht getrennt, sonst wäre es relativ zum Relativen, nicht absolut. Und das Unvergängliche ist nicht vom Vergänglichen unterschieden, sonst würde dieser Unterschied mit dem Vergänglichen auch vergehen. Sind diese paradox klingenden Zusammenhänge vernünftig denkbar? Auch die Antwort klingt, fern der damit verbundenen Erfahrung, eher verwirrend. Ich versuche es so auszudrücken: Da die Leerheit jeder Vernunft *vorausgeht*, ist die Herkunft der Vernunft nicht vernünftig denkbar – *letztere Einsicht* aber ist gleichwohl vernünftig. Weil hier das begriffliche Denken an seine Schranken gelangt, greifen die tradierten Schriften hier immer wieder auf Metaphern zurück, wie die des Raumes. Der Raum ist erfüllt von Vergänglichem, wie das Bewusstsein erfüllt ist mit vergänglichen Erfahrungen und Gedanken. Man erkennt die Natur des Raumes nur, wenn ihn etwas erfüllt. Das heißt aber nicht, dass er nicht auch einfach leer sein kann.

Unter einem praktisch-ethischen Aspekt ist zu sagen, dass man das reine Bewusstsein nicht *unmittelbar* erreicht. Wir sind ja immer schon mittendrin in der Welt, in unseren Gedanken und Erfahrungen, die wir ergreifen, nach Ich und Nicht-Ich sortieren und mit Gier und Hass verteidigen. Deshalb wird der buddhistische Erkenntnisweg immer auch als *Reinigung* beschrieben. Man kann zwar in besonderen Augenblicken oder durch die Hilfe eines Lehrers einen Moment erfahren, in dem die Kette der Bewusstseinsinhalte kurz unterbrochen wird und dann etwas ganz anderes hervorleuchtet. Im Dzogchen ist das eine systematisch entfaltete Methode der »aufzeigenden Instruktion« (*pointing-out instruction*). Doch als bleibende Erfahrung hat man dann das reine Bewusstsein noch lange nicht verwirklicht. Es bedarf vielfacher weiterer Erkenntnisprozesse, worin gerade doch wieder mit den Inhalten des Bewusstseins gearbeitet wird. Da alle Inhalte des Bewusstseins *vergänglich* sind, kann man diese Vergänglichkeit – was immer zur Bedeutungslosigkeit der Inhalte, der festgehaltenen Meinungen führt – ausgezeichnet als Meditationspraxis verwenden.

An dieser Stelle, wenn man die Meditationspraxis als *Reinigung* durch kritische Selbstanalyse beschreibt, zeigt sich eine erstaunliche Berührung mit der abendländischen Tradition. Offenbar also handelt es sich bei den im Buddhismus beschriebenen Erfahrungen nicht um Aussagen nur einer besonderen Religion, sondern um allgemein menschliche Erfahrungen und Einsichten. Platon sagt in seinem Dialog *Sophistes*:

> »Es kommt dann schon heraus, dass dieselben *Meinungen* mit sich selbst zur gleichen Zeit, auf dasselbe bezogen in ein und derselben Hinsicht miteinander in Widerspruch stehen. (...) Auf solche Weise werden sie (d. h. die Befragten) von jener festgefahrenen Selbstüberschätzung befreit – die beglückende Befreiung, wenn man sie bei anderen erlebt, und die nachhaltige für den, der sie selbst erfährt. Denn diejenigen (...), die die Reinigung an ihnen vornehmen, sind derselben Meinung wie die Ärzte in bezug auf den Körper (...). So sei es auch mit der Seele: das an sie herangetragene Wissen nütze ihr gar nichts, bevor nicht ein Prüfer den zu Prüfenden bis zur Selbstbeschämung gebracht habe. Dadurch würden die dem Wissen hinderlichen Meinungen ausgetrieben. (...) Aus all diesen Gründen (...) dürfte die prüfende Widerlegung die wichtigste und mächtigste *Reinigung* sein.«[182]

Was Platon hier beschreibt, ist durchaus der Methode des Mādhyamaka vergleichbar. Das Bewusstsein ist erfüllt von *Meinungen*, d. h. Vorurteilen, teils unbewussten (karmischen) Mustern. Diese Meinungen (*doxa*) können, wenn man sie vernünftig untersucht, nicht *festgehalten* werden. Das Denken verwickelt sich dann in Widersprüche. Das Ich *beruht* aber auf solchen Meinungen; Platon spricht von »Selbstüberschätzung«. Das Bewusstsein wird durch dieses Verfahren also vom Ich *gereinigt* und gelangt so zu einer »beglückenden Befreiung«. Nicht ein bloßer Glaube oder die Anweisung eines Lehrers, nur die aktiv und selbst vollzogene *Reinigung* des Bewusstseins durch prüfende Überlegung, durch kritische Analyse führt schließlich zur Erkenntnis des reinen Bewusstseins – Platon spricht von *psyche*, von der Seele, Aristoteles vom »reinen Intellekt«.

Im Buddhismus wird durchaus dasselbe gesagt. Um zur Gleichmut des reinen Gewahrens, der Selbsterkenntnis des reinen Bewusstseins zu gelangen, benötigt man *analytische Meditation*.[183] Im *Uttaratantra* heißt es:

> »Es gibt keine Gleichmut ohne Analyse.«[184]

Auch im »Großen Mādhyamaka«[185] gilt deshalb die kritische Analyse von Denkformen, wie sie Nāgārjuna im MMK und anderen Werken mustergültig vorführt und Candrakīrti sie in seinen Kommentaren vertieft, als eine unabdingbare Voraussetzung für wirkliche Erkenntnis. Solange man die Phänomene nicht kritisch analysiert, hält man an deren und an der eigenen Identität fest. Die Ich-Illusion des Subjekts, basierend auf Meinungen, und der Identitäts- und Existenzglaube bezüglich der korrespondierenden Objekte verschwinden nur gemeinsam und zusammen. Das ist der Weg der Reinigung vom bloßen *Meinen* (= Zu-meinen-Machen der Objekte). Glaubt man noch an mit sich identische Objekte (Substanzen), an ein mit sich identisches Subjekt (Ich), so hat man diese Reinigung noch nicht vollzogen. Die Welt der Illusion besteht dann weiter fort:

> »Solange die Phänomene nicht analysiert sind, existieren sie tatsächlich in der empirischen Erfahrung.«[186]

Begleitet wird diese Art der kritischen Analyse aller alltäglichen Denkformen aber immer – gleichsam unter Vorwegnahme des Zieles – durch eine systematische Einübung des *Mitgefühls*. Denn das Mitgefühl ist nichts anderes als die ethische Ausdrucksweise der Wahrheit der gegenseitigen Abhängigkeit, damit der Leerheit und Ichlosigkeit aller einzelnen Phänomene – ob eigen oder fremd. Wir Menschen sind in der ursprünglichen Bewusstheit innerlich, in unseren Gedanken, der Sprache und den Handlungen auch auf äußere Weise unlösbar miteinander und mit der Natur verbunden. All dies bewegt sich in einer Offenheit, einer Leerheit, einem *Buddha-Feld*, das auch alle sozialen Phänomene in sich birgt. Nur eine grundlegende *Täuschung* kann uns Menschen im Ego-Wahn davon trennen. Und weil das Ego insofern ein Wahn ist und nicht *aus sich* existiert, muss sich dieser Wahn unaufhörlich und täglich neu *wider die gegenteiligen Erfahrungen* der gegenseitigen Abhängigkeit aufbauen und verteidigen – durch die Geistesgifte der Gier und des Hasses.

Dieser Ego-Wahn ist also der Alltag der Illusion, der Verblendung – damit aber der letzte Grund für alles Leiden in allen nur erdenklichen Formen. Somit verweist ein durchaus säkularer Zugang zur Ethik über die Einsicht in die gegenseitige Abhängigkeit aller Phänomene auf eine Offenheit, die zu erkennen über die bloße Ethik *hinausweist*. Niemand *muss* den Schritt zu dieser Erkenntnis wirklich vollziehen, und nur wenige werden es tatsächlich tun. Menschen bleiben in dieser Entscheidung frei. Das Mitgefühl mit allen Wesen äußert sich aber gerade auch schon darin, auf diese Möglichkeit einer Erkenntnis des letzten Grundes unseres Bewusstseins hinzuweisen. Das grundlegende Bewusstsein, die Buddhanatur, ist *vor* jeder Differenz, vor jedem Inhalt. Das Wort »vor« meint hier eine *logische*, keine zeitliche Beziehung. Um Bedeutungen, bewusste Inhalte überhaupt als bewusste Inhalte erfassen und denken zu können, ist ein *Worin* jeglicher Bedeutung logisch vorauszusetzen und auch faktisch vorausgesetzt. Dieses Worin zu erkennen, jeweils *in mir* zu bemerken, das ist die transzendente Perspektive der buddhistischen

Ethik. Hier verweist der säkulare Anfang über sich hinaus. Ethik wird dann zum Weg der Befreiung.

3.4.5 Leerheit: Jenseits von Subjekt und Objekt

Ich erinnere nochmals an das, was ich oben zur Wissenschaft vom Bewusstsein und ihrem Verhältnis zu den westlichen Wissenschaften gesagt habe: Das Bewusstsein lässt sich nur am je eigenen Bewusstsein in seinen inneren Eigenschaften erkennen. Da dieses Bewusstsein – wenigstens auf den ersten Blick – jeweils individuell lokalisiert ist und nicht zu einem objektiven Gegenstand gemacht werden kann (jeder Gegenstand als Objekt setzt ein Subjekt immer zirkulär voraus), gelten für die Wissenschaft vom Bewusstsein auch andere Spielregeln. Bewusstsein heißt, jeweils man selber zu sein – ohne dies als Ego *neben* das Denken stellen zu können. Deshalb gilt für die Wissenschaft vom Bewusstsein die Einsicht von Mipham:

> »Man selbst zu sein ist inkompatibel damit, ein Objekt zu sein. Und ein Objekt ist inkompatibel damit, man selbst zu sein.«[187]

Das Subjektive bleibt subjektiv; es kann nicht Objekt, also Gegenstand einer Wissenschaft, sein, deren Methode auf reiner Objektivierung beruht. Erkenntnisse sind im Bereich des Bewusstseins nicht unmittelbar intersubjektiv austauschbar. Es gibt bezüglich des Bewusstseins große Unterschiede in der Erfahrung; und zur Erkenntnis des Bewusstseins bedarf es ebenso einer besonderen, langjährigen Übung, wie dies auch in den physisch orientierten Wissenschaften der Fall ist. Wenn jemand sagen würde, er könne Verbindliches zur Quantenmechanik aussagen, zugleich aber nicht weiß, was eine lineare Differenzialgleichung und ein Hilbert-Raum ist, der würde von Physikern bestenfalls ein mitleidiges Lächeln ernten. Ein Neurowissenschaftler, versiert darin, Tiergehirne zu sezieren, zu vermessen und allerlei Versuchspersonen das EEG abzunehmen oder durch eine CT zu beobachten, gilt dagegen *deshalb* als Experte für »Bewusstsein«. Das ist ein sehr voreiliges Urteil. Wenigstens bei der Erklärung der menschlichen Kreativität haben die Neurowissenschaften bislang völlig versagt.[188] Der Versuch, die neurologischen Korrelate *künstlerischer* Prozesse zu finden, sie überhaupt von anderen Gehirnprozessen unterscheiden zu können, stellt diese in den Medien allgegenwärtige Disziplin vor unlösbare Aufgaben.

Die Frage nach Tod, Wiedergeburt und die darin erkennbare *moralische Gerechtigkeit*, die in fast allen spirituellen Systemen behauptet oder gefordert wird, beruht auf drei Quellen: Sie kann sich – wie die Psychologie auch – auf subjektive Zeugnisse anderer stützen, z. B. Nahtodberichte, Berichte von spirituellen Erfahrungen. Zweitens muss aber jeder, der sich damit befasst, *selbst* eine gewisse Übung darin haben, solche Zeugnisse überhaupt richtig verstehen und interpretieren zu können. Und drittens muss auf jeder Stufe auch die analytische, die rationale Kontrolle aller Aussagen erfolgen, die man als Folgerungen aus derartigen Erfahrungen zieht. Man könnte noch – als vierte Quelle der Erkenntnis – versuchen, *a priori* Aussagen über das Leben oder den Kosmos zu machen. In den theistischen Traditionen geschieht dies immer wieder durch rein rational vorgetragene *Gottesbeweise*. Der jüngste, der einige Aufmerksamkeit erregte, war die mathematische Reformulierung von Gödels Gottesbeweis.[189] Einige dieser Beweisfiguren könnte man auch verwenden, um damit die Existenz einer Buddhanatur »zu beweisen«, weil die

Gott zugeschriebenen Eigenschaften meist so abstrakt formuliert werden, dass darin Jahwe oder Allah gar nicht mehr als personale Schöpfungswesen erkennbar sind. Doch diese Frage, zweifellos eine kurzweilige intellektuelle Spielerei, klammere ich hier völlig aus. Sie zeigt aber immerhin, dass man vorsichtig sein muss bei Aussagen über »die« westliche Wissenschaft.

Viele Physiker und Mathematiker haben ausgesprochen spirituelle Thesen aus ihren Erkenntnissen abgeleitet. Bekannt geworden ist auch der englische Philosoph Alfred Jules Ayer, der sein Leben lang nachdrücklich atheistisch-materialistische Positionen vertreten hat, im Alter dann aber eine Nahtoderfahrung machte, die seine Einstellung grundlegend änderte. Es ist also keineswegs so, dass das Erfahrungsmaterial, das für eine Wissenschaft vom Bewusstsein auch *außen* verfügbar ist, gering oder von minderer Qualität wäre, nur weil sich eine *materialistische Wissenschaft* als Leitwissenschaft in der gegenwärtigen Kultur durchgesetzt hat. Rupert Sheldrake hat eine ganze Reihe von Experimenten vorgeschlagen und teilweise selbst durchgeführt, durch die auch nach den Spielregeln einer objektivierenden Wissenschaft der Nachweis geführt werden kann, dass das Bewusstsein nicht reduktionistisch durch neurologische Korrelate erklärt wird. Dass Neuropsychologie, Biologie und Naturwissenschaften auf solche Vorschläge gar nicht oder nur durch Ausgrenzung reagieren, verrät etwas über die *implizite Moral* dieser Forschung: Jenseits ihrer Fragestellungen und Methoden gelten derartige Erkenntnisse außerhalb des Mainstream einfach als »unwissenschaftlich«, erhalten keine öffentliche Förderung und keinen Platz an den Hochschulen. Da umgekehrt nur die in diesen Institutionen praktizierte Forschung *als* Wissenschaft gilt, bewegt man sich hier in einem negativen Teufelskreis: Jedermann, der innerhalb dieses Paradigmas seinen Lebensunterhalt verdienen möchte, muss sich auf die materialistische Metaphysik des wissenschaftlichen Mainstreams verpflichten.

Es gibt eine Fülle von durchaus streng wissenschaftlich untersuchten Nahtodberichten, weltweit erforscht und vielfach publiziert, auch in referierten Journalen des traditionellen Wissenschaftsbetriebs. Ich habe darauf bereits hingewiesen.[190] Nahtoderfahrungen sind nicht in dem Sinn allgemein, dass jeder Sterbende darüber berichten könnte. Dies schon aus dem trivialen Grund, dass nur wenige nochmals das Bewusstsein erlangen. Aber auch von denjenigen, die in ein klares Bewusstsein im Körper zurückfinden, berichtet nur ein Teil von solchen Erfahrungen. Wäre das, was hier zu beobachten ist, ein Phänomen, das nur auf je ein Individuum bezogen ist, so läge darin eine prinzipielle Schwierigkeit. Man müsste dann fragen, ob nur einige Menschen nach dem Tod weiterexistieren. Doch das wäre eine absurde Aussage. Offenbar sind derartige Erlebnisse also ganz anders zu deuten. Ich meine nicht die Pseudoerklärungen jener Neurologen, die glauben, wenn sie »Sauerstoffmangel« sagen, dann hätten sie schon irgendetwas erklärt.

Der Tod ist offenbar ein grundlegend anderes Phänomen als all die natürlichen Erfahrungen, die wir im Laufe unseres Lebens machen – zufällig oder systematisch in Untersuchungen herbeigeführt. Der Tod ist nicht *empirisch*. Der Tod beendet die Subjekt-Objekt-Dualität. Was wir objektiv beobachten können, ist immer nur der Tod der *anderen*. Und das, was wir da beobachten, ist nicht der *Tod*, sondern das Ende von Lebensprozessen (Atmung, Herzschlag, Gehirnmuster usw.). Alle Erfahrungen tauchen im Bewusstsein als Bewusstseinsinhalte auf. Wenn es aber, wie oben skizziert, als Voraussetzung allen Bewusstseins ein nicht individuiertes Offenes gibt, das kognitive Eigenschaften besitzt, dann ist der Tod *als innere Erfahrung* offenbar etwas außergewöhnlich Anderes. Er ist »außer-gewöhnlich«, d. h., er kann nicht in Kategorien gewohnter Denkmuster erklärt werden. Alle Erfahrungen – und empirische Wissenschaften gründen insgesamt darauf – werden im offenen Raum des Bewusstseins gemacht, der gewöhnlich durchzogen ist von Denkmustern. Doch alle diese Muster sind nach außen gerichtet, haben ihren Sinn nur relativ zu den Sinnesorganen und zum Körper, also innerhalb der Subjekt-Objekt-Dualität. Was geschieht nun, wenn diese Richtung nach außen abgeschnitten wird? Endet dann ganz einfach alle Bewusstheit, wie dies der Materialismus behauptet?

Wenn man in der Meditation einige Erfahrungen gewonnen hat, dann weiß man, dass die Sinne, der eigene Körper – gesehen oder gefühlt – immer in einem offenen Raum der Achtsamkeit erscheinen. Gewinnt man Stabilität in der Kontemplation des eigenen Gewahrseins, hört man gleichsam längere Zeit die Stille hinter dem Lärm der Eindrücke und Gedanken, dann bekommt man immer mehr den Eindruck eines Offenen, eines »Raumes«, in dem all dies erscheint. Ein bleibendes *Ich* ist in diesem Raum auch nach langjähriger Suche nicht zu finden. Ein Suchender übrigens auch nicht. Vom Standpunkt der äußeren Dinge aus ist das, was man hier alles *nicht* findet, also schlicht ein Nichts. Aber es wird ja *gefunden*. Das Finden ist ein bewusster Zustand. Davon weiß natürlich nur jemand, der die notwendigen Erfahrungen gemacht, Meditation lange Zeit geübt und mit der Kontemplation der eigenen Achtsamkeit vertraut ist. Wissenschaftlich kann man immer nur ein *Etwas* ergreifen. Hier aber greift man ins Leere. Doch diese Leere ist nicht nichts, sondern sie weiß von sich selbst. Deshalb scheiden sich hier die Geister durch Erfahrung.

Ohne eine gewisse Übung, ohne Praxis, kann man nur glauben oder sich äußerlich ablehnend verhalten. Von einem materialistischen wissenschaftlichen Standpunkt aus weiß man gar nicht, wovon hier überhaupt die Rede ist. Oder aber man sieht darin die Aufforderung zur Neugier, selbst diese Erkenntnis auszuprobieren. In zweieinhalb Jahrtausenden haben unzählige Praktizierende von derselben Erfahrung berichtet. Man kann also durchaus sagen: Für die Wissenschaft vom Bewusstsein ist ein offenes, leeres, nicht ichhaftes Bewusstsein eine reproduzierbare Erfahrungsgrundlage. Dies auch und gerade dann, wenn man diese Erfahrungsgrundlage nicht ihrerseits objektivieren, also innerhalb der Subjekt-Objekt-Dualität darstellen oder beschreiben kann.

Was lässt sich nun, dieses »reine Bewusstsein« vorausgesetzt, daraus folgern? Dieses reine Bewusstsein ist seiner nicht immer gewahr. Meist ist es gefesselt an seine Inhalte, die darin vielfach automatisch ablaufen, die Helle des Bewusstseins mindern und trüben, auch immer wieder Zustände wie im Tiefschlaf herbeiführen. Doch gerade das Phänomen des Erwachens ist vielsagend. Schopenhauer hat es sehr schön beschrieben:

> »Jeden Morgen, beim Erwachen, ist das Bewußtseyn eine *tabula rasa*, die sich aber schnell wieder füllt. Zunächst nämlich ist es die jetzt wieder eintretende Umgebung des vorigen Abends, welche uns an das erinnert, was wir unter eben dieser Umgebung gedacht haben: daran knüpfen sich die Ereignisse des vorigen Tages, und so ruft ein Gedanke schnell den andern hervor, bis Alles, was uns gestern beschäftigte, wieder da ist.«[191]

Wäre das Bewusstsein am Morgen ein immer wieder *neu* kausal durch das Gehirn erzeugtes Phänomen, so wäre eine *innere*

Anknüpfung an die *Bedeutung* früherer Erfahrungen gar nicht möglich. Es muss ja ein Worin geben, *in dem* man verschiedene Erfahrungen – nicht kausal, sondern *innerlich* – verknüpfen kann: als *Bedeutungen* (Qualitäten). Das heißt, auch im Tiefschlaf, in einer Ohnmacht ist das reine Bewusstsein in seiner Qualität, Erfahrungen einzuräumen und ihnen Bedeutung zu verleihen, *da*. Doch da die Tore der Sinne in einer Ohnmacht oder im Tiefschlaf aus physischen Gründen verschlossen sind, die Denkprozesse ruhen, werden auch keine Bewusstseins*inhalte* wahrgenommen. Weil wir so sehr gewohnt sind, unsere Aufmerksamkeit nach außen auf Inhalte zu richten, deshalb entgeht uns bei einem leeren Bewusstsein dessen Natur: erkennen zu *können* und Inhalte einzuräumen. Diesen gewöhnlichen Zustand, der stets Sinnesdinge ergreifen und festhalten möchte, nennt man im Buddhismus *Verblendung*, verdunkelte Achtsamkeit, auch »Nichtwissen« (*avidyā*).

Geht man also von der Erkenntnis eines grundlegenden Bewusstseins aus, das völlig rein ist und aufgrund dieser Reinheit auch keine *Grenzen* kennt, dann ergeben sich daraus einige wichtige Folgerungen. Es müsste dann, dies vorausgesetzt, auch im gewöhnlichen Alltagsbewusstsein, also mitten in der Verblendung, immer einmal wieder Erfahrungen geben, die auf die *Unbegrenztheit* des reinen Bewusstseins hinweisen. Tatsächlich zeigt sich dies an kritischen Momenten des Erschreckens, wenn die Gewohnheitsmuster gleichsam zusammenbrechen, nicht mehr funktionieren und man für Augenblicke völlig ohne Halt und Orientierung, gleichwohl sehr wach ist. Im positiven Sinn erscheint das reine Bewusstsein in der Achtsamkeit auf neue Ideen, in der Kreativität. Die Achtsamkeit übersteigt Grenzen, und so lassen wir Ideen herein. Es gilt: »Mir *kommt* eine Idee«, nicht: »Mein Ich *macht* Ideen.«[192] Die wichtigste Schranke zur Erkenntnis des reinen Bewusstseins ist also die Ich-Grenze. Diese Ich-Grenze ist aber eine Illusion. Die gegenseitige Abhängigkeit als *innere Erfahrung* legt ja die einfache Folgerung nahe, dass es *räumlich* durch die Verkörperung als Paula oder Peter keine *innere* Grenze geben kann, die durch die Körperoberfläche, die Haut definiert wäre. Wenn es also ein nicht personales, reines Bewusstsein als Grundlage für alle Ich-Illusionen im Denken gibt, dann kann die Grenze der Verkörperung keine absolute sein.

Was bedeutet das? Das Denken und Fühlen der anderen kann nicht *prinzipiell* unzugänglich sein. Grundlegendes Mitgefühl als innere Wahrheit von *pratītyasamutpāda* übersteigt alle Ich-Schranken. Folglich kann jeder, wenigstens prinzipiell, wenn der Lärm der Verteidigung des Ego-Territoriums einmal leiser wird, Gefühle und Gedanken *anderer* auffangen. Das ist tatsächlich eine verbreitete Erfahrung. Man spricht dann von *Intuition*. Sie ist jedem vertraut als Telefonphänomen. Man denkt an jemand, und kurz darauf ruft diese Person an. Oder man ahnt, dass mit einer vertrauten Person etwas nicht stimmt, ruft beunruhigt an und erhält eine Bestätigung. Diese Erfahrungen, oft über eine große räumliche Distanz hinweg, sind nicht nichts. Es sind keine klar erfassbaren, experimentell nur schwer zugänglichen Phänomene. Doch sie stehen vollständig im Einklang mit dem Gedanken an ein grundlegendes, nicht personales Bewusstsein, eine gemeinsame *innere Natur* aller Lebewesen. In der Telepathie tritt dieses Phänomen noch viel deutlicher in Erscheinung, auch wenn hier – wie bei all diesen Erfahrungen – der Lärm der um ein fiktives Ego kreisenden Denkprozesse in der Regel so laut ist, dass solche Phänomene eher verdeckt bleiben.

Die Menschen sind also nicht primär in einen Körper eingesperrt, der ihnen zum anderen nur einen äußeren Zugang erlaubt. Man kann sich in andere einfühlen – gerade dadurch, dass man die Intention umkehrt und nach innen richtet. Es gibt einen *inneren Weg* zum anderen, auf den Brücken des Mitgefühls, des reinen Bewusstseins. Die menschliche Gesellschaft ist nicht eine nur äußerlich verknüpfte Summe von Individuen, die sich nur auf dem durch die Physik zu beschreibenden Weg über materielle Träger verbindet. Phänomene wie z. B. gemeinsame Stimmungen bei Großveranstaltungen, in Kirchen, bei Massenversammlungen, aber auch in trauter Zweisamkeit verweisen auf ein gemeinsames Worin, das uns an einem *Ort*, nicht in einem leeren Raum versammelt. Jeder, der noch kein Leichnam ist, kann eine Differenz zwischen einem japanischen Garten und einer Garageneinfahrt, zwischen einem Espresso in einem italienischen Café und Starbucks *fühlen*. Das ist durchaus ein »objektives« Phänomen in dem Sinn, dass man sofort einen Bedeutungsunterschied erkennt, auch wenn er individuell verschieden wahrgenommen wird.

Wir sind in einem gemeinsamen Raum der Achtsamkeit, des Bewusstseins als soziale Wesen schon lange verbunden, noch bevor wir als Kinder ein Ich ausbilden. Dies ist die weit tiefere, die spirituelle Dimension aller moralischen Regeln, die auch äußerlich die Handlungen der Menschen verknüpfen. In den moralischen Regeln, aber auch in anderen sozialen Phänomenen, in denen wir uns vergesellschaften, erscheint in einer fremden, einer *entfremdeten* Form die ursprüngliche, vorpersonale Bewusstheit. Dazu haben wir alle *nach innen* einen Zugang. Wir vergessen diesen Zugang aber in der Regel oder haben ihn gar nicht näher kennengelernt. Im spontanen Mitgefühl, im Gewissen (gut oder schlecht) offenbart sich dieser emotionale Ton des gemeinsamen Urgrundes. Aber auch in den profanen Dingen der säkularen Welt erscheint diese innere Grundlage als Erfahrung. Die Sprache ist immer die Sprache der Vielen. In der Sprache offenbart sich äußerlich in der Kommunikation die innerlich bereits vorliegende Verbindung. Und im Geld, dem vermeintlich Äußersten der säkularen Welt und der Grundlage vieler Vorurteile, offenbart sich *die Zahl*, die im Rechnen zugänglich wird und die – das hat Physiker immer wieder zutiefst verwundert – auch in der äußeren Welt die Dinge regiert.

Was wir sozial als Offenes, vereinzelt als *Freiheit*, als Bewusstseinsraum erleben, hat auch in der physischen Welt eine objektive Entsprechung. Das, was in der Physik als Raum *geometrisch* beschrieben wird, setzt vor aller Topologie ein Offenes voraus. Die Strukturen, wie sie in der Relativitätstheorie durch die Riemann'sche Geometrie beschrieben werden, bringen nicht den Raum oder die Zeit *hervor*. Wie Bewusstseinsinhalte das reine Bewusstsein füllen, ebenso ist das Offene in seinem äußeren Aspekt zunächst durch eine geometrisch erfasste Struktur durchzogen. Die der Physik zugrunde liegende Geometrie von Raum und Zeit ist aber bereits eine *Privation* des Offenen, d. h. dessen Einschränkung durch jene Eigenschaften, die durch die Geometrie beschrieben werden. Es ist erstaunlich, dass bei aller vielfältigen Rede über den *big bang* im Standardmodell der Kosmologie eine einfache Frage nicht gestellt worden ist: Wenn durch den Urknall sowohl die physikalischen Gesetze wie Raum und Zeit überhaupt erst in Existenz treten, dann muss es immerhin ein *Offenes* geben, in das hinein sich Raum und Zeit und die Materie entfalten können. Wäre da nur ein *absolutes Nichts* am Anfang, so könnte sich darin auch nichts entfalten. Im Nichts gibt es keine kosmische Evolution. Im Nichts gibt es gar nichts. Dem Urknall, der kosmischen Evolution geht also die *Leerheit* voraus. Sie räumt überhaupt erst all das ein, was sich dann aus dem *big bang* entfaltet.

Dies, dass der Raum kein Letztes und Absolutes ist, darf als große Erkenntnis der allgemeinen Relativitätstheorie gelten. Sie hat diese Einsicht aber nur *quantitativ* formuliert: Die Geometrie von Raum und Zeit ist nicht von der Energie, die sie ausfüllt, unabhängig, sondern kann immer nur gemeinsam mit den energetischen Veränderungen erklärt werden. *Qualitativ* besagt das Fehlen eines absoluten Raumes aber noch viel mehr. Was immer wir vom Raum auch mathematisch-geometrisch aussagen, es ist nicht der *reine* Raum. Ein Raum im cartesianischen Koordinatensystem dargestellt – wie man es in der Schule kennenlernt als Bindeglied zwischen Zahl und Geometrie –, ist nicht leer. Ein wirklich leerer Raum hätte keine Richtung. Die Physik arbeitet aber immer auch mit Richtungsgrößen (Vektoren und Tensoren; in der Quantenmechanik mit Spin, mit Drehungen). Es gibt also den Unterschied zwischen rechts und links, vorwärts und rückwärts, Expansion und Kontraktion, konkav und konvex usw. Doch rechts und links sind relative, keine objektivierbaren Eigenschaften. Sie haben nur Sinn relativ zu einem Beobachter. Das bedeutet: Das, was in der Physik als Raum beschrieben wird, ist ein *beobachteter, ein bewusster Raum*. Nur in solch einem Raum gibt es den Ort eines Beobachters, *relativ* zu dem dann rechts und links, oben und unten, vorher und nachher definiert sind. Also trägt auch die Physik ganz offensichtlich noch die Spuren des umfassenden, reinen Bewusstseins im Herz ihrer Erklärungen. So sagt einer der Väter der Quantenmechanik, Erwin Schrödinger:

> »Bewusstsein (ist) dasjenige, wodurch diese Welt allererst manifest wird.«[193]

In der Quantenmechanik wird das besonders deutlich. Denn in der Quantenmechanik ist ein vermeintliches Axiom des *traditionellen* Buddhismus experimentell aufgehoben. Im Abhidharma wird behauptet, dass *jedes* Phänomen eine Ursache haben muss. In der Quantenmechanik hat sich aber gezeigt: Es gibt einen *objektiven Zufall*; es gibt das absolut Nichtbestimmte. Der Zufall ist keine subjektive Unvollkommenheit der Beobachtung, Ausdruck einer Unsicherheit. Der Zufall kommt den beobachteten Dingen selbst zu. Und all dies wiederum nur relativ zu einem Beobachter und seinen Messgeräten. Es gibt sogar Phänomene, die nicht mehr räumlich – im geometrischen Raum der Physik – lokalisierbar sind. Diese Einsicht hat Einstein fast zur Verzweiflung gebracht: Es gibt das, was er »spukhafte Fernwirkungen« nannte, d. h. die Wechselwirkung von Teilchen unabhängig vom Raum, wie neuere Experimente zeigen. Das, was die Physik beschreibt, ist also nicht eine geist- und bewusstlose Zusammenballung von Materieklumpen ohne jegliches Bewusstsein. Der englische Physiker Sir James Hopwood Jeans sagt:

> »Der Strom des Wissens verläuft auf eine nicht mechanische Realität zu. Das Universum beginnt mehr wie ein großer Gedanke denn wie eine große Maschine auszusehen. Der Geist (*mind*) scheint nicht länger ein zufälliger Eindringling im Reich der Materie zu sein. Wir beginnen ihn eher als Schöpfer und Organisator des Reichs der Materie zu begreifen.«[194]

All das, was die Physik beschreibt, ist nur ein Vorkommnis in einem Offenen, einem Raum des reinen Bewusstseins. Individualität und Substanzialität sind vergängliche Illusionen. Gerade dies, dass es so etwas wie objektiven Zufall gibt, ist ein unmittelbarer Vorschein der Leerheit, der Offenheit. Erstaunlicherweise pochen manche buddhistische Lehrer dennoch darauf, dass all dies doch »irgendeine« Ursache haben müsse. Hier blickt das Mādhyamaka weit tiefer als die Philosophie des Abhidharma. Kausalität, die notwendige Verbindung von Ursache und Wirkung, ist gar nicht denkbar; Nāgārjuna hat das auf vielfache Weise gezeigt. Es ist nur eine Projektion auf die Dinge. Die Dualität von Zufall und Notwendigkeit ist nur eine weitere, nicht haltbare Vorstellung, die in der Philosophie des Mittleren Weges zurückgewiesen wird. Im Geist des *Großen Mādhyamaka* (*Shängtong*) kann man noch Folgendes ergänzen: Jeder Zufall braucht ein *Worin*, einen wie immer zu definierenden *Ort*, an dem er sich ereignet. Dieser Ort muss den Zufall, bevor und während er sich ereignet, zulassen oder einräumen. Exakt dies ist aber die Natur der Leerheit, der *śūnyatā*. Diesem offenen Ort, in dem sich in der »Welt da draußen« Zufälle ereignen, die durch kein physikalisches Gesetz im Einzelfall prognostiziert werden können, korrespondiert *innerlich* eine Offenheit des Bewusstseins, in der wir und aus der wir *freie Entscheidungen* treffen. Freiheit und Zufall haben also einen gemeinsamen Grund. Im Buddhismus heißt dieser gemeinsame Grund auch »Urgrund«, *ālaya*, tibetisch *kun zhi*. Dieser Urgrund besitzt eine kognitive – übrigens auch emotionale – Qualität, die man auch »das klare Licht« nennt. In der Tradition des *Bardo Thodäl*, des tibetischen Totenbuchs, wird das so beschrieben:

»Seinem Wesen nach ist das Klare Licht des Urgrunds leer, doch es heißt, dass es klar und strahlend ist; in diesem Zusammenhang bedeutet das, dass es wissend ist. Diese beiden Eigenschaften, Leerheit und Gewahrsein, sind untrennbar.«[195]

3.4.6 Tod, Wiedergeburt und absolute Gerechtigkeit

Das Offene ist also nicht *tot*. Es ist der Urgrund des Lebens und des Wissens. Der *physikalische* Raum beschreibt davon nur einen *Aspekt*, keine universelle Grundlage. Raum und Zeit im Verständnis der Physik sind *einseitige* Blickweisen auf die Welt, den Kosmos und das Lebendige. Wenn nun aber Raum und Zeit im physikalischen Sinn nur *Privationen* der Leerheit sind, wenn diese Leerheit nach innen offen ist zu allen anderen Lebewesen hin, dann sind auch *zeitlich getrennte Leben* offenbar nicht durch die Grenzen von Geburt und Tod geschieden. Da das reine Bewusstsein keine Grenzen kennt[196], da Raum und Zeit nur *innerhalb* dieses Urgrundes illusionäre, an unsere Verkörperung geknüpfte Täuschungen sind, ist zu vermuten, dass mit dem *Ende der Verkörperung* im Tod auch Raum und Zeit ihre objektive Geltung verlieren. Die Grenzen zwischen Ich und Du hören ebenso auf wie die Grenzen zwischen Vergangenheit und Zukunft. In der Ahnung des Künftigen wie bei einigen Hellsehern sind diese Grenzen vorübergehend überwunden. Alle Ereignisse sind dann einfach in einem reinen, raum- und zeitlosen Bewusstsein vereinigt. Und deshalb gibt es *prinzipiell* einen Zugang zu *allen* Ereignissen. Man kann Künftiges ahnen, und man kann unabhängig von der Verkörperung *auf dem Wege des reinen Bewusstseins* die eigenen Ich-Schranken überwinden und so einen Zugang zu *früheren* Lebensformen haben. Dieser Zugang aber gewährt, solange er aus der Perspektive der Verkörperung, d. h. der karmischen Denk- und Erfahrungsgewohnheiten erfolgt, jeweils nur einen begrenzten Blickwinkel. Man kann daraus folgern: *frühere* Leben erscheinen auch nicht alle zugleich und in vielen Personen nebeneinander, sondern auf *bevorzugten* d. h. beschränkten, nicht reinen Zugangsweisen. Diese Zugangsweisen hängen ab von den Erfahrungsmöglichkeiten, die wir durch unser Leben heute in diesem Körper verwirklicht haben. Wer sich z. B. in einer Reinkarnationserinnerung im früheren Leben als einfacher Bauer erlebt, der erfasst dieses Leben deshalb, weil es seiner heutigen Erfahrung, seinem besonderen Wissen entspricht. Man muss die Kategorien, die Bilder und Erfahrungsweisen *aus diesem* Leben verfügbar haben, um überhaupt entsprechende Inhalte in einem anderen, früheren Leben erkennen zu können. Jede Erinnerung, auch in diesem Leben, ist deshalb ebenso Projektion und Konstruktion, wie sie sich an wirkliche Erfahrungen anschließt. Das reine Bewusstsein ist keine Festplatte zur Speicherung, sondern ein offener Raum des Zugangs zu jedem Erlebnisort in ihm – unabhängig von einer raum-zeitlichen Fesselung.

Weil wir verkörpert sind in einem Netzwerk gegenseitiger Abhängigkeit und darin jeweils einen *besonderen* emotionalen und gedanklichen Zugang zur Welt als Gewohnheit pflegen, deshalb können auch *frühere* Erfahrungen nur jeweils spezifisch erscheinen. Wenn es z. B. reine Gaslebewesen gäbe, die vom Molekülaustausch mit der Umgebungsluft leben, so hätten wir aus unserer Erfahrung gar keine Möglichkeit, solch ein Erleben zu verstehen, überhaupt zu erkennen und zu bemerken. Was sich also immer an Erinnerungen aufdrängt, beruht auf unserer *derzeitigen* Verkörperung. Es liegt also eine tiefe Weisheit in dem buddhistischen Satz: Wenn du deine Taten in einem früheren

Leben erkennen möchtest, schau auf deinen jetzigen Geist und Körper. Die dem jetzigen Leben eigene *Einschränkung* des reinen Bewusstseins, das von Gewohnheiten – also durch Karma – durchsetzt ist, ermöglichen je nur einen begrenzten Horizont. Dies sowohl in der Überwindung der Zeit als auch in der Überwindung des Raumes. Wer sehr spezifische Vorstellungen hat, dessen Ahnung des Zukünftigen bleiben gefesselt an heutige Vorstellungen, obgleich *prinzipiell* durch die gemeinsame Teilhabe am reinen Ursprungsbewusstsein solch ein Übersteigen der Zeit möglich ist. Nur wer sehr viel von seinen karmischen Mustern gereinigt hat, dem kann ein relativ freier Blick gelingen, der die Zeit – hin zu früheren Leben oder hellsehend in die Zukunft – und im Raum (in der Erkenntnis des Geistes anderer) überwindet.

Wie lässt sich nun vor diesem skizzierten Hintergrund – den man auch einfach nur als Hypothese im Rahmen einer säkularen Diskussion betrachten kann – der Tod erklären? Dass die Teilhabe am reinen Bewusstsein die Zeit und den Raum übersteigen *kann*, dass es deshalb wenigstens prinzipiell Erinnerungen an frühere Existenzen gibt – das lässt sich durch die Erkenntnis des reinen Bewusstseins durchaus plausibel machen. Doch welchen *Sinn* hat dann der Tod? Was bedeutet er? Offenbart sich darin auch ein *moralischer* Sinn, eine Form der Gerechtigkeit, die nicht durch die aus der Ökonomie stammenden Vorstellungen von Schuld und Sühne, von einer Art moralisch-karmischem Schuldschein erklärt (besser: *nicht* erklärt) wird?

Wenn *verkörpertes Leben* heißt, sich im Prozess gegenseitiger Abhängigkeit im Inneren des reinen Bewusstseins zu bewegen, dann bedeutet das Ende der Verkörperung kein Ende des Bewusstseins. Was endet, ist viel eher die durch körperliche und geistige Gewohnheiten durchsetzte Illusion der Individualisierung. Der Übergang in den Tod als *inneres* Erlebnis ist deshalb kein Aufhören, wie eine Sackgasse oder ein Lineal endet. Weder eine räumliche noch eine zeitliche Vorstellung ist hier passend. Denn Raum und Zeit als *Formen* der Anschauung verlieren zwar mit dem Kollaps der Körperfunktionen ihren äußeren Bezugspunkt, nicht aber ihre Herkunft und ihren Ort: das reine Bewusstsein. Mit dem Tod enden also vor allem die *Schranken* der Wahrnehmung, die Schranken der Gewohnheiten und der Ich-Illusion.

Was ist dann – dies vorausgesetzt – zu erwarten? Es ist zu erwarten, dass das Bewusstsein, seiner Beschränkungen ledig, die lokale Bindung ebenso aufhebt wie die personale Fesselung, auch die zeitliche Fixierung. Was heißt das konkret? Das heißt, dass im Sterbeprozess mit dem Zurückweichen der karmischen Beschränkungen auch das sichtbar wird, was entfernt vom Körper geschieht, auch aus ganz anderen Perspektiven, in die die körperliche Fesselung der Wahrnehmung an die Augen eingebunden war. Es wird gerne vergessen, dass wir in *Träumen* auch *sehen*, ganz ohne Retina und einfallendes Licht. Es gibt vielfältige innere Lichterfahrungen – im Traum, in der Meditation, vor dem Einschlafen, ganz unabhängig von unmittelbaren Nachwirkungen des äußeren Sehens. Woher stammt eigentlich *dieses* Licht? Das Gehirn erzeugt weder Licht *als Licht*, noch erzeugt es die Qualität des Sehens *als Sehen*. Am Licht offenbart sich eine Eigenschaft des Bewusstseins und des Erkennens. Licht ist nicht einfach nur ein *Gegenstand* der Physik (Photon).[197] Wären zudem Lichterfahrungen nur ein Echo äußerer Erfahrungen, so wäre das Entstehen von Neuem nicht erklärbar. Gerade an der menschlichen Kreativität wird deutlich, dass hierbei stets ein Offenes, ein Nicht-Determiniertes, vorausgesetzt ist. Im Tantrismus macht man sich mit dieser Sphäre durch Visualisierungsübungen vertraut; Künstler bewegen sich in diesen offenen Räumen des Sehens und Hörens, um darin Ungesehenes und Unerhörtes entstehen zu lassen. Hier zeigt sich eine Qualität, die nicht physikalisch oder neurowissenschaftlich zu erfassen ist: Das Neue lässt sich nicht kausal erklären.[198]

Derartige Erfahrungen verweisen darauf, dass das Sehen, Hören, Tasten etc. *in seiner Qualität* nicht an äußere Organe (Auge, Ohr, Finger etc.) gebunden ist. Mit dem Absterben der Körperfunktionen brauchen also diese Erfahrungen – auch aus rein logischen Gründen – nicht aufzuhören. Die Bewusstseinsformen des Sehens, Hörens etc. sind *als* Bewusstsein zwar Privationen (Trübungen) des reinen Bewusstseins. Sie besitzen aber gleichwohl eine ganz andere Qualität als die Moleküle der Nervenzellen der Sinnes*organe*, auch wenn die Gewohnheiten der Verkörperung das Bewusstsein gleichwohl an diese Organe *fesseln*. Neben dem Aufhören dieser Einschränkung hört mit dem Schwinden der Ich-Schranken auch die Differenz von eigen und fremd auf. Die Erlebnisse anderer werden *von innen* zugänglich. All das ist zu erschließen aus der Struktur des reinen Bewusstseins im Verhältnis zu den beschränkten Denkinhalten. Schließlich würde auch die *zeitliche* Fesselung an die Verkörperung schwinden, d. h., die Wahrnehmung vieler Lebensphasen bzw. Wiedergeburten würde möglich.

Soweit eine rationale Rekonstruktion dessen, was sich rein *logisch* aus den Eigenschaften des reinen Bewusstseins ergibt. Wenn dies nur eine bloße Spekulation wäre, wären die skizzierten Gedanken kaum von Interesse. Handelt es sich aber um eine deduzierte *Hypothese*, so müsste sie durch Erfahrungen zu bestätigen sein. Nun besitzen wir tatsächlich zahlreiche Erfahrungen; nur sind sie nicht im Rahmen eines Labors gewonnen worden. Drei Quellen kommen hier in Frage: Einmal Reinkarnationserfahrungen, d. h. Erinnerungen an frühere Leben. Das ist – keineswegs nur in Ländern mit einem verbreiteten Reinkarnationsglauben – vielfach bezeugt worden. Um die bloße *Möglichkeit* der Reinkarnation zu belegen, genügte schon *ein* glaubhaftes, empirisch überprüftes Zeugnis, wie der Dalai Lama mehrfach gesagt hat. Das heißt: Wenn es in einem einzigen Fall möglich ist, eine Reinkarnation als überprüfbare Erklärung für bestimmte Erinnerungen anzubieten, dann ist Wiedergeburt auch für andere *möglich*. Ist sie aber möglich, dann kann das Bewusstsein nicht kausal durch physische Prozesse hinreichend erklärt werden. Nun gibt es solche Zeugnisse tatsächlich in großem Umfang, darunter auch viele, die methodisch sauber überprüft worden sind.[199] Sie liefern ein wichtiges Indiz dafür, dass das Bewusstsein offenbar eine innere Offenheit besitzt, die nicht in einer Verkörperung gründet. Damit wäre allerdings noch nicht ausgeschlossen, dass es doch so etwas wie einen substanziellen Träger »Bewusstsein«, eine Seele gibt.

Dagegen spricht eine zweite Erfahrungsquelle: das Zeugnis vieler Praktizierender des Dharma in der Meditation. Eine zentrale Erkenntnis ist hierbei die des Übersteigens des eigenen Egos. Wer sich ernsthaft um eine buddhistische Meditationspraxis bemüht, wird darin – im je privaten Experiment – die Erfahrung machen, dass sich ein innerer, fixer Referenzpunkt, den man »Ego«, »Kern des Individuums«, »Seelensubstanz« etc. nennen könnte, nicht finden lässt. Gerade das *Nichtfinden* ist hier das Ergebnis. Da dieses Nichtfinden gleichwohl ein sehr bewusster Prozess ist, begleitet von höchster Achtsamkeit, ist darin eine

Erfahrungsgrundlage entdeckt, dass wir im Leben an einem Bewusstsein teilhaben, das keine individuelle Natur besitzt. Ferner lässt sich leicht erkennen – dazu bedarf es nur einer gewissen Lern- und Lebenserfahrung –, dass das Bewusstsein *offen* für beliebig Neues ist. Es hat von sich her keine innere Schranke. Alltägliche Nachrichten aus den Medien überfluten unser Bewusstsein laufend mit neuen Informationen – also gibt es hier eine Leerheit des Bewusstseins, die Neues hereinlässt. Wäre das Bewusstsein erfüllt durch eine innere Struktur, so fehlte ihm diese Eigenschaft. Diese Grundeigenschaft des Bewusstseins, untrennbar mit der menschlichen Kreativität verbunden, weist also darauf hin, dass die Natur des Bewusstseins völlige *Offenheit* ist, frei von individuellen Fixpunkten, die an der Verkörperung hängen. Eine Vase kann den Raum, der Wasser und Blumen umfasst, zwar *begrenzen*, aber nicht hervorbringen.

Eine dritte, erst in jüngerer Zeit durch die neue medizinische Technik gehäuft zugänglich gewordene Erfahrungsgrundlage sind die Nahtoderfahrungen (NTE; engl. NDE, *near death experiences*). Ich habe darauf in Kapitel 2.7 schon hingewiesen. Diese NTE sind vielfach untersucht worden.

> »Zwischen 1975 und 2005 wurden insgesamt 42 Studien mit etwa 2500 Menschen mit Nahtoderfahrungen in wissenschaftlichen Zeitschriften und Büchern publiziert. (…) Trotz der Unterschiede im Aufbau dieser Studien, in den medizinischen Ursachen, die den untersuchten Erfahrungen zugrunde lagen, und in den Auswahlkriterien für die Teilnehmer zeigt sich eine auffallende Übereinstimmung in den Resultaten und Schlussfolgerungen bezüglich der inhaltlichen Aspekte und der Folgen einer NTE.«[200]

Wenn man versucht, diese Erfahrungen mit anderen Erfahrungen zu vergleichen, wie sie oft im Krankheitsfall auftreten oder bei aus anderen Gründen verzerrter Wahrnehmung, so lassen sich *von außen* zwar Vergleiche anstellen. Doch das Entscheidende hierbei ist die *innere* Veränderung, die in Menschen mit solchen Erfahrungen vorgeht. Gerade das wird gerne wegerklärt, ist aber doch das Herzstück.

Ich greife von den äußerlich beschreibbaren, vielfach berichteten Erlebnissen nur einige Punkte auf. Es wird fast immer eine *außerkörperliche Erfahrung* berichtet. Die Menschen nehmen ihren Körper von außen wahr, häufig von oben, von der Zimmerdecke im Krankenhaus. Oft geht das Bewusstsein in seinem noch beibehaltenen Zentrum dann über das Gebäude hinaus, auch an andere Orte. Gerade dies hat in einigen Fällen dazu gedient, die gemachten Beobachtungen mit realen Vorkommnissen (z. B. im Wohnhaus des Patienten, im Nebenzimmer des Krankenhauses, auf dem Krankenhausdach, in Nebenräumen für Ärzte usw.) zu vergleichen. Zur Verblüffung der Beteiligten waren Patienten mit einer NTE oft in der Lage, Dinge zu berichten, die auf dem Wege der gewöhnlichen Sinneskanäle – schon gar nicht, wenn bei Herzstillstand auch die Gehirnsignale nicht mehr nachweisbar waren – nicht zu erklären sind. Ein vermessenes Gehirn ohne erkennbare Aktivität kann auch keine »neurologischen Korrelate« für das Bewusstsein bereitstellen. Es bedarf schon einer großen materialistischen Halsstarrigkeit, solche massenhaften Erfahrungen einfach als bloße »Phantasie« abzutun. (Nebenbei bemerkt: Viele gemessene Laborergebnisse sind weit weniger sorgfältig fundiert als solche Berichte – sonst wären immer wieder auftretende Fälschungen im wissenschaftlichen Rahmen unmöglich.) Wie aber sind NTE zu deuten? Im Sterbeprozess löst sich die Zentrierung des Bewusstseins in einem Körper auf, weitet sich aus, was dann als Steigen, als freie Bewegung im Offenen empfunden wird. Es ist einfach die erste freie Selbstbewegung eines von Wahrnehmungsgewohnheiten schrittweise befreiten Bewusstseins. Die Möglichkeit, rasch andere Orte aufzusuchen – wie mehrfach von NTE berichtet worden ist –, lässt sich als die Wiedergewinnung der Selbsterfahrung des reinen, nicht verkörperten Bewusstseins erklären, bei dem sich die Bindung an eine verkörperte Beschränkung auflöst.

In einem moralischen Sinn noch weitaus spannender ist das sehr häufig berichtete *Lebenspanorama*. Sterbende sehen alle Phasen ihres Lebens in jedem Detail nicht nur an sich vorüberziehen, sie *durchleben* ihre Erfahrungen aus anderer Perspektive noch einmal. Zwei Beobachtungen sind von entscheidender Bedeutung: Zwar sieht man hierbei alle gemachten Fehler, Fehltritte oder auch die guten Handlungen. Doch bleibt eine wirklich *verurteilende* Bewertung aus. Alles wird im Licht eines tiefen Mitgefühls mit dieser erlebenden Person wahrgenommen, aus der Perspektive einer zunehmend allumfassenden Liebe, eines allumfassenden Mitgefühls. Damit nicht genug: Auch die *individuelle* Perspektive, d. h. die Fesselung des Bewusstseins an den Blickwinkel der vergangenen Verkörperung hört auf. Man erkennt im Lebenspanorama nicht nur alle eigenen Handlungen, sondern auch alle Wirkungen auf alle anderen Menschen und Lebewesen – *jeweils aus deren Perspektive.* Die Zentrierung des Bewusstseins auf eine Verkörperung endet und eröffnet eine alle betroffenen Lebewesen umfassende Blickweise. Hier tritt also, so kann man das unschwer deuten, die Unbegrenztheit des reinen Bewusstseins hervor, hebt die individuierten Begrenzungen des vergangenen Lebens auf und bietet eine umfassende Perspektive.

All dies vollzieht man als *eigene Erfahrung* aus dem Blickwinkel der Betroffenen von früheren Handlungen. Man erlebt das nicht als Urteil eines *fremden Subjekts* (»Gott der Richter«). Es wird deshalb auch keine Handlung *verurteilt.* Sie wird nur verstanden. Im Lebensrückblick nimmt jeder den Standpunkt des ursprünglichen Gewahrseins, des absoluten Mitgefühls ein. Es ist vorübergehend der Blick eines *Buddha.*

Aber! Ein großes Aber: Mit der Aufhebung der individuierten Perspektive, mit der Ausweitung des Bewusstseins zum Blick des zunehmend reineren Bewusstseins, dem Blick aus *allen* Erfahrungsperspektiven der Betroffenen einer Handlung, wird eben auch die Erfahrung der anderen *unmittelbar zugänglich.* Was immer man anderen Gutes oder Leidvolles angetan haben mag, man erlebt es nun höchst bewusst *aus deren Perspektive als eigene Erfahrung.* Wem man Liebe geschenkt hat, dessen Empfindung kann man nun gleichsam eins zu eins mitempfinden, nachempfinden. Und was man anderen als Leid zugefügt hat, das erlebt man nun unverkürzt *exakt aus deren Perspektive.* Der fremd zugefügte Schmerz wird als *eigener Schmerz* unmittelbar erfahren. Darin liegt, wenn wir dies moralisch betrachten, eine *unendlich exakte und genau wirkende Gerechtigkeit.* Es ist gerade kein *neues* Erlebnis in einer *neuen* Situation, wie man in der naiven Karmatheorie behauptet, *kein neuer Ort* wie Himmel und Hölle. Die Gerechtigkeit vollzieht sich *exakt an und in jener Handlung*, die ausgeführt wird – nun aber aus der Perspektive des Betroffenen.

Keine äußere Strafe könnte – so man solches wollte – einem *exakt* als Vergeltung das Leid antun, das man anderen zugefügt hat. Doch die großen Verbrecher, die unendliches Leid bei anderen Menschen und anderen Lebewesen angerichtet haben, sie erleben nun im Tod das, was sie verblendet, eingesperrt in eine

Ich-Illusion getan haben. Nun aber aus der Perspektive all derer, denen sie Leid zufügten, exakt aus deren Erlebnisweise. Das ist eben möglich und wird im Tod wirklich, weil das Bewusstsein immer nur illusionär auf einen Körper beschränkt war durch Gewohnheitsmuster und eine verdunkelte Achtsamkeit. Wenn diese karmische Ich-Hülle im Tod wegfällt, werden die Wirkungen aller Taten zu einer unmittelbaren Erfahrung. Und jedes Bewusstsein muss durch diese Rekapitulation der gemachten und verursachten Erfahrungen hindurch, um sich von ihnen zu lösen, um *rein* zu werden. Wer hier in tiefer Verblendung gehandelt und Leid zugefügt hat, der steht gleichsam vor einem Berg von negativen Erfahrungen, die aus der Perspektive des je anderen zu durchleben unerlässlich für die Erkenntnis der Begrenzung des reinen Bewusstseins in der Verkörperung, im Ich-Wahn, war. Darin liegt eine absolute Gerechtigkeit. Und solche Wiederholung der Erfahrung aus der Perspektive anderer kann eben Himmel oder Hölle sein.

Wer im Leben eine sehr starke Bindung an die Ich-Gewohnheiten entwickelt hat, wer die vielen kleinen Formen, in denen Mitgefühl und ein reines Bewusstsein unmittelbar aufleuchten, nicht wahrgenommen hat, wer damit also nicht *vertraut* ist, der ist auch nicht fähig, im Tod, im Sterbeprozess schließlich das klare, reine Licht des Bewusstseins auch rein zu gewahren. Es gibt hier zwar eine Anteilnahme an dessen Perspektive; das reine Licht des Bewusstseins wird aber nicht in seiner allumfassenden Qualität von Erkenntnisfähigkeit und Mitgefühl erkannt. Eben dieses Festhalten, diese Selbstbegrenzung auf die Perspektive eines Selbst führt zur Suche nach einem wieder Begrenzten, nach einer neuen Verkörperung – einer Wiedergeburt.

Hier erreicht die Möglichkeit der rationalen Rekonstruktion und Deduktion aus dem reinen Bewusstsein allerdings ihre Grenze. Auch gibt es hierzu nur wenige Zeugnisse, die von entsprechenden Erfahrungen berichten. Wie sich eine neue verblendete Erfahrung aufbaut, lässt sich nicht unmittelbar erkennen, da die *verblendete* Erfahrung ihrem Wesen nach eben verdunkelt ist. Es ist nicht möglich, das, was ein gereinigtes Bewusstsein alles an Erfahrungen machen kann, wenn es sich nicht mehr mit einer lokalen Verkörperung identifiziert (oder glaubt, dies zu müssen), rekonstruierend einzuholen. Traditionell gesagt: Man kann das, was ein Buddha alles im reinen Bewusstsein, im Urgrund als primordiale Erfahrung macht, nicht in das begrenzte, verkörperte Bewusstsein einholen. Es ist keine Unbescheidenheit, sondern – wenigstens für Buddhisten – einfach eine Wahrheit, wenn der Buddha sein Wissen in folgender Metapher im Simsapā-Sīsapāvana-Sutta darstellt:

> »›Was meint ihr, ihr Mönche: Was ist wohl mehr: Die wenigen Simsapā-Blätter in meiner Hand oder die da oben im Simsapā-Walde?‹
> ›Gering, sind die wenigen Simsapā-Blätter in der Hand des Erhabenen, o Herr, viel mehr sind die vielen da aber im Simsapā-Walde.‹
> ›Ganz ebenso, ihr Mönche, gibt es viel mehr, was ich überblickt und nicht offenbart habe, und was ich offenbart habe, ist gering.‹« (SN 56.31)

Nun hat der Buddha – wenigstens nach Auffassung des Mahāyāna – durchaus noch mehr von seiner Erfahrung offenbart: in der zweiten Drehung des Rades durch die *Prajnāpāramitā-Sutren*, durch die Traktate über die Buddhanatur in der dritten Drehung des Rades und durch tantrische Lehren. Auch finden sich in Lehren, die mit dem Buddhismus eine enge (wie das Bön-Dzogchen) oder weitere (wie der Daoismus) Verwandtschaft haben, durchaus wichtige, ergänzende Vorstellungen. Ebenso, wie sich gezeigt hat, in der abendländischen Philosophie und in anderen spirituellen Systemen. Es ist die Besonderheit des Buddhismus, eine spezifische Bewusstseins-Philosophie entwickelt zu haben. Sie reicht durch ihre innere Logik des universellen Mitgefühls als ethischem Grundwert und ihre Einsicht in ein Bewusstsein in vielen Verkörperungen über jede *individuelle Perspektive* hinaus. Sie wird deshalb auch nicht durch die jeweilige Farbe einer religiösen Überzeugung oder einer Philosophie begrenzt. Deshalb kann man diese Aussagen so nahe an die abendländischen Auffassungen in Philosophie und Wissenschaften heranrücken, dass ein fruchtbarer Dialog möglich wird.

Mit Blick auf die buddhistische Tradition gesagt: Ohne Reinigung, ohne Selbstkritik ist solch eine rationale Rekonstruktion buddhistischer Lehren allerdings nicht möglich. Ich habe zu zeigen versucht, dass das Grundprinzip der buddhistischen Ethik – das Mitgefühl – durchaus aus allgemeinen, der philosophischen Reflexion zugänglichen Prinzipien ableitbar ist. Hier sind viele Berührungspunkte mit der abendländischen Ethik, mit der Tugendethik, der Kant'schen und existentialistischen Ethik und natürlich mit Moralvorstellungen der theistischen Systeme deutlich geworden. Gerade an einer klaren Definition der Unterschiede kann sich die buddhistische Konzeption selbst läutern und von inneren Widersprüchen reinigen. Besonders in der – gedanklich nur sehr unscharf formulierten – Karmalehre als einer *Moraltheorie* von Schuld und Sühne zeigt sich solch eine Grenze. Ich habe versucht, den Karmabegriff so zu rekonstruieren, dass er weder einem Szientismus geopfert wird noch sich in letztlich nur projizierten Vorstellungen von einem Quasinaturgesetz erschöpft. Auch hier scheint mir der mittlere Weg der richtige.

Die vielleicht wichtigste Einsicht, die aus der Bewusstseinstheorie, wie sie im reifen, im späten Buddhismus in der Lehre vom *ālaya*, der Buddhanatur und dem reinen Bewusstsein formuliert worden ist, ist folgende: Man erliegt immer noch der Ich-Illusion, wenn man sich die Welt als eine Fülle von Phänomenen vorstellt, die *in* Raum und Zeit existieren. Gleichgültig, ob man dies nun auf eine Geistsubstanz bezieht oder einen materialistischen Reduktionismus vertritt. Wenn man erkennt, dass Raum und Zeit untrennbar vom Bewusstsein und seiner *Einschränkung* durch die Verkörperung sind; wenn man weiter bemerkt, dass Zeitlichkeit und Bewusstsein dasselbe besagen,[201] dann ist auch der Gedanke nicht mehr gänzlich rätselhaft, dass sich die Existenz nicht in der Zeitspanne zwischen Geburt und Tod eingrenzen lässt. Im Tod stirb auch die Illusion, die die Leerheit mit der Geometrie von Raum und Zeit durchzieht und darin alle Verkörperungen eingesperrt denkt.

Das Gedächtnis des reinen Bewusstseins ist nicht ein Speicher; insofern geht der Ausdruck *ālaya-vijñāna* der Cittamātra-Philosophie in die Irre. Speichern heißt, in einer objektiv existierenden Zeit dauern, darin etwas aufbewahren. Ein Speicher mag der Zeit trotzen, er setzt sie gleichwohl voraus. Die Pointe ist aber eine ganz andere: Da die Zeit selbst als Beschränkung vergeht – eben das heißt Sterben –, sind alle Ereignisse und Erfahrungen »zugleich« und »hier«, versammelt am Ort des reinen Bewusstseins. Sich erinnern heißt also nur, einen – wie immer durch aktuelle Erfahrungen getrübten – Zugang zu allen

Zeiten. Hier, verkörpert, sind wir gezwungen, unsere Erinnerungen jeweils neu aufzubauen aus den Elementen der je gemachten lokalen Erfahrungen. Erinnerung ist dann auch zum erheblichen Teil nur Konstruktion, ja teilweise Fiktion.

Die Erinnerung an frühere Existenzweisen schon in diesem Leben oder nach dem Tod und der Blick auf Kommendes sind etwas ganz anderes. Sie werden ermöglicht durch den *Zusammenbruch* der Raum-Zeit-Grenzen selbst. Wiedergeburt und karmische »Vergeltung« geschehen also nicht *in der Zeit,* sondern dadurch, dass die illusionäre Trennung von Hier und Dort, Früher und Später, Vergangenheit und Zukunft – besonders aber auch von *Ich* und *Du* – als illusionäre Schranke fällt. Deshalb und insofern erinnert sich ein Buddha an zahllose andere Lebensformen und kann den künftigen Kurs von Lebewesen vorhersagen. Die Sutren legen davon reichlich Zeugnis ab. Dies inhaltlich zu beurteilen, maße ich mir nicht an. Als Autor dieses Buches kann ich aber immerhin *Argumente* anbieten, die *Möglichkeit* solch einer Erinnerung rational zu rekonstruieren. Zudem verfügt wohl jeder, hier nehme ich mich nicht aus, über eigene kleine Erinnerungsstücke an frühere Existenzen: Déjà-vu. Sie besagen nicht: »Das war *ich* damals«, sie besagen vielmehr: »Von diesem Leben, das sich damals so empfunden hat, bin ich nie getrennt gewesen. Im reinen Bewusstsein war dieses Leben immer da und hat mein Leben heute mitbestimmt.«

Hier, verkörpert und untrennbar eingebettet in ein Netzwerk sozialer und natürlicher Beziehungen, ist der Zugang zum anderen in der Regel nur ein äußerer. Als Menschen sind wir vor allem *denkend und sprechend* äußerlich verbunden und brauchen deshalb auch äußerlich definierte moralische Regeln. Sie grenzen das ausbrechende Ego immer wieder ein. Die aus der Ich-

Zentrierung erwachsenden leidvollen Haltungen sind stets auch Denkfehler. Das ist nur auf den ersten Blick eine schlechte Nachricht. Denn: Auch eine falsche Erkenntnis ist immerhin schon der Qualität nach eine Erkenntnis, etwas, das sich *im Bewusstsein* vollzieht. Sie bleibt relativiert auf die Achtsamkeit. Deshalb ist eine *Reinigung* von falschen Gedanken möglich. Und deshalb ist die kritische Analyse des eigenen Denkens, wieder und wieder geübt, eine unabdingbare Voraussetzung für die Befreiung des ursprünglichen, spontanen Mitgefühls von den Fesseln der Ich-Illusion. Dadurch kann es auch gelingen, Gleichmut und heitere Gelassenheit zu erlangen, um die Beschränktheit eines zentrierten Bewusstseins zu überwinden. Moral ist dann keine äußere Aufgabe mehr, keine erst zu erlernende Gewohnheit. Sie kann sich rein und ungehemmt aus der Einsicht in die gegenseitige Abhängigkeit aller Phänomene als ursprüngliches Mitgefühl entfalten. Die säkulare Ethik ist damit zugleich zur Ethik der Befreiung von der Ich-Illusion geworden. Sie weist über sich hinaus. Wir finden uns jeweils im anderen, in anderen Lebewesen wieder und wissen um die Relativität aller weltlichen Errungenschaften. Dies vollzieht sich nicht fernab vom alltäglichen Leben, sondern gerade in der unablässigen Bemühung, eigenes und fremdes Leiden zu mindern.

Literatur

Für Zitate aus dem Pali-Kanon gelten die gebräuchlichen Abkürzungen: AN = Aṅguttara-Nikāya; SN = Samyutta-Nikāya; MN = Majjhima-Nikāya; DN = Digha-Nikāya; Snp = Sutta-Nipāta. Ich habe in der Regel mehrere Übersetzungen verglichen, entsprechend harmonisiert, bei wörtlicher Übernahme aber genauer ausgewiesen; vgl. auch neben den zitierten Ausgaben: www.palikanon.com/. Nāgārjunas Hauptwerk Mūlamadhyamaka-Karika kürze ich wie üblich ab mit MMK.

Aṅguttara-Nikāya, siehe: Nyānatiloka (Hrsg.) (1984)

Aristoteles (1969): Nikomachische Ethik, übers. v. Franz Dirlmeier, Stuttgart: Reclam

Aristoteles (1969a): Protreptikos, übers. v. Ingemar Düring, Frankfurt a. M.: Vittorio Klostermann

Armstrong, Karen (2004): Buddha, übers. v. Ulrich Enderwitz, Berlin: Claassen

Atwater, P. M. H. (2007): The Big Book of Near-Death Experiences, Charlottesville: Hampton Roads Publishing Company, VA

Averroes (2010): Die entscheidende Abhandlung, hrsg. v. Patric O. Schaerer, Stuttgart: Reclam

Batchelor, Stephen (1998): Buddhismus für Ungläubige, Frankfurt a. M.: S. Fischer

Batchelor, Stephen (2010): Bekenntnisse eines ungläubigen Buddhisten, München: Ludwig

Bayertz, Kurt (Hrsg.) (1993): Evolution und Ethik, Stuttgart: Reclam

Bechert, Heinz (1966): Buddhismus, Staat und Gesellschaft in den Ländern des Theravada-Buddhismus, Erster Band, Frankfurt a.M. – Berlin: Metzner

Bentham, Jeremy (1823): An Introduction to the Principles of Morals and Legislation, Oxford: Clarington Press

Benz, Ernst (1955): Die Sympathie aller Dinge am Ende der Zeiten, Eranos-Jahrbuch 24, S. 133–197

Bien, Günther (1985): Nikomachische Ethik, Hamburg: Meiner

Bodhidharmas Lehre des Zen (1990), hrsg. v. Red Pine, Zürich – München: Theseus

Bradley, Francis H. (1916): Appearance and Reality. A Metaphysical Essay, 6. Aufl., London: George Allen & Unwin

Bradley, Francis H. (2006): Ethical Studies, Oxford: Clarendon Press

Brodbeck, Karl-Heinz (1995): Der Spiel-Raum der Leerheit, Solothurn – Düsseldorf: Walter

Brodbeck, Karl-Heinz (2002): Der Zirkel des Wissens, Aachen: Shaker

Brodbeck, Karl-Heinz (2003): Ethik und Moral. Eine kritische Einführung, Würzburg: BWT

Brodbeck, Karl-Heinz (2004): Hirngespinste. Zur unüberbrückbaren Differenz zwischen Neurowissenschaft und Ethik, EthikJahrbuch, S. 17–31

Brodbeck, Karl-Heinz (2005): Buddhismus interkulturell gelesen, Nordhausen: Traugott Bautz

Brodbeck, Karl-Heinz (2006): Neue Trends in der Kreativitätsforschung, Psychologie in Österreich, 16, 4 & 5, S. 246–253

Brodbeck, Karl-Heinz (2009): Karmakapitalismus – ein ›übles‹ Spiel, Ursache & Wirkung 70, S. 14–17

Brodbeck, Karl-Heinz (2010): Entscheidung zur Kreativität. Wege aus dem Labyrinth der Gewohnheiten, 4. Aufl., Darmstadt: WBG

Brodbeck, Karl-Heinz (2011): Buddhistische Wirtschaftsethik. Eine Einführung, 2. Aufl., Berlin: edition steinrich

Brodbeck, Karl-Heinz (2012): Die Herrschaft des Geldes. Geschichte und Systematik, 2. Aufl., Darmstadt: WBG

Brodbeck, Karl-Heinz (2012a): Was ist Karma?, Ursache & Wirkung 80, S. 50–53

Brodbeck, Karl-Heinz (2012b) Die Kreativität der Achtsamkeit, Ursache & Wirkung 82, S. 26–28

Brodbeck, Karl-Heinz (2013): Gibt es mich im nächsten Leben? Ursache & Wirkung 84, S. 14–17

Brodbeck, Karl-Heinz (2013a): Karma – eine relative Wahrheit. Wie Nāgārjuna Karma erklärt, Tibet und Buddhismus, Heft 105, S. 14–17

Brodbeck, Karl-Heinz (2013b): Zur Philosophie der Kreativität. Historische und interdisziplinäre Aspekte; in: Robert Hugo Ziegler, Johannes F. M. Schick (Hrsg.): Die innere Logik der Kreativität, Würzburg: Königshausen & Neumann, S. 41–68

Brodbeck, Karl-Heinz (2013c): Kreativität als individueller und sozialer Prozess; in: Arbeit und Kreativität, psycho–logik 8, Freiburg–München: Karl Alber, S. 41–57

Brodbeck, Karl-Heinz (2014): Gott im Buddhismus?, Ursache & Wirkung 87, S. 53–65

Brodbeck, Karl-Heinz (2014a): Ökonomik des Wissens. Zur Wirklichkeit der Bilder in der Ökonomie; in: Katrin Hirte, Sebastian Thieme, Walter Otto Ötsch (Hrsg.): Wissen! Welches Wissen? Marburg: Metropolis, S. 17–38

Bromand, Joachim; Guido Kreis (Hrsg.) (2011): Gottesbeweise, Frankfurt a. M.: Suhrkamp

Brunnhölzl, Karl (2004): The Center of the Sunlit Sky, New York: Snow Lion Publications

Camus, Albert (1953): Der Mensch in der Revolte, Reinbek bei Hamburg: Rowohlt

Camus, Albert (1959): Der Mythos von Sisyphos. Ein Versuch über das Absurde, Reinbek bei Hamburg: Rowohlt

Carritt, Edgar Frederic (1974): Moral Rules; in: William K. Frankena, John T. Granrose (Hrsg.) (1974), S. 69–72

Cho, Sungtaek (2000): Selflessness: Toward a Buddhist Vision of Social Justice, Journal of Buddhist Ethics 7, S. 76–85

Clart, Philip (2009): Die Religionen Chinas, Göttingen: Vandenhoeck & Ruprecht

The Cowherds (2011): Moonshadows. Conventional Truth in Buddhist Philosophy, Oxford University Press

Dalai Lama (1999): Imagine All the People. A Conversation with the Dalai Lama on Money, Politics, and Life as It Could Be, Boston: Wisdom

Dalai Lama (2000): Das Buch der Menschlichkeit. Eine neue Ethik für unsere Zeit, Bergisch Gladbach: Bastei Lübbe

Dalai Lama (2000a): Transforming the Mind, London: Thorsons

Dalai Lama (2011): Rückkehr zur Menschlichkeit. Neue Werte in einer globalisierten Welt, Köln: Bastei Lübbe

Dalai Lama (2012): Seien Sie kritisch!, Tibet und Buddhismus 101.2, S. 19–21

Dalai Lama, J.-C. Carrière (1998): Die Kraft des Buddhismus und der Zustand der Welt, Freiburg: Herder

Dargyay, Lobsang: Tsong-Kha-Pa's Concept of Karma; in: Ronald W. Neufeldt (1986), S. 169-178

Darwin, Charles (1909): The Origin of Species, New York: Collier & Son

Darwin, Charles (1966): Die Abstammung des Menschen, Stuttgart: Kröner

Dhammapada (1992), übers. v. Nyānatiloka, Uttenbühl: Jhana-Verlag

Diels, Hermann (1957): Die Fragmente der Vorsokratiker, Hamburg: Rowohlt

Dogen (1975): Shobogenzo, Band I, Zürich: Theseus
Dragonetti, Carmen; Fernando Tola (2004): On the Myth of the Opposition between Indian Thought and Western Philosophy, Hildesheim et al.: Georg Olms
Dürr, Hans-Peter (Hrsg.) (1986): Physik und Transzendenz, Bern – München – Wien: Scherz
Dürr, Hans Peter (2007): Sheldrake's Ideas from the Perspective of Modern Physics, Frontier Perspectives 16, Nummer 1, S. 27–39
Dudjom Rinpoche (1991): The Nyingma School of Tibetan Buddhism, Boston: Wisdom
Einstein sagt (1996). Zitate. Einfälle. Gedanken, hrsg. v. Alice Calaprice, München – Zürich: Piper
Einstein, Albert (1993): Physik und Realität; in: Aus meinen späten Jahren, Frankfurt a. M. – Berlin: Ullstein, S. 63–106
Zur Erkenntnis geneigt (1986): Festschrift zum 85. Geburtstag des Ehrwürdigen Nyānaponika Mahathera, Konstanz: Christiani
Evans-Wentz, Walter Yeeling (1972): Der Geheime Pfad der großen Befreiung, Weilheim: Barth
Frankena, William K. (1973): Is Morality Logically Dependent on Religion?; in: Gene Dutka, John P. Reeder, Jr. (Hrsg.): Religion and Morality, Garden City, New York: Anchor Books, S. 295–317
Frankena, William K., John T. Granrose (1974): Introductory Readings in Ethics, Englewood Cliffs: Prentice-Hall
Frauwallner, Erich (1994): Die Philosophie des Buddhismus, Berlin: Akademie-Verlag
Freud, Sigmund (1972): Gesammelte Werke Bd. XIII, 7. Aufl., Frankfurt a. M.: Fischer
Garfield, Jay L. (1995): The Fundamental Wisdom of the Middle Way. Nāgārjuna's Mūlamadhyamakakārikā, Oxford University Press

Gazzaniga, Michael (2011): Die Ich-Illusion. Wie Bewusstsein und freier Wille entstehen, Darmstadt: WBG

Gokhale, Sarah (2013): Empty Selves. A Comparative Analysis of Māhāyana Buddhism, Jean-Paul Sartre's Existentialism, and Depth Psychology, Wesleyan University, April (Dissertation)

Gombrich, Richard (1997): Der Theravāda-Buddhismus. Vom alten Indien bis zum modernen Sri Lanka, Stuttgart – Berlin – Köln: Kohlhammer

Goodman, Charles (2009): Consequences of Compassion. An Interpretation and Defence of Buddhist Ethics, Oxford University Press

Grimm, Georg (1962): Buddhistische Meditationen, Pfullingen: Baum-Verlag

Günther, Herbert (1956): Der Buddha und seine Lehre nach der Überlieferung der Theravādins, Zürich: Rascher

Günther, Herbert (1977): Tibetan Buddhism in Western Perspective, Emeryville: Dharma Publishing

Hayek, Friedrich August von (1967): Studies in Philosophy, Politics and Economics, London: Routledge & Paul

Hegel, Georg Wilhelm Friedrich (1971): Werke, hrsg. v. Eva Moldenhauer und Karl Markus Michel, Frankfurt a. M. (= WW)

Heidegger, Martin (1972): Was heißt Denken? 3. Aufl., Tübingen: Max Niemeyer

Heiden, Uwe an der; Helmut Schneider (Hrsg.) (2007): Hat der Mensch einen freien Willen? Die Antworten der großen Philosophen, Stuttgart: Reclam

Höffe, Otfried (2005): Aristoteles-Lexikon, Stuttgart: Kröner

Hookham, Susan K. (1991): The Buddha Within, University of New York Press

Hopkins, Jeffrey (Hrsg.) (1977), Tantra in Tibet, Düsseldorf – Köln: Diederichs

Hume, David (1926): The Philosophical Works Bd. II, Edinburgh
Clair W. Huntington, Jr., (1989): The Emptiness of Emptiness. An Introduction to Early Mādhyamaka, University of Hawaii Press
Huxley, Thomas H. (1894): Evolution & Ethics and other Essays, London: Macmillan
Jordan, Pascual (1986): Die weltanschauliche Bedeutung der modernen Physik; in: Hans-Peter Dürr (Hrsg.) (1986), S. 207–227
Kalupahana, David J. (1992): A History of Buddhist Philosophy, Honolulu: University of Hawaii Press
Kant, Immanuel (1990): Eine Vorlesung über Ethik, hrsg. v. Gerd Herhardt, Frankfurt a. M.: Fischer
Kant, Immanuel: Kants Werke. Akademie-Textausgabe, hrsg. v. d. Preußischen Akademie der Wissenschaften, Berlin 1902 (= AA)
Kassapa, Bhikkhu (1976): Wie verhält sich die Buddhalehre zu dem Bestreben, die Welt zu verändern?; in: Des Geistes Gleichmass. Festschrift zum 75. Geburtstag des Ehrwürdigen Nyānaponika Mahāthera, Konstanz: Christiani, S. 55–66
Keown, Damien (Hrsg.) (2000): Contemporary Buddhist Ethics, London – New York: Routledge
Keown, Damien (2001): The Nature of Buddhist Ethics, Houndsmill, Basingstoke: Palgrave
Koestler, Arthur (1959): The Sleepwalkers, Harmondsworth: Penguin Books
Küng, Hans (1990): Projekt Weltethos, München: Piper
Kuzminski, Adrian (2008): Pyrrhonism. How the ancient Greeks reinvented Buddhism, Lanham et al.: Lexington Books
Libet, Benjamin (1985): Unconscious cerebral initiative and the role of conscious will in voluntary action, The Behavioral and Brain Sciences 8, S. 529–566

Libet, Benjamin (2004): Mind Time. The Temporal Factor in Consciousness, Cambridge – London: Harvard University Press

Lindtner, Christian (Hrsg.) (1997): Master of Wisdom. Writings of the Buddhist Master Nāgārjuna, Dharma Publishing

Lobsang Dargyay (1986): Tsong-Kha-Pa's Concept of Karma; in: Ronald W. Neufeldt (1986), S. 169–178

Lommel, Pim van; P. R. van Wees, V. Meyers, I. Elfferich (2001): Near-death experience in survivors of cardiac arrest. A prospective study in the Netherlands, Lancet 358, S. 2039–2045

Lommel, Pim van (2013): Endloses Bewusstsein. Neue medizinische Fakten zur Nahtoderfahrung, München: Knaur

Longchen Rabjam (1998): The Precious Treasury of the Way of Abiding, übers. v. R. Barron, Junction City, California: Padma Publishing

Loy, David (1996): Lack and Transcendence. The Problem of Death and Life in Psychotherapy, Existentialism, and Buddhism, Atlantic Highlands, New Jersey: Humanities Press International

Lull, Ramon (1998): Das Buch vom Heiden und den drei Weisen, übers. v. T. Pindl, Stuttgart: Reclam

Lyon, Sean (2014): The Science of Reincarnation. U. Va. psychiatrist Jim Tucker investigates children's claims of past lives, http://uvamagazine.org/articles/the_science_of_reincarnation (3.9.2014)

Maitreya, Arya (2000): Buddha Nature. The Mahāyāna Uttaratantra Shastra, hrsg. und kommentiert v. Khenpo Tsultrim, übers. v. Rosemarie Fuchs, Ithaca, New York: Snow Lion

Marx, Karl; Friedrich Engels: Werke, hrsg. v. Institut für Marxismus-Leninismus beim ZK der SED, Berlin 1956 ff. (= MEW)

Mayr, Ernst (1988): Eine neue Philosophie der Biologie, München – Zürich: Piper

McDermott, James P. (1975): The Kathāvatthu Kamma Debates, Journal of the American Oriental Society 95, S. 424–433
McDermott, James P. (1976): Is There Group Karma in Theravāda Buddhism? Numen 23, S. 67–80
Mill, John Stuart (1976): Der Utilitarismus, Stuttgart: Reclam
Mipham, Jamyang Namgyal Gyatso (2004): Speech of Delight. Mipham's Commentary on Śāntarakṣita's Ornament of the Middle Way, übers. v. Thomas H. Doctor, Ithaca – Boulder: Snow Lion
Mipham, Jamyang Namgyal Gyatso (2005): Padmakara Translation Group (Hrsg.): Introduction to the Middle Way, Boston & London: Shambhala
Mong Dsi (1982): Die Lehrgespräche des Meisters Meng K'o, übers. v. Richard Wilhelm, Köln: Diederichs
Moody, Raymond A. (1990): Leben vor dem Leben, Reinbek bei Hamburg: Rowohlt
Moore, George Edward (1970): Principia Ethica, übers. v. B. Wisser, Stuttgart: Reclam
Nāgārjuna (1997): Mūlamadhyamaka-Karika; siehe: B. Weber-Brosamer, D. M. Back (Hrsg.) (1997)
Nāgārjuna (1998): Vigrahavyāvartanī, übers. v. Kamaleswar Bhattcharya, Delhi: Motilal
Nāgārjuna (2006): Ratnāvalī; siehe: Jeffrey Hopkins (Hrsg.): Nagarjunas Juwelenkette, München: Diederichs
Namkhai Norbu, Chögyal; Adriano Clemente (Hrsg.) (1999): The Supreme Source. The Fundamental Tantra of the Dzogchen Semde Kunjed Gyalpo, Ithaca, New York: Snow Lion
Neeman, Or (2010): Theravāda Buddhism and John Dewey's Metaethics, Journal of Buddhist Ethics 17, S. 141–165
Neufeldt, Ronald W. (Hrsg.) (1986): Karma & Rebirth. Post Classical Developments, State University of New York Press

Neumaier-Dargyay, Eva K. (1992): The Sovereign All-Creating Mind. The Motherly Buddha, State University of New York Press

Newland, Guy (1992): The Two Truths, Ithaca, New York: Snow Lion

Nietzsche, Friedrich (1988): Kritische Studienausgabe (KSA) in 15 Bänden, hrsg. v. Giorgio Colli und Mazzino Montinari, 2. Aufl., München – Berlin – New York

Nikolaus von Kues (2002): Vom Frieden zwischen den Religionen, übers. v. Klaus Berger und Christiane Nord, Frankfurt a. M. – Leipzig: Insel

Nishijima, G. W.; Yudo J. Seggelke (2014): Buddhistische Ethik. Weisheit und Pragmatik des Zen-Meisters Dogen, Berlin: Dona-Verlag; Kindle-Edition

Nyānaponika Thera (1994): The Vision of Dhamma, Kandy: Buddhist Publication Society

Nyānatiloka (1976): Buddhistisches Wörterbuch, 2. Aufl., Konstanz: Christiani

Nyānatiloka (Hrsg.) (1984): Aṅguttara-Nikāya, fünf Bände, 4. Aufl., Freiburg im Breisgau: Aurum

Nyānatiloka (Hrsg.) (1985): Milindapañhā. Die Fragen des Königs Milinda, Interlaken: Ansata

Nyima, Chökyi (1998): Das Bardo-Buch, Bern – München – Wien: Scherz

O'Flaherty, Weny Doniger (Hrsg.) (1983): Karma and Rebirth in Classical Indian Traditions, Delhi – Varanasi – Patna: Motilal Barnasidass

Padmakara Translation Group (Hrsg.) (2005): Introduction to the Middle Way, Boston & London: Shambhala

Pascal, Blaise (o. J.): Gedanken, übers. v. Wolfgang Rüttenauer, Birsfelden – Basel: Schibli-Doppler

Parnia, Sam et al. (2014): AWARE—AWAreness during REsuscitation—A prospective study, Resuscitation 85, S. 1799–1805

Pascual-Leone, Alvaro; Amir Amedi, Felipe Fregni, and Lotfi B. Merabet (2005): The Plastic Human Brain Cortex, Annual Reviews in Neuroscience 28, S. 377–401

Payutto, Phra Dharmapotik (1999): Buddhistische Ökonomie, Bern: Fischer media

Platon (1990): Der Sophist, übers. v. H. Meinhardt, Stuttgart: Reclam

Prāsādika, Bhikkhu (2007): Grundpositionen des Buddhismus zum Problem der menschlichen Willensfreiheit; in: Uwe an der Heiden, Helmut Schneider (Hrsg.) (2007), S. 307–323

Rabten, Geshe (1979): Mahamudra, Zürich: Theseus

Rabten, Geshe (1992): The Mind and its Functions, übers. v. Stephen Batchelor, Le Mont-Pèlerin: Editions Rabten Choeling

Rabten, Geshe (1994): Buddhistische Philosophie und Meditation, Hamburg: Dharma-Ed.

Rawls, John (1975): Eine Theorie der Gerechtigkeit, übers. v. Hermann Vetter, Frankfurt a.M.: Suhrkamp

Reynolds, Frank E. (1992): Ethics and Wealth in Theravāda Buddhism; in: Russell F. Sizemore, Donald K. Swearer (Hrsg.) (1992), S. 59–86

Reynolds, John Myrdhin (2000): Self-Liberation through Seeing with naked Awareness, Ithaca, New York: Snow Lion

Richards, Robert J. (1993): Evolutionäre Ethik, revidiert und gerechtfertigt; in: Kurt Bayertz (Hrsg.) (1993), S. 168–198

Ringu Tulku (1995): The Rimé Movement Of Jamgon Kongtrul The Great, 7. Konferenz der International Association For Tibetan Studies, Juni 1995; verfügbar unter: www.abuddhistlibrary.com (28.8.2014)

Ruegg, David Seyfort (1981): The Literature of the Mādhyamaka School of Philosophy in India, Wiesbaden: Otto Harrassowitz

Ruhe, Brian (2005): Freeing the Buddha, Delhi: Motilal Benarsidass Publisher

Sadakata, Akira (1997): Buddhist Comology. Philosophy and Origins, Tokyo: Kosei Publishing Co.

Śāntarakṣita (2004): Madhyamakalamkara; James Blumenthal (Hrsg.): The Ornament of the Middle Way, Ithaca, New York: Snow Lion

Sartre, Jean-Paul (1966): Drei Essays, Frankfurt a. M. – Berlin: Ullstein

Sartre, Jean-Paul (2000): Der Existentialismus ist ein Humanismus, Philosophische Schriften 4, Reinbek bei Hamburg: Rowohlt

Sartre, Jean-Paul (2005): Entwürfe für eine Moralphilosophie, Reinbek bei Hamburg: Rowohlt

Satel, Sally; Scott O. Lilienfeld (2013): Brainwashed. The Seductive Appeal of Mindless Neuroscience, New York: Basic Books

Schmidt, Kurt (1954): Sprüche und Lieder, Konstanz

Schopenhauer, Arthur: Züricher Ausgabe. Werke in zehn Bänden, hrsg. v. Arthur Hübscher, 3. Aufl., Zürich 1977 (= WW)

Schrödinger, Erwin (1961): Meine Weltansicht, Hamburg – Wien: Paul Zsolnay

Śantideva (1981): Bodhicaryavatara, übers. v. E. Steinkellner, Düsseldorf – Köln: Diederich

Sheldrake, Rupert (2012): Der Wissenschaftswahn. Warum der Materialismus ausgedient hat, München: O.W. Barth

Sizemore, Russell F.; Donald K. Swearer (Hrsg.) (1992): Ethics, Wealth, and Salvation. A Study in Buddhist Social Ethics, University of South Carolina Press

Smart, John J. C.; Bernard Williams (1973): Utilitarianism for and against, Cambridge University Press

Smith, Adam (1978): Der Wohlstand der Nationen, hrsg. v. H. Recktenwald, München: dtv
Sogyal Rinpoche (2001): Die Zukunft des Buddhismus, München – Wien: O.W. Barth
Sopa, Geshe Lhundup (1986): The Special Theory of Pratītyasamutpāda: The Cycle of Dependent Origination, The Journal of International Association of Buddhist Studies 9.1, S. 105-119
Spaemann, Robert (1994): Philosophische Essays, Stuttgart: Reclam
Spaemann, Robert (2001): Grenzen. Zur ethischen Dimension des Handelns, Stuttgart: Klett-Cotta
Stcherbatsky, Theodor I. (1924): Erkenntnistheorie und Logik nach der Lehre der späteren Buddhisten, München – Neubiberg: Oskar Schloss
Stevenson, Ian (1980): Twenty Cases Suggestive of Reincarnation, 2. Aufl., University of Virginia Press
Sung-taek Cho (2000): Selflessness. Toward a Buddhist Vision of Social Justice, Journal of Buddhist Ethics 7, S. 76–85
Taisen Deshimaru Roshi (1984): Die Stimme des Tales, Weidenthal: Kristkeitz
Thakchoe, Sonam (2007): The Two Truths Debate. Tsongkhapa and Gorampa on the Middle Way, Boston: Wisdom Publications
Tretter, Felix; Boris Kotchoubey u. a. (2014): Memorandum »Reflexive Neurowissenschaft«; auf: www.psychologie-heute.de/home/lesenswert/memorandum-reflexive-neurowissenschaft/ (8.9.2014)
Velez de Cea, Abraham (2004): The Criteria of Goodness in the Pāli Nikāyas and the Nature of Buddhist Ethics, Journal of Buddhist Ethics 11, S. 123–142

Walser, Joseph (2005): Nāgārjuna in Context. Mahāyāna Buddhism & Early Indian Culture, New York: Columbia University Press

Watts, Jonathan S. (2009): Karma for Everyone: Social Justice and the Problem of Re-Ethicizing Karma in Theravāda Buddhist Societies; in: Jonathan S. Watts: Rethinking Karma, Chiang Mai: Silkworm Books

Weber, Max (1988): Gesammelte politische Schriften, hrsg. v. Johannes Winckelmann, 5. Aufl., Tübingen: J. C. B. Mohr (Paul Siebeck)

Weber-Brosamer, B.; D. M. Back (Hrsg.) (1997): Die Philosophie der Leere, Wiesbaden: Harrassowitz

Weizsäcker, Carl Friedrich von (1974): Die Einheit der Natur, München: dtv

Wheeler, John Archibald; Kenneth Ford (1998): Geons, Black Holes, and Quantum Foam: A Life in Physics, New York: W.W. Norton & Co

Whitehill, James (2000): Buddhism and the Virtues; in: Damien Keown (Hrsg.) (2000), S. 17–36

Wilson, Edward O. (1993): Altruismus; in: Kurt Bayertz (Hrsg.) (1993), S. 133–152

Zajonc, Arthur (1994): Die gemeinsame Geschichte von Licht und Bewußtseins, übers. v. Hainer Kober, Reinbek bei Hambur: Rowohlt

Zeilinger, Anton (2003): Einsteins Schleier. Die neue Welt der Quantenphysik, München: Beck

Ziche, Paul (Hrsg.) (1999): Introspektion. Texte zur Selbstwahrnehmung des Ichs, Wien – New York: Springer

Endnoten

1 »Ein neues Konzept, eine profane Spiritualität. Wir müssten dieses Konzept mithilfe der Wissenschaftler vorbereiten. Es könnte uns helfen, etwas zu schaffen, wonach wir alle suchen: *eine weltliche Moral.*« Dalai Lama, J.-C. Carrière (1998), S. 134.

2 D. Keown (2001), S. 18; meine Übersetzung.

3 Dalai Lama (2011), S. 15.

4 Nikomachische Ethik 1140a, Aristoteles (1969), S. 159.

5 Averroes (2010), S. 12.

6 Anguttara-Nikaya 3.66, Nyānatiloka (Hrsg.) (1984), S. 170; meine Hervorhebung.

7 Vgl. C. Dragonetti, F. Tola (2004); K.-H. Brodbeck (2002); (2005). Auf die chinesische und japanische Philosophie kann ich hier mit Blick auf den verfügbaren Raum nicht näher eingehen.

8 Vgl. D. Seyfort Ruegg (1981); D. J. Kalupahana (1992); E. Frauwallner (1994).

9 Vgl. hier die Texte von D. Keown (2000) und (2001) sowie J. S. Watts (2009).

10 Vgl. K.-H. Brodbeck (2011); zur angewandten Ethik habe ich zahlreiche Beiträge in der Zeitschrift *Ursache & Wirkung*, im *Handbuch Wirtschaftsethik* und in anderen Sammelbänden publiziert; teilweise verfügbar auf meiner Homepage: www.khbrodbeck.homepage.t-online.de/.

11 So werde ich die Diskursethik nicht näher behandeln, auch wenn sie für meine Argumentation durchaus einen wichtigen Hintergrund liefert. Die Ethikbegründung von Karl-Otto Apel und Jürgen Habermas habe ich an anderer Stelle kritisch beleuchtet: K.-H. Brodbeck (2003), Kapitel 4.2.

12 Unter der dritten Drehung des Rades versteht man einen Teil des Großen Fahrzeugs, des *Mahāyāna*, der sich mit der Lehre von der *Buddhanatur* (*tathāgatagarbha*) befasst. Die Lehre von Leerheit (Mādhyamaka) wird gelegentlich von einer Diskussion mit

nichtbuddhistischen Gruppen oder Systemen ausgeklammert als »absolute Wahrheit« in Differenz zur relativen, konventionellen Wahrheit. Die konventionelle Wahrheit nimmt man dann einfach als gegeben hin, was politisch zu einer konservativen Haltung führt; vgl. G. Newland (1992), S. 18.

13 M. Gazzaniga (2011).

14 Aristoteles (1969a), S. 81.

15 Vgl. H. Küng (1990).

16 Nikolaus von Kues (2002), S. 147.

17 www.palikanon.com/diverses/asoka/asoka1.htm (1.8.2014).

18 Dalai Lama, J.-C. Carrière (1998), S. 151.

19 übers. von Nyanaponika; in: Zur Erkenntnis geneigt (1986), S. 174.

20 A. Smith (1978), S. 17.

21 Vgl. dazu ausführlich K.-H. Brodbeck (2012).

22 M. Weber (1988), S. 551.

23 »Ethical judgments can be justified only by being logically inferred from theological ones, that is, they depend logically on religious beliefs for their justification.« W. K. Frankena (1973), S. 298.

24 R. Spaemann (2001), S. 529.

25 A. Einstein (1993), S. 38f.

26 Mong Dsi (1982), S. 126.

27 Die Begründung der sophistischen Skepsis geht auf Pyrrhon zurück, der auf einer Reise auch indische Denksysteme kennengelernt hatte. Man kann zeigen, dass einige der von Pyrrhon vorgetragenen Argumente im Mādhyamaka und bei Nāgārjuna wiederkehren; vgl. A. Kuzminski (2008).

28 P. Clart (2009), S. 156. Die Moralvorstellungen von Konfuzius entwickelten sich in einer Zeit, in der gerade die *tradierte* Gesellschaftsordnung gefährdet war. »Für Meister Kong kennzeichnend war es, dass er für sich nicht in Anspruch nahm, einen wirklich neuen Ansatz zu präsentieren, sondern die bewährte Ordnung eines goldenen Zeitalters neu zu vergegenwärtigen.« Ebd., S. 157.

29 Das Wort für den Fremden *bárbaros* war die lautmalerische Um-

schreibung einer fremden Sprache, die man als »Stammler« bezeichnete. Übrigens gab es in Indien genau dieselbe Vorstellung; dort hießen die Fremden *barbarāh*, was ebenfalls »Stammler« bedeutet und die Verachtung einer bahmanischen Elite ausdrückt – gleichfalls durchwegs Männer. Beide Vorstellungen hat der Buddha grundlegend kritisiert: »Vor allem vertrat der Buddha die Anschauung, dass alle Menschen von Natur aus gleich seien und die Kastenunterschiede nur durch gesellschaftliche Konvention und Berufsverschiedenheit entstanden seien. Mit diesen Lehren trat der Buddha der hinduistischen, von den Brahmanen entwickelten Klassentheorie entgegen.« H. Bechert (1966), S. 8.

30 Vgl. zu den Belegstellen bei Aristoteles ausführlich O. Höffe (2005), S. 212–216.

31 Nikomachische Ethik 1107a; Übersetzung nach G. Bien (1985), S. 36, leicht verändert.

32 Die Glückseligkeit besitzt bei Aristoteles immer auch eine auf die Gemeinschaft bezogene Dimension. Wenn Kant die Glückseligkeit als Ziel der Tugend bei Aristoteles kritisiert, verkennt er diesen Zusammenhang; vgl. I. Kant: Kritik der praktischen Vernunft, AA V, S. 111.

33 Protreptikkos B 104, Aristoteles (1969a), S. 83.

34 Ebd., S. 85.

35 »Anfang und Ursprung der seienden Dinge ist das Apeiron. Woraus aber das Entstehen der seienden Dinge, in das hinein geschieht das Vergehen, nach ihrer Schuldigkeit. Denn sie zahlen einander gerechte Strafe und Buße für ihre Ungerechtigkeit nach der Anordnung der Zeit.« (Übersetzung nach Diels, leicht verändert) Ich werde diesen Spruch weiter unten im Abschnitt 3.3.4 nochmals aufgreifen.

36 D. Keown (2001), S. 21; meine Übersetzung. Diesem Standpunkt ist widersprochen worden. Goodman sagt, dass die Ethik der Theravadins weniger der Tugendethik, mehr dem utilitaristischen Regel-Konsequentialismus gleicht; C. Goodman (2009), S. 47.

37 Nur drei Beispiele: »Verfolgt ihr eure Feinde, so werden sie vor euren Augen dem Schwert verfallen.« (Lev 26,7) »Doch jene

meine Feinde, die nicht wollten, dass ich über sie herrschen sollte, bringet her und erwürget sie vor mir.« (Luk 19,27) »Und wenn ihr die Ungläubigen trefft, dann herunter mit dem Haupt, bis ihr ein Gemetzel unter ihnen angerichtet habt.« (Koran 47,4)

38 Für einen Überblick: E. Benz (1955). Zwei Beispiele daraus: »Die Gerechten werden die Bösen in ihrer Pein schauen, und sie werden sich noch mehr freuen, dass sie dieser Pein entronnen sind. Gesetzt den Fall, ein Vater sähe seinen Sohn oder ein Sohn seinen Vater in der höllischen Pein, so wird er doch nicht nur keinen Schmerz, sondern eitel Freude darüber empfinden.« Anselm von Canterbury, zit. bei Benz, S. 142. Auch die protestantische Theologie formuliert so: »Alle Seligen werden ohne Mitleid, ja sogar mit Lust die Strafen der Verdammten schauen, und zwar können sie diese sehen, so oft sie wollen, da es kein Ende dieser Strafen gibt, und so viel sie wollen, da die Strafen selbst ein Maximum an Abwechslung und Härte aufweisen.« Johann Gerhard, loci theologici; zit. bei Benz, S. 148.

39 B. Pascal (o. J.), S. 43.

40 B. Pascal (o. J.), S. 45f.

41 Vgl. Averroes (2010), S. 19ff.

42 R. Lull (1998).

43 Vgl. Nikolaus von Kues (2002).

44 »Der Satz: man soll keiner Sache zu viel oder zu wenig thun, sagt so viel als nichts; denn er ist tautologisch. Was heißt zu viel thun? Antw. mehr als gut ist. Was heißt zu wenig thun? Antw. Weniger thun, als gut ist. Was heißt: ich soll (etwas thun oder unterlassen)? Antw. Es ist nicht gut (wider die Pflicht) mehr oder auch weniger zu thun, als gut ist.« I. Kant: Die Metaphysik der Sitten, AA VI, S. 433.

45 Ebd.

46 Wenn es nach Descartes nur zwei Seinsweisen – Körper und Geist – gibt, dann bleibt ungeklärt, welcher Natur die *Beziehung* zwischen Körper und Geist ist. Das *Worin* dieser Beziehung ist in der Philosophie und den Descartes' Fragestellung nachfolgenden Wissenschaften ein Rätsel geblieben; vgl. Kapitel 2.7. Im Buddhismus gibt es hier eine ganz andere Antwort; vgl. Abschnitt 3.3.2.

47 I. Kant (1990). Ich zitiere diese Ausgabe in Klammern mit Seitenzahl.

48 E. F. Carritt (1974), S. 70; meine Übersetzung.

49 »Nature has placed mankind under the governance of two sovereign masters, *pain* and *pleasure*.« J. Bentham (1823), S. 1. Die erste Auflage erschien 1789, im Jahr der Französischen Revolution.

50 J. Bentham (1823), S. 2.

51 »By utility is meant that property in any object, whereby it tends to produce benefit, advantage, pleasure, good or happiness (all this in the present case comes to the same thing).« J. Bentham (1823), S. 2.

52 J. St. Mill (1976), S. 18.

53 »Im Falle des Einzelmenschen ist die reine Zeitpräferenz (gegenwärtige Güter werden bei sonst gleicher Qualität präferiert; KHB) unvernünftig: sie bedeutet, dass nicht alle Zeitpunkte gleichermaßen als zu einem Leben gehörig gesehen werden. Im Falle der Gesellschaft ist die reine Zeitpräferenz ungerecht: Sie bedeutet (in dem gewöhnlichen Fall, dass die Zukunft abdiskontiert wird), dass die jetzt Lebenden aus ihrer Stellung in der Zeit einen Vorteil ziehen.« J. Rawls (1975), S. 329.

54 Bentham vergleicht seine Begriffe »pleasure and pain« mit einem »lottery ticket, by which the possession of the money devolves you«. J. Bentham (1823), S. 2. Der Horizont der Geldrechnung ist offenkundig.

55 Vgl. K.-H. Brodbeck (2012), Abschnitt 6.3.2.

56 K. Marx. Das Kapital I, MEW 23, S. 636, Note.

57 F. H. Bradley (2006), S. 58; Übersetzung von B. Brinkmeier in: K. Bayertz (1993), S. 69. (Der Text von Bradley erschien 1876 zum ersten Mal.) Bradley kritisierte den Utilitarismus wegen seiner mangelnden Universalisierbarkeit, Kant aber darin, dass seine universalisierbaren Regeln keinen Inhalt haben und rein im pflichtgemäßen Regelgehorsam die moralische Geltung erblicken.

58 Vgl. als Beispiel A. Valez de Cea (2004), S. 123–142.

59 J. J. C. Smart, B. Williams (1973), S. 28ff.

60 D. Keown (2001), S. 176; vgl. auch O. Neeman (2010).

61 Georg Grimm, ein früher Anhänger des Theravāda-Buddhismus in Deutschland, hat eine ganze Reihe solcher Stimmen aus der abendländischen Tradition gesammelt und neben Aussagen aus dem Pali-Kanon – gleichsam als dessen Übersetzung – gestellt; vgl. G. Grimm (1962).

62 Vgl.: »Die neue Aufklärung (...) will den herrschenden Naturen den Weg zeigen — inwiefern ihnen alles erlaubt ist, was den Herden-Wesen nicht freisteht«; Aufklärung »als Hammer in der Hand der mächtigsten Menschen«. F. Nietzsche KSA 11, S. 295. »(W)as Gott war – ›Alles ist falsch! Alles ist erlaubt!‹« KSA 11, S. 146.

63 Vgl. J.-P. Sartre (2000), S. 149ff.; (1966), S. 11f.

64 J.-P. Sartre (2005), S. 47.

65 J.-P. Sartre (2000), S. 150.

66 »Kunst und Moral ist gemeinsam, Schöpfung und Erfindung zu sein.« J.-P. Sartre (2000), S. 169.

67 A. Camus (1959).

68 A. Camus (1953).

69 Vgl. zum Verhältnis von Existentialismus und Buddhismus: D. Loy (1996); S. Gokhale (2013); K.-H. Brodbeck (2002), Kapitel 4.12.

70 Vgl. K.-H. Brodbeck (2003), Kapitel 4.3.

71 »When of a sudden I am surprised to find, that instead of the usual copulations of propositions, is, and is not, I meet with no proposition that is not connected with an ought, or an ought not. This change is imperceptible; but is, however, of the last consequence. For as this ought, or ought not, expresses some new relation or affirmation.« D. Hume (1926), S. 236.

72 G. E. Moore (1970), S. 44.

73 R. Spaemann (1994), S. 217.

74 »If the world is my brain state, then what is my own brain?« F. H. Bradley (1916), S. 264.

75 »Mere chance, as we may call it, might cause one variety to differ in some character from its parents, and the offspring of this variety again to differ from its parent in the very same character and in a greater degree«, C. Darwin (1909), S. 122.

76 So der Titel von Kapitel III, C. Darwin (1909), S. 76ff.

77 »... the practice of that which is ethically best – what we call goodness or virtue – involves a course of conduct which, in all respects, is opposed to that which leads to success in the cosmic struggle for existence. In place of ruthless self-assertion it demands self-restraint; in place of thirsting aside, or trading down, all competitors, it requires that the individual shall not merely respect, but shall help his fellows. (...) Laws and moral precepts are directed to the end of curbing the cosmic process and reminding the individual of his duty to the community.« T. H. Huxley (1894), S. 81f.

78 C. Darwin (1966), S. 157.

79 R. J. Richards (1993), S. 181.

80 Ich kann das hier nicht vertiefen; vgl. K.-H. Brodbeck (2012), Kapitel 4.3; (2011), S. 86ff.

81 Vgl. K.-H. Brodbeck (2012), Abschnitt 4.5.5.

82 Vgl. E. O. Wilson (1993), S. 133–152.

83 E. Mayr (1988), S. 102. Vgl. für einen Überblick U. an der Heiden, H. Schneider (2007).

84 B. Libet (1985; 2004). Kritisch zu dieser Entwicklung neuerdings: S. Satel, S. O. Lilienfeld (2013).

85 »Das Manifest. Was wissen und können Hirnforscher heute?« Publiziert online in der Zeitschrift *Spektrum der Wissenschaft*, http://www.spektrum.de/thema/das-manifest/852357 (abgerufen 2.12.2014).

86 F. Tretter, B. Kotchoubey u. a. (2014).

87 Ebd.

88 Vgl. meinen Aufsatz (2004).

89 Vgl. A. Pascual-Leone, A. Amedi, F. Fregni, L. B. Merabet (2005).

90 Man kann dies auch formal so skizzieren: Die Neurowissenschaften sind ein Aussagensystem über das menschliche Gehirn. Nun wird postuliert, dass alle möglichen Aussagen vom Gehirn erzeugt werden bzw. in entsprechende Satzsysteme über neurologische Korrelate übersetzbar sein müssen. Wird die Neurowissenschaft als widerspruchsfreies Aussagensystem aufgebaut, das auch Maß-, d. h. Zahlensysteme enthält (z. B. beim EEG), so lässt

sich Gödels Unvollständigkeitssatz anwenden und damit zeigen, dass dieses System notwendig unbeweisbare Aussagen enthält – entgegen der Behauptung, *alle* Bewusstseinsprozesse durch neurologische Korrelate erklären zu können. Zu weiteren Widersprüchen in der logischen Struktur der Neurowissenschaften vgl. Brodbeck (2004).

91 »Information ist der Urstoff des Universums.« Anton Zeilinger (2003), S. 217. »... it is not unreasonable to imagine that information sits at the core of physics, just as it sits at the core of a computer.« J. A. Wheeler, K. Ford (1998), S. 340. Vgl. auch Weizsäckers Theorie der »Uralternativen«: C. F. von Weizsäcker (1974), S. 365ff.

92 Vgl. P. van Lommel (2013), S. 136ff.

93 Vgl. P. van Lommel; P. R. van Wees, V. Meyers, I. Elfferich (2001); P. van Lommel (2013); S. Parnia et al. (2014); H.-P. Dürr (2007); R. Sheldrake (2012).

94 »Einstein sagt« (1996), S. 176.

95 Das kann auch als Ethik-Verständnis in anderen Traditionen entdeckt werden, z. B. im Zen; vgl. G. W. Nishijima, Y. J. Seggelke (2014).

96 Aṅguttara-Nikāya 3.66, Nyānatiloka (1984), S. 170; meine Hervorhebung. In der englischen Übersetzung dieser Rede von Thanissaro Bhikkhu fehlt das relativierende »... nach *bloßen* Vernunftgründen«, vgl. www.accesstoinsight.org/tipitaka/an/an03/an03.065.than.html. Da der Buddha an vielen Stellen die Bedeutung der vernünftigen Überlegung im Sinn der konventionellen Wahrheit betont hat, ist Nyānatilokas Übersetzung wohl sachgerechter.

97 Inwiefern von einem letzten, spirituell zu beschreibenden Standpunkt aus *alle* Aussagen nur vorläufig sein können, das klammere ich hier aus. Hier gilt dann: »Jede Erkenntnis, bei deren Schaffen das Denken teilnimmt, mag es anschauliche oder nicht anschauliche Vorstellung oder Vernunftschluss sein, ist bis zu einem gewissen Grade illusorisch.« T. I. Stcherbatsky (1924), S. 121.

98 Vgl. die Beiträge in The Cowherds (2011); S. Thakchoe (2007) und die Position Miphams, der ich mich weitgehend anschließe;

siehe Padmakara Translation Group (2004), S. 216ff. Ich werde den nachfolgenden Text mit dieser Differenz zwischen absoluter und konventioneller Wahrheit nicht weiter belasten; vgl. Endnote 12.

99 Vgl. für das Nachfolgende: K.-H. Brodbeck (1995), S. 11ff; (2002), Kapitel 3.9.

100 J. Whitehill (2000), S. 24. Whitehill erläutert: »By ›virtue‹, I mean the ideal cultivated set of rational discernments, personal skills, and dispositions of character regarded as ideal and relevant to relations with self and others in a known and shared community.« Ebd., S. 34.

101 Nyānatiloka (1976), S. 165.

102 Vgl. A. Maitreya (2000); S. K. Hookham (1991).

103 Vgl. Ringu Tulku (1995).

104 Nyānatiloka (1976), S. 162.

105 Ebd., meine Hervorhebung.

106 Ratnāvalī 71, Nāgārjuna (2006), S. 172. »Nicht Einheit, nicht Vielheit«, Nāgārjuna: MMK 18.11; »Those entities, as asserted by our own (Buddhist schools) and other (non-Buddhist) schools, have no inherent nature at all because in reality they have neither a singular nor a manifold nature – like a reflected image.« Śāntarakṣita (2004), S. 235. Diese Erkenntnis ist für das, was sich in *soteriologischer* Perspektive ergibt, fundamental. So sagt man im Dzogchen: »The fundamental nature knows neither unity nor multiplicity: could the essence, which has never been born und has never manifested, ever become the object of definition?« Chögyal Namkhai Norbu, A. Clemente (1999), S. 174.

107 A. Schopenhauer: WW, Bd. 5, S. 57. Vgl. hierzu Nāgārjuna: MMK 8.4ff; 15.1; 20 ganz; 21.15f. »Vorher entstandene und gleichzeitig entstandene Ursachen sind keine Ursachen. Daher gibt es in Wirklichkeit keine Ursachen, da diese Art des Entstehens weder auf konventionelle noch auf wirkliche Weise existiert.« Ratnāvalī 47, Nāgārjuna (2006), S. 169.

108 Nāgārjuna (1998), S. 123; meine Übersetzung.

109 Nāgārjuna: Sunyatāsaptati V.13; in: C. Lindtner (1997), S. 99; meine Übersetzung und Einfügung. Literaturhinweise zu den zwölf Gliedern in Endnote 111.

110 B. Weber-Brosamer, D. M. Back (1997), S. 33.

111 Vgl. zu den zwölf Gliedern des abhängigen Entstehens und ihrer Bedeutung Sopa (1986); K.-H. Brodbeck (1995), Kapitel XIII; (2005), S. 83ff.

112 »Although phenomena appear as they do to the mind, they are not mind, nor anything other than mind.« Longchen Rabjam (1998), S. 84.

113 »My private self is first set up, as a substantive which is real in dependent of the Whole; and then its palpable community with the universe, which in experience is forced on us, is degraded into the adjective of our miserable abstraction.« F. H. Bradley (1916), S. 259.

114 Übersetzung angelehnt an J. L. Garfield (1995), S. 69. Garfield betont noch den Sprachbezug dieser Relativität: »Whatever is dependently co-arisen is verbally established. That is, the identity of any dependently arisen thing depends upon verbal conventions.« Ebd., S. 305.

115 Ich habe für soziale Phänomene, die Sprache, das Geld, das Recht usw. diese Zirkularität mehrfach dargestellt und verweise hier nur darauf; vgl. meine Bücher »Die Herrschaft des Geldes«, »Buddhistische Wirtschaftsethik« und »Der Zirkel des Wissens«.

116 Vgl. Nikomachische Ethik 1144b 3–5.

117 »The Selflessness of the Bodhisattva: Curing Oneself By Curing Others«; S. Cho (2000), S. 81.

118 Zur Karmatheorie im Buddhismus siehe J. P. McDermott (1975); ferner die Beiträge in W. D. O'Flaherty (1983), Teil II; R. W. Neufeldt (1986) und J. S. Watts (2009). Zur hier entwickelten Kritik vgl. K.-H. Brodbeck (2012a); (2013); (2013a); (2014); (2004), Kapitel 3.4.

119 S. Batchelor (1998), S. 49. Auch im Hinduismus ist die Karmalehre mit Blick auf die neuere Biologie abgelehnt worden, so von Swami Isarananda, der sagt, »that the hypothesis of transmigration or reincarnation is untenable in the face of the facts of biogenesis«; zitiert in R. W. Neufeldt (1986), S. 7.

120 Von tibetischen Lehrern hört man vielfach dieselbe Präsentation, die sich auch im Pali-Kanon findet. Auch im Zen – obgleich hier

einige den Wiedergeburtsgedanken ablehnen, wie Taisen Deshimaru (1982), S. 139ff. – werden Wiedergeburt und Karma oft zusammen gedacht; vgl.: Bodhidharmas Lehre des Zen (1990), S. 26.

121 H. Günther (1956), S. 309.

122 Vgl. den Kommentar von Nyānatiloka zu Aṅguttara-Nikāya 4.77, (1984) Bd. II, S. 209, Endnote 155.

123 Dalai Lama (2012), S. 21.

124 Übersetzung nach R. Gombrich (1997), S. 95. Nicht die Tatwirkungen, unsere Absicht sind *kamma*: »Diese Neubestimmung von *kamma* als *cetana* (Absicht, Entscheidung) stellte eine revolutionäre Neuerung dar; sie vertiefte das ganze Moralproblem, das damit eine Frage des Geistes und des Herzens wurde und nicht mehr bloß eine Sache des äußeren Verhaltens war.« K. Armstrong (2004), S. 168.

125 Dies hat Buddhisten aller Schulen große logische Probleme bereitet. Tsong-kha-pa erfand hier sogar so etwas wie eine karmische Trägersubstanz: »According to Tsong-kha-pa, the passed act itself develops a virtual, though latent activity, which justifies the step of labelling this phenomenon a *substance*. So the passed act is understood by Tsong-kha-pa as something that continues after the act itself is accomplished (...). Tsong-kha-pa uses the term after-act to bridge the gap between the passed and finished act and its future result, namely, the karmic fruit.« L. Dargyay (1986), S. 173; meine Hervorhebung.

126 Dhammapada § 127 (1992), S. 136.

127 F. E. Reynolds (1992), S. 66f. Dass die Argumentation in der *logischen Struktur* – sieht man vom geglaubten Inhalt ab – damit durchaus der *calvinistischen Moral* gleicht, die Reichtum als Ausfluss der göttlichen Gnade ansieht, erwähne ich nur am Rande.

128 Vgl. K.-H. Brodbeck (2009).

129 Für einen Überblick vgl. A. Sadakata (1997).

130 G. Rabten (1979), S. 127.

131 G. Rabten (1994), S. 24.

132 »Although of a subtle nature, cognition is nevertheless a *substantial*, momentary *phenomenon* that maintains its own causal continuum.« G. Rabten (1992), S. 20.

133 Vgl. zum Kontext dieser Schule J. Walser (2005), vor allem S. 199ff. Vgl. auch J. P. McDermott (1975).

134 G. Rabten (1994) S. 40. Der Geist ist damit ein *Substanzphänomen* mit eigener Identität; er unterscheidet sich hier *ontologisch* auf keine Weise von der *Seele* im platonischen Sinn: »Der Tod ist nichts anderes als die Trennung zweier Dinge voneinander, der Seele und des Leibes.« Platon: Gorgias 524b.

135 S. Batchelor (2010), S. 58. Vgl. »In a general way, conventionally speaking, physical phenomena do surely come into contact, but it is absolutely illogical for a physical thing to mutually have any contact with nonphysical consciousness.« K. Brunnhölzl (2004), S. 726. Diese Übersetzung ist ein Auszug aus dem Kommentar von Pawo Rinpoche zu Śantideva: *The Entrance to the Bodhisattva's Way of Life*.

136 Sogyal Rinpoche (2001), S. 22.

137 Dalai Lama, J.-C. Carrière (1998), S. 172.

138 W. Y. Evans-Wentz (1972), S. 175; meine Hervorhebung und Einfügungen. Von Padmasambhava selbst gibt es nur Termas, d. h. zunächst in der Zeit der Verfolgung des Buddhismus in Tibet vergrabene, später wiederentdeckte Texte. Sie sprechen eine völlig andere Sprache als der hier zitierte Text, der offenkundig das spätere Fabrikat eines Mönchs ist; vgl. zu den tatsächlichen Lehren von Padmasambhava J. M. Reynolds (2000).

139 B. Ruhe (2005), zitiert S. 432; meine Übersetzung. »Shared karmic situations fall into two subcategories: national and individual karma.« http://blog.gaiam.com/quotes/authors/chogyam-trungpa (30.8.2014) Vgl. hierzu: J. P. McDermott (1976). Die Theorie vom nationalen Karma stammt ursprünglich aus der Theosophie; vgl. R. W. Neufeldt (1986), S. 239, und wurde z. B. von Vivekananda übernommen, der damit auch erneut das indische Kastensystem gerechtfertigt hat, ebd., S. 54f.

140 B. Ruhe (2005), ebd., meine Übersetzung.

141 Ebd.

142 Ebd., S. 431.

143 »Those who understand the śūnyatā of phenomena but also believe in the law of karma and its results are more wonderful than

wonderful, more astonishing than astonishing!« Nāgārjuna: Bodhicittavivarana 88; in: C. Lindtner (1997), S. 63.

144 Ich kann den Gedanken hier nicht systematisch entfalten; vgl. meine »Herrschaft des Geldes«.

145 K. Marx: Debatten über die Preßfreiheit, MEW 1, S. 60.

146 Auch wenn Benjamin Libet behauptet, dass ein Handlungsmuster (»Bereitschaftspotenzial«) vom Gehirn schon vor dem faktischen Handlungsentschluss, dem eigentlichen Willensakt, aufgebaut wird, so anerkennt er doch, dass man bewusst durchaus eine Handlung *stoppen,* wie er sagt: ein »Veto« einlegen kann. »Subjects can in fact ›veto‹ motor performance during a 100–200 ms period before a prearranged time to act.« B. Libet (1985), S. 529.

147 Vgl. K.-H. Brodbeck (2010).

148 Vgl. M. Heidegger (1971), S. 129. Heidegger übersetzt so das Griechische *to legein te noein*.

149 Vgl. hierzu neben den im Literaturverzeichnis aufgeführten Arbeiten auch die Bücher von Sulak Sivaraksa und Salli B. King.

150 Dogen (1975), S. 35.

151 B. Kassapa (1976), S. 66; meine Hervorhebung.

152 Ebd., S. 60.

153 Dalai Lama (2000a), S. 44; meine Übersetzung.

154 Nyānaponika (1994), S. 121; meine Übersetzung. Allerdings sagt Nyānaponika an anderer Stelle: »Sozialarbeit im Geiste buddhistischer Ethik sollte daher heute solchen Mönchen offen stehen, die sich dazu innerlich gedrängt fühlen und die in einem ausschließlich der Meditation und dem Studium gewidmeten Leben keine volle Befriedigung finden.« Zur Erkenntnis geneigt (1986), S. 87.

155 Dalai Lama (1999), S. 36 und 37; meine Übersetzung.

156 »... a supra-conscious mechanism which operates upon the contents of consciousness but which cannot itself be conscious.« F. A. von Hayek (1967), S. 61.

157 Vgl. K.-H. Brodbeck (2014a).

158 Ich habe das an vielen Stellen exemplarisch, besonders aber für die Ökonomie vorgeführt; vgl. neben den im Literaturverzeichnis genannten Titeln auch die Beiträge auf meiner Homepage.

159 Dalai Lama (2000), S. 195.
160 I. Kant: Kritik der praktischen Vernunft, AA V, S. 97; vgl. auch I. Kant: Streit der Fakultäten, AA VII, S. 82.
161 Vgl. zu einer Kritik dieser Vorstellung: K.-H. Brodbeck (2005), Kapitel 2.3.
162 G. W. F. Hegel: WW 10, S. 200.
163 B. Prāsādika (2007), S. 320.
164 Ebd., S. 321.
165 Ebd., S. 321f.
166 S. Freud (1972), S. 267.
167 P. D. Payutto (1999), S. 126.
168 Vgl. J. S. Watts (2009), S. 27ff.
169 Nyānatiloka (1985): Milindapañhā, S. 153.
170 Vgl. J. P. McDermott (1975), S. 433.
171 Vgl. den Hinweis auf Gödels Unvollständigkeitssatz in Note 90.
172 A. Einstein (1993), S. 66. Auch P. Jordan sagt: »das Geheimnis bleibt«; P. Jordan (1986), S. 227.
173 Vgl. zu diesen Belegen mein *Buddhismus interkulturell gelesen* (2005), Teil 2 und Kapitel 3.1.
174 Dalai Lama, J.-C. Carrière (1998), S. 154.
175 Vgl. P. Ziche (1999).
176 »(M)y very being is time itself«, Jikme Lingpa, zitiert bei: Herbert V. Guenther (1977), S. 119. Vgl. Das Dzogchen-Tantra *Kun byed rgyal po'I mdo*: »Reality (d. h. die letzte in Differenz zur phänomenalen Wirklichkeit, KHB) exists by its nature beyond time.« E.K. Neumaier-Dargyay (1992), S. 170.
177 The »buddha-field, as ›society‹«. S. Cho (2000), S. 84. Vgl.: »Die ganze Welt haben sie, ganz Mitleid, zu ihrem Selbst gemacht.« Śantideva (1981) VI, 126, S. 78.
178 Vgl. C. W. Huntington, Jr. (1989).
179 Nāgārjuna, MMK 25.24; B. Weber-Brosamer, D. M. Back (1996), S. 100.
180 Nyānatiloka (1984), S. 22; Zitat leicht verändert.
181 Udāna VIII.6, in: K. Schmidt (1954), S. 70; Zitat leicht verändert.
182 Platon (1990), S. 63ff.

183 Meine Kritik am Utilitarismus, an den Versuchen, die Moral »naturwissenschaftlich« zu begründen, an der Hirnforschung, aber auch an der traditionellen Karmalehre sind ein Versuch der Aktualisierung der aus dem Mādhyamaka kommenden analytisch-kritischen Meditation zur Entzauberung illusionärer Denkformen.

184 »There is no equanimity without analysis.« Maitreya (2000), S. 54.

185 Vgl. hierzu: Dudjom Rinpoche (1991), S. 169ff.

186 »... as long as phenomena are not analysed, they do indeed exist in empirical experience.« Mipham (2005), S. 306.

187 »Being oneself is incompatible with being an object, and being an object is incompatible with being oneself.« Mipham (2004), S. 273. Mipham spricht nicht davon, *ich* selbst zu sein. Die Personalität ist nicht ursprünglich ich-haft. Diesem Irrtum zu erliegen, mit diesem Irrtum sogar große philosophische Systeme zu erbauen (von Descartes' *ego cogito* bis zu Fichtes »Ich«), unterscheidet die westliche Philosophie vom Buddhismus auf sehr grundlegende Weise.

188 Vgl. K.-H. Brodbeck (2006); (2013b).

189 Vgl. J. Bromand, G. Kreis (2011), S. 483ff; K.-H. Brodbeck (2014).

190 Vgl. Endnote 93.

191 Arthur Schopenhauer: WW Bd. 3, S. 157.

192 Vgl. K.-H. Brodbeck (2012b).

193 Erwin Schrödinger (1961), S. 72.

194 Zitiert nach Arthur Koestler (1959), S. 542; meine Übersetzung. Ähnlich hat Hans-Peter Dürr immer wieder argumentiert, vgl. Hans-Peter Dürr (2007).

195 Chökyi Nyima Rinpoche (1998), S. 111.

196 Es ist raumartig, ohne Raum zu sein: »The essence of awareness (...) has never existed as anything and so is like space.« Longchen Rabjam (1998), S. 88.

197 »Das Photon ist kein Gegenstand, den man wie einen Erdklumpen in die Hand nehmen könnte. Sein flüchtiger, rätselhafter Charakter lenkt unsere Aufmerksamkeit auf die Wesensmerkmale der Erkenntnis als Anschauung, der Erkenntnis als Ereignis.

So verstanden sind die Einsichten in die vielschichtige Natur des Lichts keine besonderen Eigenschaften der Physik des 20. Jahrhunderts.« A. Zajonc (1994), S. 398.

198 An der Erklärung kreativer Prozesse ist die Hirnforschung gescheitert; vgl. K.-H. Brodbeck (2013c), S. 46ff.

199 Bekannt sind hier besonders die Untersuchungen von Ian Stevenson; vgl. I. Stevenson (1980). Der berühmte Pionier der Nahtodforschung Raymond Moody (R. A. Moody: »Life After Life«, 1977) schrieb später ein Buch über Reinkarnationserfahrungen; R. A. Moody (1990). Vgl. auch die Forschungen des Psychiaters Jim Tucker: S. Lyon (2014).

200 P. van Lommel (2013), S. 127; vgl. S. Parnia et al. (2014). Eine populäre Darstellung gibt P. M. H. Atwater (2007).

201 »Alle Dinge existieren in uns selbst. Jedes Ding, jedes Wesen in dieser ganzen Welt ist Zeit.« Dogen (1975), S. 91. »Jeder Augenblick enthält die ganze Welt. (...) Die Zeit enthält jedes Wesen und alle Welten.« – »Die zentrale Bedeutung von Sein-Zeit ist: Alle Wesen in der ganzen Welt sind miteinander verwandt und können nicht von der Zeit getrennt werden. Sein ist Zeit, und deshalb ist es meine eigene wahre Zeit.« Ebd., S. 92. – »›Existenz‹ ist selbst Zeit. Unsere wahre Gestalt in ihrer Ganzheit stellt die Beziehung zwischen der Existenz und der Zeit klar.« Ebd., S. 64.